XINLING DE JIEFANG YU CHONGSU

心灵的解放与重塑
——个性哲学的终身教育论

王洪才　著

教育科学出版社
·北　京·

本书为教育部人文社会科学重点研究基地重大课题“高等教育大众化与终身教育体系建构”（05JJD880068）终期成果

自序

“终身教育”对于许多人而言已不再是新概念，但真正关心过“终身教育”究竟是什么意味的人并不多。至今不少人仍囿于传统的“知识激增说”，认为“由于当代社会的知识激增才使终身学习和终身教育成为必需”。其实这只是一种表象，而终身教育的真正动力在于人对自我认识的需要。换言之，“认识自己”才是终身教育发展的根本动力！

人如果对自己的心灵世界不关心的话，就不会去探索，就会只满足于物质上的获得，也就失去了创造的巨大动力。人由于对心灵世界的无知，才激发起对世界探索的欲望，对物质世界的探索只不过是认识内在世界的一个手段。人始终被心灵世界的奥秘所吸引，所以“认识你自己”就成了千古难解之谜题。教育从本质上讲就是为了使人真正认识自己，从而更好地塑造自己，使自己的生活更有意义和价值。人类的一切文明成果都是对自我探索的结果，人在认识自我的时候借助于与外界之间的互动，从而校验自己心灵的猜测，证明自己认识的结果，这种认识又激发人走向无止的境界，成为人类前进的阶梯。

人对自我的探索是无止境的，因此人类文明的传承和发展也是无止境的，于是人必须不断地学习，才能不断地发现新的自我，人的发展也才能最终表现为不断地超越自我。终身教育就是要为人类认识自我提供持久的帮助，使每个人都有机会发现自我并实现自我。教育原先只是少数人的独占品，直到18世纪以后才逐渐地变成了公共事业，今天已变成人们生活的必需品，因为教育的本性在于提供知识，这种知识不是个别的，而是普遍的，它的目的是使人获得自由，从而为人的发展指明方向，因此，这种知识是智慧的，是人们渴望获得的，它是人生获得意义和价值的基础，没有它，生命就变成了一个空洞，不再具有实质意义。知识是人成长的动力，是人发展的方向，是人生追求的目标，人在知识中生存。教育因为知识而存在，因为促进人增长知识而具有意义。失去了知识根基，教育也就失去了存在的价值。人无法拒绝知识，因而也无法拒绝教育。追求知识是终生的事业，教育自然也应当是终身的。而不能促进人们终身学习的教育是残缺的。

传统教育一开始就是有缺陷的，因为它不是普遍的教育，即不是照顾每个人发展的教育。随着社会的发展，教育逐渐具备了提供每个人接近它的条件。即便如此，教育仍然被限定在狭隘的部门中，所提供的知识仍然是片面的，不能促进人获得全面的发展，这始终是教育发展的局限，终身教育就是试图克服这一局限，实现人的全面的自由的发展，使人们可以不分时间地点，不分民族种族，不分年龄性别，不分地位身份，都可以获得学习机会，获得最急需的发展。因此终身教育应该是多样的，满足人们发展需要的，适应个性发展特征的。

显然，终身教育是理想的，是每个人所渴求的，是对现存教育弊端的克服。要实现理想的教育，就必须直面现实教育的弊端。现实教育的最大弊端就在于过于功利而忽视了人的个性发展需求，即遗弃了人本身。过分功利直接表现为对学历文凭符号迷信过度而忽略了教育促进人的发展的本质。应试教育之所以愈演愈烈，其根源也在于此。

当人们惑于符号魔力时，也就忽视了生活的真正需要。这样生活就失去了目标，教育就变成了一种负担。教育只有面对生活，回答生活提出的问题，才有意义。

生活是生命历程的体现。生命本身是一个充满风险和挑战的过程。生命的意义就是在应答挑战和化险为夷的过程中实现不断充盈。人在应答挑战过程中树立了自我，从而也构建了自己的精神世界。人的意义体验就是从确立自我开始的。有了自我或自我意识，生命才有了意义。这是一个意义生成的过程，同时也是一个意义建构的过程，而且也是生命的本质。

终身教育体系建设的目的就在于使教育服务于人生成长全过程的需要，使人能够顺利地通过成长的每一关口。在这里，“人”是中心，也是终身教育思想的源泉，终身教育体系就是“以学习者为中心”进行构建的。“以学习者为中心”是终身教育体系构建的基本原理。

终身教育体系建设是通向学习型社会的大门。没有终身教育体系的完善，人们要获得充分的学习机会是不现实的。要建设终身教育体系，教育系统必须进行组织特性的转变，即促使中小学向学习型组织转变，促进大学向学习型社区转变。这一转变就是要改变传统上学习者所处的被动地位，使他们真正成为学习的主体、学习的主人。

因此，终身教育体系建设就是一场革命，而且首先是一场思想观念的革命，即要使人们从传统的教育思想观念中解放出来，站在新的视野上来审视教育的意义，重新确定终身教育的地位、作用和功能。

传统教育观念的核心就建立在“灌输”上，建立在“外塑”上，认为人的心灵成长是一个外部输入的过程，而不是一个激发的过程，这样就压抑了人的潜能的发现和发挥，最终使人成为单一模子的人，从而人失去了主动性和能动性，也失去了思想自由。

新教育观念认为，人的成长过程就是一个心灵解放的过程，是人成为自己主人的过程，教育功能就在于提供人成长所需要的条件，目的在于激发心灵，使心灵苏醒，使人的能力从潜在状态转变为现实状态，进而确立自己成长的目标、方向和动力，实现意志和行动的统一，最终实现人的创造力发挥，使自我成为创造性的主体。如此，自我解放不仅是创造力的源泉，也是幸福的源泉。

所以，新教育观的基点就定位在“心灵解放上”，终身教育体系的建设就是要在心灵解放基础上实现心灵的重建，使每个人都成为他真正的、理想的自己，即使每个人都能够发现自己的价值，实现自己的价值，并最终超越自己的价值，成为主动的、创造性的主体。这就是终身体系建设的宗旨，也是我们构筑终身教育体系的理论基点。心灵解放，就是要恢复人对自我的认识能力，使人能够认识真正自我，认识到自我的潜能和价值，并成为实现自我潜能和价值的内驱力。理想的教育就应该完成这一使命。这也是终身教育的新意所在。

心灵解放观，就是要摒弃传统的教化观和塑造观。传统的教化观和塑造观过分强调人对外在世界的依附，从而抑制了真正自我的发展，抑制了人的个性成长，使人丧失了其创造性的潜能。心灵解放观强调，一切外在的教育手段都是为了揭示个性潜能发展倾向并为此创造实现的条件。这样的教育才能做到真正以人为本。

终身教育体系建设就应该围绕“心灵解放”这一根本任务进行。具体而言，首先，要破除现存教育运行中的弊端，还教育以本来面目；其次，要构筑通向心灵解放的具体途径，如建立发达的学习网络，提供充分的可选择的学习机会，保证人们有闲暇时间和便捷的学习方式，建立人们获得咨询服务的信息网络等，从而使人们感受到学习不再是一种压力，而是一种享受；再次，要引导人们实现学习观念的转变，使人们从学习的外在价值获得转向学习的内在价值上，即心灵解放的价值上，也即要破除功利化之谜；最后，要建立一个有效的动力系统，使教育系统能够主动地回应学习者的需求，从而使教育系统向提供越来越好的教育服务方向上发展。这些就是我们进行终身教育研究的目的，我们也希望在此获得突破。

这样，终身教育就变成了一种真正理想的教育，是我们实现生命意义所寄托的教育。让我们把全部的理想都化成建设的动力，建设一种真正人人都向往的教育！这就是我们关于终身教育的理想。

目录

前　言

人生真正的难题其实并非来自物质上的匮乏，而是来自精神上的迷惘。人很多时候并不知道自己是谁，也不知道自己该干什么，甚至也不知道自己能干什么，这便构成了人生的困惑。人生的意义就是在寻求这些问题的答案过程中获得的。人在忙于基本需求满足之际，其行为与动物并无本质差异；当人的基本需求得到满足之后，人就开始了生命意义的思索。如果人不能感受到存在的意义，那样的人生是非常痛苦的。人具有追求幸福的权利，而幸福的含义就在于生命本身是充满意义的。追寻生命的意义，就是一个求知过程，也是一个自我获得解放的过程，当然也是一个自我不断充盈的过程。

现实生活中，人常常感到难以自适，常常为不知道自己是谁而苦恼，为不知道向何处去而迷惘，为不知道该如何与他人相处而焦虑，而且常常为外在目标所诱惑而难以自拔。为此，人渴望获得指导，渴望能够从他人处获得借鉴，渴望从自己的探索中获得证验，从而认识自我的价值。这说明，求知实质上是人生最大的问题，求知的核心问题就是揭开自我之谜，即认识“我是谁”。可以说，这个问题贯穿人的一生，没有人能够在匆忙中给人生下个确切的定义。这个问题并非某个人的问题，而是一个普遍的问题，当然也是社会的问题，社会有义务为探索人生意义答案提供支持和帮助。因而探索人生意义问题就是一个终身学习的问题，当然也是终身教育所面临的真正课题。

人生本质上是一个求知的过程

人生而具有好奇心，这一点是毋庸置疑的。人一出生就对外部的新奇刺激反应敏感，具有一种先天的反应能力，这说明人具有认识潜能。之后人就开始了对周围事物的探索。渐渐地，人开始对自身感到好奇，迫切地希望知道自己是谁，自己该干什么，从此人生意义的求索就开始了。所以人生就是一个不断求索自我的过程。

人在求知过程中首先必须面对生存的压力。当人所遭遇的生存压力太大时，人便无闲暇展开对世界的探索和对自我的探索。一旦人的生存压力及紧张状态克服后，人就不由自主表现出对世界的好奇来，就会对外部世界和对自我进行探索。唯有此时，人的真正的探求欲望才能激发出来。因而人是环境的产物，人不可能超越于环境。

人拥有追求幸福的权利，追求快乐是人的天性（米尔恩，1995）。物质需要的满足只能使人感到短暂的快乐，并不能使人感到心灵宁静，因为人不能在物质满足中找到自我的归宿。人只有在真正认识自我后才能获得心灵的宁静，这是一种真正的幸福状态。但人找寻自我的历程是艰难的，人从发现自我开始，自我就变成了一个无法释解的谜团，这一探索往往伴随人的终生。从人具有生命意志开始，人的自我意识便诞生了，从此人也开始了理性追求，即试图认识事物的本质，进而探求自我的本质。对自我的探求过程，就是心灵成长的过程。知识是人心灵成长的唯一源泉，人只有有了知识，才能把自己与他物区别开来。没有知识，一切都是盲目的。人只有认识了自己，才能感受到自己是存在的，生命才具有价值。

人是从何时开始认识自己的？一般而言，当人具有了自主的行为能力之后，人便开始积累知识，而且知识永远是与自我能力和行为后果的善恶判断联系在一起的。因为善的认识是一种促进自我生长的力量，而恶的认识则是一种抑制自我发展的力量。毋庸置疑，善恶观念是与外界评价联系在一起的，当然与也是行为导致的直接后果联系在一起的，正是善的肯定作用才使人具有一种稳定的行为习惯，也形成了个体的价值体验，并逐步形成个体的判断能力。可以说，人的成长过程就是对善的认识逐步深化的过程。

善最初表现为人的认识潜能，这是人获得知识的基础，当然也是形成自我意志的基础。随着个体成长，个体智力的发达，个体对事物的辨别力就越来越强，最终就形成了稳定的意志品质，就表现为一个人的个性。人的成长就是一个积累善的知识并转化为有效行动的过程。最初人的认识能力仅仅表现为对外界事物的感应能力。之后随着身体的发育和来自外界刺激的增多，使得个体对事物的认识越来越精细，认识能力越来越强，进而个体行为的自我选择能力就越来越强。所以，人的成长过程，就是一个经验和知识累积的过程。在这一过程中，人对善的认识越来越具体，从而具有越来越强的行为能力。

追求至善是人生的根本目标

人的求知过程其实就是一个追求至善的过程。人之所以不断修正自己的行为，就是因为追求至善的驱动。知识是善的本原，无知即无善。善，说到底就是利益，它有大小之别和层次之分，一般而言，为了整体的目的属于大善，为了个体或个别目的则属于小善。物质追求属于低层次的，精神追求是高层次的。人只有在认识到善的含义后才能有行动上的正确抉择，才能形成自觉主动行为，从而形成人的美德。如果他是无知的，那么他就无法辨别善恶，也就无法形成个人的美德。

至善，是一种理想追求，但它只具有相对意义，即对个体而言每个人都可以使自己的行为做到更好，因为人的行为处于一个不断反思和完善的过程中。人的认识每前进一步，人的行为就有进一步改进的可能。这种不断增进认识和不断改进行为的过程，就是一种止于至善的追求。在这一过程中人首先是对欲望冲动的克制，其次是抵挡各种诱惑的侵扰，再次要经常反思自己的不足，最后要不断地致力于探究事物的本质，使自己的认识符合事物的本来面目。每个人都会出现各种欲望冲动，也时时面临各种各样的诱惑，也常常会产生自满心理，也经常因传统偏见的影响而束缚了自我探索，这些都会阻挡人前进的脚步。冲破一切障碍，人才能不断地趋向至善。

人的成长其实也是人的内在智慧的成长。智慧的成长表现为人对善的认识能力增强，具体表现为个体辨别力提高，对冲动的控制能力增强，对各种诱惑的抵抗力提高，特别是反思自我能力的提高。这一过程也是一个自我进一步发现的过程，因为人是在控制冲动、抵制诱惑和反思自我中发现了真正自我，一个理性的自我，一个追求理想的自我，从而也就发现了自我的价值和意义。人正是根据理想实现程度来判定自我价值的。人是在追求自己的理想时，才发现了生命的意义。一个理性的自我，就是一个能动的自我，是一个独立的自我，从而就是一个真实的自我，这正是自我获得价值的依据。人只有在能够进行自我规划并为实现规划而持续不断努力的时候才算实现了人的本质，因为只有在这个时候人才是独立的，是一个能动的存在物。所以，如亚里士多德所言："人在本质上是理性的动物"。

但人并非是完全自觉的，人在很多时候会受到感官蒙蔽。人要做到彻底理性是一件非常困难的事情。正因为如此，追求至善就变成了一种终生奋斗的目标。人在很多时候还不能认识真正的善，常常误以为感官上的满足就是善，因为它常常能够带来快乐。虽然善能够给人带来快乐，但能够带来快乐的未必都是善，如感官享受能够给人带来快乐，但未必都是善。比较而言，理智的乐趣更接近善的本质。因为理智乐趣产生于人的理智进步，这种乐趣能够使心灵获得一种宁静。人的成长过程，就是不断解放自我使心灵获得宁静的过程。唯如此，人才逐渐地摆脱了物欲的束缚，走向完全的自主，成为自己的主人，实现真正的自我。人一旦被物欲所蒙蔽，就难以认识真正的自我，其心灵也难以获得安生。

人注定是要追求善的，这是人的自利动机使然。因为人不能够独存，所以人必须在利人的情况下才能更好地自存。无论自利还是利他都是善的行为。人的行为只有在既不利己又不利人的情况下才是恶的行为，且人只有在绝对无知的情况下才会出现这种行为。在人具有理智的情况下，一般会趋向最大利己行为，而这只有在最大利人情况下才能实现，这一追求即趋向于至善。人只有在不得已的情况下才会选择利己而不利人的行为。只利己不利人，是小善而不是恶；只利人不利己，是善但非大善；既利己又利人才是大善。一个正义的制度就是要使人既利己又利人，使个人得到应有的报偿，使各个人各尽其能，各得其所。这当然是一种理想的制度，这种制度能够引导人的行为走向绝对的理性状态。

人的行为能否达到完全理性状态？一般而言，这是不可能的，因为人的认识能力有限，人的许多行为是难以认识到的，从而存在一个下意识行为机制，而这部分行为是不受意识或意志检查的，是一种直接的行为，也可以叫条件反射行为，是人在适应环境过程中形成的稳定的行为模式，很难改变的，而人的许多高级行为都是建立在这个条件反射行为基础上，一旦这个行为机制发生混乱，则整个行为系统就会出现紊乱。既然它是条件反射行为，那么它的出现必然与一定条件相伴随，这也是它可以被认识的基础，也是人的理智行为的基础。

人的行为理智化，就在于能够驾驭这些条件反射行为，使之服从于善良目的，即保证行为的结果是善的，也即，行为过程已经通过了意志审查。那些没有经过审查的行为就变成了不自觉的行为。而恶的行为常常是为了图一时快感而不顾及整个行为后果，最后造成了全体社会人评判为恶的行为，因为它对抗或违背的是集体意志。

集体意志的形成是社会群体共处的结果，是群体共同选择的结果，即经过大家一致公认哪些行为是恶的，是需要控制的，哪些行为是善的，是要提倡的。这个选择就转变为集体的道德律令，是实施奖励惩罚的依据。之后，集体意志转化为个体的意志，即形成个体品德，这是一种社会评判的结果。最终，集体选择的后果转变为社会的价值风尚，转变为社会的行为方式，转变为风俗习惯，最后形成文化模式。而个体行为在接受外部选择结果和听从自我审判过程中，形成了个体品德部分，形成了个体的处世风格，也就形成了自己的个性。

人的认识与行动是有差距的

一般而言，人的认识与行动之间的距离是永远存在的，人的认识要么是落后于行动，要么是超前于行动。人要真正认识事物是非常困难的，但完全按照认识进行实践就更困难。因为认识所涉及的维度相对单一，而实践牵涉的因素则方方面面，复杂得多。所以，很多时候人们能够认识到善而无法实践善，因为实践善非常困难，其中不仅涉及意志努力，而且涉及与社会其他成员进行协调的问题。所以行动能力不仅仅是个人的事情，而且是社会的事情，它需要进行沟通和协调，如此就复杂得多。故而，人不仅需要认识自己，更需要认识别人，这样才能获得更大的善。一个人的能力总是有限的，只有组织起社会行动才能达到更大的善。所以仅仅独善其身是不够的，还必须引导社会一同趋向善。这一能力当然就是领导能力。形成一个人的领导能力，不仅需要个体具有人格魅力，还必须具有对风险的预见能力和对他人行为的调动和激发能力，这样才能组织起社会行动，从而达到一个更大的善。

教育活动，说到底就是要培养人的行善能力，形成人们行善的自觉意志，成为人们的行动品性。但教育活动同样也是一个探索过程，因为它首先必须去发现每个人行善的潜能，促使每个人认识到这一潜能，并使之具有实践潜能的信心，形成其实践其潜能的意志和决心，最终把实践这一潜能变成自觉行动能力。这样人就变成了一个自觉的人，即“成人”。如果一个人始终没有形成这个能力，就不能称其为“成人”，即一个道德成熟的人。换言之，如果一个人还不知道究竟怎么做才是对的话，那他就无法独立进入社会并承担社会使命。

人的潜能，不仅是指对善的认识能力，而且也包括行动的意志。只有当人认识到善并且产生行动意志后，他才可能产生道德行动。所以善首先是“知”，无知即无所谓善。善本源于人的求知欲望，在求知欲望牵引下，人开始有了知识，开始对事物进行分辨，从而有了善恶区分和对自己行为进行选择，于是人的行动就不再盲目而变得理智。人在有了“知”以后才会有更高的需要，即实践的愿望。此时“知”即开始指导行为，成为行动的依据，并转变为具体的行动步骤和方法，去追求真正的善。善良意志形成就是以行善作为快乐的依据，不能行善即不快乐。这种幸福体验就超越了物质享受所带来的快乐体验。所以一个人潜能实现的标志，就是个性品质的形成，因为它是个体与社会长期互动的结果，是个体选择和社会选择相互作用的结果，从而能够成为个体行为的稳定模式，不受外界干扰而能够自动实践。

人需要终身学习

人的生存环境是多变的，常常环境的改变会影响到人的实践意志和信心。人每到一个新环境，必然首先要适应环境，并根据环境要求调节自己的行为方式甚至改变自己的认识方式，这样才能使个体与周围达成和谐。很多时候，人即使有了善良意志，也不能保证他的行为永远是善的，因为他必须根据环境的要求改变自己的认识并调整自己的行为方式，否则就可能出现与善良意志相悖的后果。这就需要不断学习。如果教育能够为个体不断学习提供适宜的条件，那么就可以促进个体更快的成长和发展。为此就需要优良的教育环境，这种教育环境应该是终身性的。因此，为了达到善的目的，必须进行终身学习和实施终身教育。

如果全社会的意志都致力于提高个体的认识能力和实践能力，这样的社会必定是一个非常和谐的社会，也是人们理想中的大同世界，因为人们的理想目标是一致的，都趋向于自我行为的完善，都希望达到整个社会的完善，都希望在社会的完善过程中表现出自己的力量，如此而言，社会的关系自然就是非常和谐的，大家自然感觉是平等的，心平气和的，是快乐的。

为什么在现实社会中很难出现这种景象呢？从根本原因来说，就是受社会发展阶段的限制，人还不能超越物质贫乏的局限，还无法实现物质需求的充分满足，所以人的精神需求就难以得到根本性的提升。即使人们已经认识到精神需求的重要性，但人们经常会受到物质利益的诱惑，从而在不自觉中丧失自我的判断力，换言之，人的行为还无法达到完全理性。这说明，此时人只知道存在一个物质需求满足的自我，还没有发现具有炽热精神追求的自我，也即还没有发现真正的自我，从而无法开发自己所具有的潜能，也就不能认识到自己存在的价值。既然不能认识到自己存在的价值，那么就会对自我行为采取放纵的态度，并从眼前利益的获得中来满足自己的价值实现欲望。

当然，造成这一后果的根源仍然在社会，因为社会还不能提供个体充分认识自我的机会，也没有提供充分开发自我潜能的条件。之所以如此，就在于人类知识还存在严重缺陷，还没有真正认识到自我的价值，特别是因为社会总体上对人性本身是不信任的，所以在现实中就倾向于采取抑制性的措施，而不是解放其个性潜能。但社会发展必须依靠个体潜能的发挥，而对个性潜能抑制不仅是对个体的压迫，也是一种社会性抑制。这种抑制常常采取标定某种行为可取的措施，这样就出现了价值观的偏执或一元价值的情况。此时，仅有少数人的个性潜能获得认可，而绝大多数的个性潜能则被列入了压抑范畴，如此，整个社会氛围就不再和谐了，因为它压抑了广泛的个性成长。

个性潜能实现需要一个宽容的氛围

如前所述，所有的个性潜能发展首先都在于对个体行善能力的认识，尽管每个个体行善能力是不一样的，个体自我知觉也不一样，但都需要保护，都需要为他们成长提供适宜的条件，而不能采取简单的粗暴的措施，如只规定某种行为方式为可接受的，而将其他均列入禁止的范围，这样做是不人道的，也是压抑个性的，也容易扭曲人的发展环境，这往往是导致教育出现失误的重要原因。所以，只有客观地承认每个人都具有自我发展潜能，都具有行善的能力，并承认这些潜能在表达方式上是有差异的，才有可能采取更为宽容的方式对待每个个性成长的不同需求，才能使不同的个性都展现出其人性的光华来。只有在多元价值引导下，才能实现不同个体和谐相处的局面，这才是一个和谐社会、繁荣社会的景象。

当然，即使有时候人们已经认识到了每个个体身上潜藏的个性潜能品质，但在过分功利和急于求成的政策引导下，也同样会产生对不同个性潜能的压抑后果。这就不仅要求社会价值取向上应该是多元的，而且在社会政策制定和执行过程中一定要尊重个性的多元表达方式，尊重每个人以自己的方式实现善良的意志，并为它们的实现提供便利的条件。教育活动中就是要传播这种价值种子，就是要养成人们尊重多元的行为习惯，形成一种新的教育风尚，这样才能从根本上建立起尊重个性、尊重多元的文化风格。

这就是终身教育体系建设的核心目标，也是未来社会发展的必然要求。

就个体发展而言，它也具有自我发展的方向，说到底，它就是要实现自我的潜能，成为真正的自我，实现个体存在的价值，这是人的发展的内在要求（戈布尔，1987）。

人生而具有追求幸福的权利。但什么是幸福，还没有人能够给出一个准确的定义。著名的人本主义心理学家马斯洛把幸福定义为需要的满足，需要包括了生理需要、社会需要和其他更高级的需要，他认为最大的需要满足就是自我实现，即认为自我价值实现是人生发展的最高境界，也是最快乐最幸福的境界（马斯洛，1987）。他分析到，由于人们的正常需求得不到满足，从而产生了畸形的人格，这种畸形人格也成了不幸福的源泉。人只有从畸形的需要中解放出来，才能达到人格发展最高状态——自我实现状态，这是一种真正幸福的状态（马斯洛，1987）。

在现实中，许多人并非完全没有认识到自己的心理状态，只是缺乏改变这种状态的意志和决心，于是这种不良心理状态不断地持续下去，从而成为心理疾患和生理疾患。这种状态之所以出现，就在于形成了一种比较偏执的人格，其特点是把自己过去的某一个成功的行为模式模板化，即把它当成唯一正确的行为模式而不断进行强化，于是就形成了保守的、固执的性格。从而人就患上了各种心理性的或气质性的疾病。

而解决这个问题的途径只有一条，就是要解放自己，开放自我，具体方法就是要从学习开始，要学会接受新事物，学会接受新知识，不能把过去的行为模式当成唯一正确的模式，这样，人才能从僵化的行为模式中解放出来，恢复自我发展的活力。

可以看出，各种偏执性人格的出现就在于把自我固定于某一具体行为模式上，表面上似乎很自我，其实这只是自我的表象而已，而不是真正自我。真正自我是一种不断与外界进行协调和获得平衡的能力，这是人的一种发展潜能，这种潜能是无限的，它的发展首先依赖于个体具有开放的态度，能够接纳外界的变化，而不是保守地自封。开放自我，也是人的发展潜能之一，是人的社会性的表现。只有主动地开放自我，才能促进个体不断地获得发展，而自我封闭则是人走向僵化和萎缩的表现。

终身教育铺设自我发现之途

人的发展过程事实上就是一个不断的自我发现过程，即不断地发现自己的潜能和价值。人在发现了自己的潜能和价值之后，他就会充满一种内在的喜悦感，并开始相信自己，于是自己就逐渐地成为自己的主人。当人拥有了这种自信后，就获得了自我发展的重要动力。人就是处于这样的一个不断发现自我和不断开发自我的连绵不断的发展过程中。

一旦人发现了自我潜能和存在的真正价值，他就会积极地实现它，这种愿望就是一种自我期待，是行为方向的引导，是很难阻止的，因此就变成了自我发展的意志和动力。此时，外界的各种评价已经变得不重要了，最重要的是自我评价，因为此时个体已经形成了自己比较明确的评价坐标系。或者说，外界评价只起参照和辅助作用而不起决定性的作用。可以说此时人就形成了一种独立人格，因为他发现了自己的独特价值，获得了一种做人的尊严感。

当人获得了这种价值尊严后，他就有了自己明确的前进目标和方向。此时，他仍然要进行严格的修养锻炼，使自己价值目标不断地更贴近实际，进一步发现实现自我价值目标的可靠途径，同时也积极地争取外界支持。为此，他必须进一步学习，努力使自己的价值目标获得社会认同，获得社会理解和支持，同时还要学会合作。这样自我发展就不再是一种孤立的发展，而是社会发展的一部分，自我发展就会向更高级阶段进步，即从一个个体的自我变成一个社会的自我。人只有在这个时候才是真正成熟的，才发现真正做人是一个大课题，是一个终身都需要认真钻研和不断提高的大课题。因此，人生学问无穷，必须不断学习。这就需要社会相互合作，为个体成长提供适宜的条件，为人的不断进步提供支持。这一氛围就是学习型社会氛围，这也是终身教育体系建设的目标。

绪　论

终身教育究竟是指什么？这在不同人的眼中是不同的。不少人认为终身教育不过是一种理念，很难在现实中实践。言外之意是，谁想终身接受教育啊？或哪个国家能够提供让人终身接受教育的制度啊？看来，确实人们对终身教育是什么存在不少偏差，确切地说人们对教育的认识还存在偏差。事实上，终身教育正在成为许多国家的教育实践，美国就是最典型的一例，此外在瑞典也开展得非常好，其他一些发达国家也都在大力推行（胡梦鲸，1997）。而且终身教育理念本身也在发生着重大变化（吴遵民，1999），它已经从最初的补偿教育机会发展为将学习本身作为一种基本的生活方式，一种基本的生活追求。因而终身教育不仅是一种理念，而且是一种实践。问题是，终身教育究竟该追求什么和如何进行实践才最有意义？因此，要真正谈清楚终身教育，首先必须从教育的基本概念谈起。如果不知道教育的真切内涵，想探讨终身教育是不可能的，所以探讨终身教育的出发点是教育。

一、教育与终身教育

（一）关于教育的定义

1. 教育概念界定之困难

“教育”这一概念是人人都能够感受到且人人都能够说上一点的东西，但谁要想把教育说得非常透彻却并不容易，因为教育并不像看上去那么简单，而是非常复杂（顾明远，2003）。由于人们对教育的期望是如此不同，因而很难设计出一个最让人满意的教育，更不可能设计出让人人满意的教育了。由于人们对教育的设计差异悬殊，因而教育的目标也就变得复杂多样，那么进行教育评估活动也就变得非常困难。特别是在现实中，教育活动受到的制约因素是非常之多，如受到政治、经济、文化和科技等各种外部因素的复杂影响，还受到教育者和受教育者自身条件的制约，从而使教育活动充满了许多不确定因素。因此，教育问题就变得异常复杂，那么对教育概念的定义就多种多样了（陈桂生，1997）。

为什么教育问题会如此复杂呢？因为教育并没有什么严格格式，它是随着条件变化而变化的。这种变化有时是自觉的，有时是不自觉的或是被动的，有时人们能够感觉到的，有时人们感觉不到，人们至今说不出最标准、最理想的教育模式是什么，所以人们对教育的认识至今仍然只是一种理念，还没有达到完全的、科学的程度。在很大程度上，教育只是一门艺术。因为教育的成功与否直接依赖于施教者的个体特征，如果施教者本身知识渊博、经历丰富且热情饱满，则教育可能是非常成功的。相反，如果施教者盲目和无知，则教育多半是失败的。到今天为止，还没有发现完全相同的教育，即使是同一施教者，针对不同的学习者也需要施行不同的教育。

教育之所以会如此复杂多变，就是因为人们对教育的认识不可能是统一的，进而言之，人们始终对“理想的人”的形象并不清楚，或者说人们始终都不知道自己将成为什么或应该成为什么，人是在摸索中前进的。人的历史是建构的，人们只是根据简单的道德规则来探索自己前进的路，探索将成为什么和应该成为什么，如此教育就变得非常不确定。历史上无数哲人都在探讨人生奥秘，但都没有给以令人满意的答案。换言之，人很难找到自己的归宿，人只能看到自己短暂的命运，所以很多时候人都会感到无价值感、无力感、无可奈何感，也因此不少人提出了及时行乐主张，所谓人生短暂，转眼就是百年。

教育究竟是什么？难道真的说不清楚吗？

2. 教育起源于知识

其实，教育很简单，教育就是要教人学会思考，学会主导自己的行为。这对于一个人或一个群体都是一样的。这样教育活动就必须依赖于知识，因为只有有了知识，才能够思考，才知道如何行为。

一旦涉及知识，教育就变得复杂起来，因为知识是无限的，是不可能穷尽的，而且人获取知识能力本身又是有限的，那么教育如果以无限的知识为依据的话，它自然就变得难以操作了。这实际上是说，教育作用是非常有限的，只能把认为最有价值的知识传授给下一代。如此便出现了教育的分野，因为人们对知识判定的标准是不一样的。这就决定了教育是不完善的，必须不断地接受批判而趋向于完善。

最有价值的知识当然应该是最正确的知识，也应该是最能够获得实际效果的知识。如此，教育不可避免地强调其实用的功效价值。正是因为强调正确性，因而教育常常是保守的。

但无论如何努力，知识的正确性总是有限度的，因为人的认识能力是有限的，不可能获得绝对正确的东西。如果把局部的东西当成整体的进行传授，那就谬误百出了。往往人们认识不到这一点，常常把一时的成功当成永恒的经验，他看不到这种成功具有偶然性，从而将其绝对化。久而久之，教育就变得保守，就面临着改革的需要。

成功的教育重点在于培养人的批判性思考能力，而不是简单地接受现成的知识。这也是传统教育最忽视的。当教育把所传授的东西当成教条来传播时，教育的谬误就出现了。这种谬误会造成思想的僵化、创造力的降低。

几乎所有的教育都极力标榜自己是建立在科学基础上的，即是基于对世界客观的现实的正确反映，而不承认可能是从主观出发的偶然的乃至歪曲的反映，如果承认，似乎在瓦解教育的合法性基础。正是这一点决定了教育的保守性，而不是开放的。之所以如此，是因为教育活动需要建立在一定的权威基础上，没有一定的权威为基础，教育就很难进行。权威代表一种能力，它建立在能够有效地解决客观存在的问题的基础上，从而使人们相信它真的具有这种能力。如果它不能证明这一点，权威就不会形成。

3. 知识、权威与教育

知识与权威的形成具有直接的关系，没有知识，当然形成不了权威（福柯，1998）。因为没有知识，就不可能对事物进行正确的判断，当然就不可能有效地解决问题，如此也就不能获得人们的信任，从而就无法赢得人们的尊重并听从它的建议。而教育活动就依据这种理性的权威，即信赖它所传授的东西是正确的，依据它所说的就能够获得成功，所以人们才产生对教育的信任和对教育的崇拜。其实教育所崇拜的是知识。

这一切都建立在教育所传授的知识是经过严格证明的基础上的。如果没有经过完全的确证，教育就把自己建立在了不稳定的基础上。而现实的情况是，能够完全经过验证的知识是非常有限的，即使对于这些有限的知识，教育能否真正有效地传授出去仍然是一个很大的问题，因为这些知识并非像人们所想象的那样只要有记录，只要文字记录正确，只要符合语法规则要求，就能够绝对无误地传授出去。因为传授过程依赖两个方面的条件，一是传授者的理解，另一是接受者的理解能力。如果传授者并不能真正理解知识的奥秘，只是根据纸面上的语法规则和句子表达的意思来传播的话，就只是传播了部分意思，而没有将该句子整个判断的前提和结果传播出去，就会出现信息被截留的现象。事实上，由于知识传授者不可能就是知识的发现者，那么在知识的传递过程中就会发生信息的增加和截留现象，一些无效的干扰信息会增加，而有效的真正有意义的信息则会被截留，故而整个传播过程可能就是一个谬误放大的过程，如此，要还原到最初的情境是不可能的。而传授者也不可能还原到当初的情境，因为他必须转化为自己的认识，这样他就进行了第 N 次的转化（因为中间要经过编写者的转化、审定者的转化等），从而使他距真相的距离越来越远，增加自己阐释的可能性则越来越大。而接受者是根据传授者的解释来进行理解的，接受者不可避免地也是根据自己的生活情境或生活经历所形成的理解能力又作了一个新的解释。这样的知识就变成了一个无数的被解释的过程（加达默尔，1999）。可以说，增加任何一次解释机会，也就增加了出错的机会。因此谬误往往被无限地扩大，而真正的原质的东西则可能被掩蔽得越来越深。

这一过程从根本上说是无法避免的，因为如果不根据当下情景进行注释的话，接受者就不可能充分理解，而每个传授者都试图进行当下情景与原初情景之间的连接，都会增加自己虚拟的成分，那么信息传递的失真就不可避免。一个非常重要的避免信息失真情况发生的办法是把每一次传递过程变成一次新的验证过程，如果不能被验证则不能进行传播，就可能避免很多谬误的发生，特别是避免把知识当成教条来对待。但这样的成本是非常高昂的，从而是无法实践的。而另一个减少失真的方式是经过严格理性证明，这也是大学教学要与科研结合的重要原因，也是在中小学推行培养研究型教师的原因。

正是对“知识是否需要验证”态度不同，成了区分教育活动的分水岭。人们经常会发生思想上懒惰的现象，认为既然已经被证明是正确的东西就不必进行反复的重复验证，只要把它当成当然的东西进行传递就可以了。机械的灌输式的教育就是如此形成的。而启发式的教育则是坚持这种还原的或重复验证的路线，变成了一种经验的教学方式。

4. 知识增长与终身教育

当知识积累得越来越多时，试图事事都进行验证的办法就越来越难以实践了，那么教育就面临选择，就需要在新增知识和教育时间及教育难度之间维持平衡。当然维持平衡的办法就是增加一定的难度，改进传递办法，延长教育年限，对受教育者进行选择，同时也提高对传授者的要求。这些就变成了教育体制改革的动力。由此，教育就不再是最初意义上的全民或普遍的教育，而是越来越专门化了，如此，教育内部也就越来越分化了。

随着知识积累越来越多，教育不可避免地向终身方向发展，因为无论人们怎么接受教育，都不可能在某一个固定的时间内把全部知识都学习完，何况知识在不断地演进，这样，终身需要接受教育就不可避免了。

所以真正意义上的终身教育的提出是在人们感受到知识增长速度加快，需要终身学习之后。在此之前的终身教育则是从人不得不进行终身学习和对一些处境不利者进行补偿教育而进行的，这样，最初的是不自觉的终身教育阶段，之后是自觉的终身教育阶段。当然，这个自觉和不自觉是从整个社会角度而言的，而不是从个体角度而言的。

终身教育的提出，对人们的学习本身也提出了要求。传统上人们习惯于把所传授的知识当成“对的”或“当然的”来接受，但随着知识的积累，人们发现知识并非沿着直线方向发展，并发现了各种不同知识之间存在着冲突，进而发现了人们认识上的局限，也发现了传统的知识传授方式上的局限。此前，人们不可避免地对知识发现和发展过程充满了崇敬，把这些知识发现者当成先知先觉的人或天才甚至圣人来看待。当知识之间的冲突出现后，人们才发现了任何知识或任何判断都不可能是完美无缺的，而且知识与利益是密切相关的（哈贝马斯，1990），从而人们对知识的客观公正的信仰也产生了怀疑。此时人们该抱着什么样的态度对待已有的传递下来的知识呢？怎么能够避免我们所学习的知识不是错误的知识呢？这样就不仅对教育本身提出了质疑，而且对学习模式也提出了质疑。

当人们绝对地相信知识是对的时候，我们就很容易把知识当成教条看待。但当我们以怀疑的眼光来看待知识的时候，却发现我们经常会丧失对自己的信心。这样，知识就面临着一个尴尬的境遇。教育活动在组织知识系统时也会遇到“该如何组织知识”的问题。显然教育系统仍然是将最可靠的知识作为基础的知识来传递，而把不确定的、不能完全证明的知识作为未来要探索的知识对待。但教育者该如何对待知识呢？是否客观地呈现知识的不确定性呢？显然，客观地呈现知识的不确定性是一种科学的态度，是一种怀疑精神（波普尔，1986），但同时也容易对科学的信仰产生质疑。如果把知识仍然当成确定的东西来传授，这种态度虽然是武断的，但却能够确立知识的威信和对科学的崇拜。这似乎是摆在教育工作者面前的一个两难选择问题。这一问题的出现，意味着教育者面临着越来越大的挑战。

对知识的态度，实际上决定了人们的学习态度，同时也决定了人们对教育的态度，这三者是不能分离的。如果对知识采取客观的开放的态度，必然要求教育者首先必须不断地学习，不能把知识教条化，不能把知识当成固定的不变的死知识进行传授，也必须要求学习者在接受知识时认识到知识产生的条件和知识适用的局限，不能把知识当成无限的东西来适用，使知识自身成为活化的、可以发展的知识（Wade，et al. 1994）。

当教育不能把知识的局限性有效地揭示出来时，教育就容易走向教条化和武断，甚至变成了一种意识形态（贝尔，2001）。而当教育蒙上一层意识形态的色彩后，教育就进入了一个误区。

（二）关于终身教育的界定

1. 关于终身教育的种种说法

“终身教育也是一种教育，它是一种更为理想的教育。”这种说法可能代表了目前人们对终身教育的普遍看法。如果不承认这一点，就缺乏了共同讨论的前提。

“终身教育是伴随人的终生进行的教育”，这样的说法似乎到处可见，而且这也是人们对终身教育的直观印象。似乎人们对终生进行教育或终生需要教育已经不存在什么疑义，但对究竟是进行什么样的教育则存在很大的争议或疑虑。而上面的说法中并没有说明“教育”的具体内涵是什么。

“终身教育不是一次性教育”，这个说法也是四处可见，这个说法目的在于进行对比，在于说明终身教育兴起的原因，而且比较的重点在于把教育定义为学校教育。显然这个定义是存在偏颇的，因为终身教育不能仅限于学校教育形式，而应该包括一切形式的教育。

那么终身教育到底是什么呢？有哪些教育是不属于终身教育范畴呢？

似乎这样追问下去就是非常危险的，因为人们觉得似乎终身教育包括所有形式的教育和无论进行什么样的教育，即只要与教育有关的似乎都属于终身教育范畴。这样的话，终身教育就变成了一个无所不包的东西了。

显然这样并不能把握终身教育的本质。要把握终身教育概念的内涵，还必须从其所指的具体对象出发。

“终身教育说到底是培养人的活动”，这一定义方式显然是等同于对“教育”的定义。对这一点人们似乎没有什么异议，因为无论什么样的教育都与培养人有关。但终身教育究竟是培养什么样的人呢？这则是个大有歧义和争议的问题。如果说“终身教育也是要培养一种理想的人格”，似乎这也没有什么大的异议，因为这确实是所有教育的课题，因此，这样回答也没有什么实质意义，因为它并没有回答什么实质问题，只是绕了个大圈而已，而最后仍然回到了原点上，所以这样的回答没有意义。甚至可以说“教育是培养人的活动”也是没有意义的，因为教育不培养人还能够干啥？关键在于回答“通过什么样的途径来培养什么样的人”，即教育活动的内在规定是什么。只有这样才能把“什么是教育”和“什么不是教育”区别开来，即把“教育”与“非教育”区别开来。但在这点上，教育家们陷入了困惑，他们只知道是要“培养人”，“培养好人、理想的人”，但不知究竟要培养什么样的人，在教育中他们自己只能按照自己认为是比较理想的样子来培养，而且也不知道这样做究竟是对是错，因为他们自己对善的标准并不是非常清晰的，从而也不知道真正对错的标准是什么，如此的教育理论就不能算是真正的理论，充其量只是一种个人经验，因为还没有将普遍的标准作为对照，当然这样就达不到科学的状态，因为科学的标准需要进行普遍证明，不能被普遍证明的当然就不是科学的。事实上，每个人关于善的主张和对错的标准是非常不一样的，因为每个人对善或对理想的理解是不一样的，一般都是以自己的良心或对善的部分理解作为基础的，因此关于好坏对错的认识就变成了一个糊涂的认识。

因此，“教育是培养人的活动”说法是值得怀疑的。因为就人的成长而言，可谓影响因素众多，事实上也真的很难区别清楚哪些是教育的，哪些是非教育的，而且即使一个人在最后成功了也不知道究竟哪些是教育影响的结果，哪些不是教育影响的结果，因此，这在整体上是一笔糊涂账。举例而言，参加劳动是不是在接受教育？因为许多人由于各种原因而没有机会进入学校接受教育，他们只好从小就随着家长参加劳动了，在这一过程中他们学会了劳动技能，也学会了一些为人处世的道理，这是否是教育的结果呢？如果不是教育又是什么？

你可能会说这是劳动教育，但这样说法既对也不对。所谓对是指，确实他是通过了“劳动”才出现了这样的结果，是“劳动”在其中起了重要的作用。但你无法确定劳动的作用究竟有多大。如果在同样情况下是两个人，他们都参加了劳动，其中一个人变得爱劳动了，而另一个变得不爱劳动，你说这是为什么?

你可能说这影响因素太复杂，无法说得清楚。很可能就是如此。因为即使同一个父母，教育出来的子女在性情脾气各方面都不一样，何况两个不相干的人呢！人自身本来是有差异的，这个差异到什么时候都无法克服或剔除。没有这个“剔除”工作，怎么能都归结为教育的影响或结果呢?

这个例子虽然简单，但说明的问题却很多，首先它说明影响一个人成长的因素是很多的，无法确切地分辨哪些是教育的影响，哪些是非教育的影响，因为从一开始，教育的就与非教育的混合在一起，不能进行严格的区分。那么到最后，你就不能说究竟是谁影响大，你既不能说是“教育的”东西使他成为这样的人，更不能说是“非教育的”部分使他成为这样的人。这样的话就把教育界置于危险的境地或者叫糊涂的境地了。为什么？因为这样不知道教育究竟有什么作用，甚至不知道究竟什么是教育。教育理论界就必须对教育进行定义和说明，告诉人们究竟什么是教育的，什么不是教育的。

其实教育就是一种意识活动，是一种人们有意识地施加影响的活动，目的是使受影响的人在行为上达到某种目标，即从行为表现上和内在思想上达到某种样式，这一过程才叫教育。可以看出，没有思想、没有意识的参与就不能叫教育；没有活动，即没有具体的行为过程当然也不能叫教育；没有目标，没有对象内容也不能叫教育；另外失去施与方和被施与方也不能叫教育。可以看出，这里面始终贯彻着一个核心的东西，那就是知识，它构成了教育活动的前提。即当人们认为事物本身应该是这样的时候，就希望人如此这般行动，人如果这样做了，就认为是受到了教育或教育有了效果。在这里人们都有一个预期在里面，即认为它应该能够达到什么样的效果，达不到这样的效果则说明原来的认识存在错误，需要矫正，需要重新确定自己的认识，然后再进行验证和矫正。显然这是一个科学认识的过程。而且这样的认识活动是一个循环往复的过程，是没有终点的，这就是人的一种知识命运。教育活动无时无刻不与对知识的探索联系在一起。

人在认识过程中，总是把自己认识的结果与实际状况进行对照，然后矫正自己的认识并用来指导自己的行为，之后又用行为的后果来检验自己的认识，从而修正自己的认识和矫正自己的行为。人一生都在处理这样的难题，在哲学上，这一过程既可以叫认识过程，也可以叫知识过程，因为这是在获取知识。对于这个过程，任何人都不能例外，除非他是天生的智力障碍者，否则都必然要去做这样的工作。所以知识是人的命运，也是人成长的过程。故而，人生就是一个不断学习的过程，不断获得知识的过程，所谓“活到老、学到老”也反映了这个道理。正是基于此，许多人在追溯终身教育思想的源头时都会谈到中国这句古语，并且把孔子作为终身学习的典范。显然终身学习与终身教育是不可分的。

2. 传统教育设计的困境

人能否一下子就获得全部真知而享用终生呢？对此问题是有不同答案的。传统的“一次性教育”思想就对此持肯定的态度，因此它也试图设计一个将全部人类知识精华都包容进去的完善的课程体系，然后挑选最恰当的人选、使用最恰当的方法、提供最适宜的条件，最后把这些知识系统地传授给下一代，这样就实现了知识的高效传授，就变成了年轻一代在学校里接受系统知识，在离开学校时即根据具体不同实践场景的需要而运用知识的过程，这样被认为体现了教育活动的价值，提高了教育活动的效率。

这种传统的教育设计是把教育任务定位在人类知识文明的传承上，把课程设计定位在知识具有永恒的效应的假设基础上，把学校教育功能定位在系统的知识能够覆盖全部生活问题的假设上，把教育效果定位在知识对所有的个体都适用的前提上。

可以看出，这是一种决定论的知识观，唯一论的学习观。在决定论的知识观视野下，人是世界的主宰，世界是完全可知的，人的认识能力是无限的，真正知识是普遍有效的，对所有人都是适用的，而且人们处理相同事物的方式也应该是相同的。显然这夸大了人的认识能力，也否认了个性培养在教育活动中的意义。

人确实不能一下子把握真理，因为人的认识能力非常有限，人只能认识到事物的局部，往往是此情此景的事物，无法一下子把握一个普遍的事物，当情境变化时，事物的属性也会发生变化，此事物就会变成彼事物，如果不了解这一点，那么人们在认识上就容易出错。这就是为什么在不同情境下对待同一事物会出现迥然不同的看法的原因。即使是同一事物，人们也会出现非常不同的看法，因为所站的角度不同，对事物的预期不同，以及在看问题时心情状态不同，那么对事物的感知程度也就不同。而且事物自身也在发展变化，它会随时间的变化而变化，特别是受外界条件的变化而变化，即使这些变化并不显示出来，但它仍然是变化的，只是我们无法观察而已。这就增加了对事物认识的难度。归根结底，人的认识能力是有限的，因为人无法一下子完全把握事物，不可能预见到事物发展变化的所有方面，所以就不能采取相应措施控制事物的变化。其实这就是人的求知命运，人的一生都在对付这个问题。

这似乎陷入了“不可知论”的怪圈，即认为事物是不可认识的，或人的认识能力是不可靠的。其实不然，事物还是可以认识的，只是对事物认识的深浅程度不同而已，随着对事物认识程度的加深，就会了解得越来越全面，因为对事物的认识也是由对事物不同方面的认识所构成的，并且需要人的综合认识能力来进行把握和提升，即不能只从表面的认识出发，因为那样的话是不可靠的。从表面上看，人对事物的认识主要是依据观察能力，甚至可以说是感知能力，但仔细进行深入分析就会发现，人们对事物的认识依靠的是一种综合分析能力，这种看问题的方式则是一种理性能力的显现，甚至是一种直觉能力的显现，这种能力使得人对事物的认识和看法也在不断变化，而不再是静止地简单化地看待事物，这样才能够对事物的发展变化进行比较有效的把握。现在人们把这种认识问题的能力叫作辩证地把握事物发展变化的能力，这也是辩证唯物主义思想的柱石之一。

这样看来人的认识能力还是可靠的、值得信赖的，从而可以根据人们的认识程度来为人类自己谋福利，而且这也是人类文明不断取得进步的原因。

当我们这么看问题的时候，那么真正的问题就出来了，即为什么人们不能直接运用这种方式来看待事物呢？我们认为，之所以人们不能按照这种方式看问题，就在于事物本身太复杂了，要么是太抽象了，要么变化太快了，有时变化得使你无法辨别其究竟是变化还是没有变化。在人类的认识对象里，意识就是这样的东西，因为它太抽象，根本无从彻底地把握它，而且它确实是变动不居的。虽然它有时依附于一定的物质主体，但又不被物质主体所决定，因为它是自由自在的，是不受控制的。人们曾试图从生理学上来揭示这个问题，但这基本上是徒劳的，因为生理素质只是提供一个意识活动的基础，并不能阐明意识活动的根本原理。意识活动说到底仍然是一个心理问题。而心理学又无法完全透彻地揭示这个问题，因为心理活动是不可捉摸的，它的活动形式是不可观察的，也是无法进行推断的，因此它是一种最为复杂的社会现象，它是人们精神活动的反映，说到底，这种认识对象叫精神。对于精神究竟该如何把握呢？似乎至今人们还没有什么灵丹妙方。

这仍然说明，人的认识能力是有限的，人们也只有在出现某种活动之后才能发现它，往往这种发现又必须依赖主体的反思意识，如果没有这种反思意识，许多矛盾性的东西就不容易被揭示，因为对于这种客观存在的心理事实，其他旁观者是无能为力的，他不可能洞穿被观察者的内部世界，因为这个内部世界被一个稳定的内壳包围着，具有很强的防护机制，只有在他的人格世界中才能得到说明，而且这也必须是在他有了主动意识，特别是在他有了自我反思能力，并且乐意主动地进行倾诉之后才能够接近它。而且这个诉说本身还受诉说者本人的语言能力和语言习惯的限制，同时也受听者的理解能力的限制，即如何真切地把握他即时的感受，因为叙述者的语言有时与他的意识状态是分离的，同一种语言在不同情境下能够表达非常不同的含义。这确实是个非常复杂的问题，这需要研究者具有很强的观察能力，能够及时地发现各种情境下的潜在信息，从而能够进行一个整体判断，如此才能获得一个比较完整的认识。

由此观之，对教育的对象“人”的研究是非常复杂的事情，因此，要对教育活动进行非常周密的计划和安排也是非常困难的，那么要制订一个理想的教育目标更是异常困难，因为你很难针对具体对象制订一个非常合适的教育方案。如果你制订出一个“大一统”的方案则很难是普遍有效的，如果你制订出一个针对具体人的方案，则代价是非常高昂的，这不仅是因为制订本身就很困难，而且执行起来也很困难，因为要选择适合的人执行是非常困难的，即便能够选择认为是合适的人，而你最后衡量这样进行的教育效果也是困难的，甚至最后你认为教育效果是不可测量的。

一旦出现了这些情况，就容易成为教育活动开展的误区，也会成为教育研究的误区。因为这似乎是说教育本身是不可认识的，教育效果是不可衡量的。其实也不是，因为教育问题本身就是个哲学命题，它永远都面临着“为什么教、教什么、教给谁和谁来教及怎么教”的问题。当然处理这一问题也是一个非常智慧的事业，没有相当智慧的人是不能从事这个行业的。教育的智慧就在于教育永远都不会期望达到教育者外部的目标，永远都不要期望教育者能够做到一切事情，必须设想教育的成功就在于最大地开发了教育对象的主体性，使他们具有了自我认识的能力，特别是具有自我反思的能力，从而能够进行自我教育。这才是教育的根本出路，这也是教育自我延续和发展的道路，这才是真正把教育对象看成是人的道路，也是接近教育问题本质的思路。这其中就蕴涵着教育的智慧——不把自己的目标当成最终目标，而是把教育对象形成自己的目标作为主要目标。

在现实中，教育活动最大的误区是教育者过于执著于自己的目标，而无视受教育者的主体感受，从而把外部目标当成了教育活动的强迫目标，受教育者在这一目标前只能服从。在我国，应试教育之所以泛滥，其根源就在于此。实事求是地讲，要真正跳出这个误区还是非常困难的。因为现实中我们都没有把教育对象当成真正的主体看，而是把他们当成一般的物来看待，所以很理所当然地把自己的标准强加于他们，希望他们变成和我们理想中一模一样的人，并且还用一个统一的尺度来衡量他们，使得教育出现了混乱，如此就把非教育的东西当成了教育的东西，教育走向了自我背反。

非教育的东西就是把教育活动当成了物的活动，用物的公式来衡量它，根据物的收益来衡量它的价值，如此人就变得完全物化了，教育自身的价值也就降低了，甚至变成了一个可有可无的可怜物（马尔库塞，1988）。

3. 终身教育的目的

教育活动的本质是要养成一种精神，造就一种品格，这种精神是指在教育对象身上形成了一种天地之间的正气，形成了一种独立的人格品质，形成了个体不断追求的执著的动力，人一旦形成了这种品质，就是教育的成功，如果教育始终不能使人具有这种动力，则教育在根本上是失败的。

当然要形成这种品格，确实不是一件容易的事情，因为它是在教育者和受教育者双方的自我认识都达到了相当的高度后的结果，也是自我理智高度发达的结果，因为它最后表现为行为主体对自我行为的高度控制能力。这也是一种超越的品格，因为生活在现实中的人总是会遇到各种各样的挫折，而只有当他们能够看透这些表面现象，进而去超越它，才能不停止自己追求的脚步。这样，人就是一个不断奋发进取的人，是一个超越追求物质功利的人，即不会以物质利益上的得失来衡量自己成败的人，相反，他经常以自己的精神上的收获来激励自己，所以这是一个对精神生活有执著追求的人，是把精神上的收获当作人生最大享受的人，因此，他的生活是非常充实的，他也是一个脱离低级趣味的人。可以说，人不可能完全脱离物质需求，但不能就此把它作为最终的追求，也即不能把此作为评价成功与失败的依据。

这种不断追求的能力，实际上也是一种不断学习的能力，是一种不断总结自己人生失误和成功经验的能力，从而不断地矫正自己的行为错误而不断地提炼自己的行为模式，使自己的人生趋于至善境界。人有了这种不断追求的精神，就有了不断超越自我的能力，就不会被眼前的利益得失所困惑。所以，学习能力本质上是一种自我提升的能力，是一种不断提升自我视野的能力，是一种使自己心怀宇宙大千世界的能力，是一种使自己趋向于追求永恒真理的能力，从而也是一种使自己精神不断超越的能力。

显然，人的这种能力的形成并不是一件轻而易举的事情，因为它是一种在人生经验中不断磨炼的结果，它与个体的先天禀性有一定的关系，但更与他后天的教养环境有关，同时也与他自己不断提升的意志能力有关。一个人只有当他能够沉浸在对事物发展过程本身的探求而超越于对事物发展会对自己造成什么影响的探求后才能获得这种能力。换言之，他已经把“知”作为一种乐趣，把对事物的认识作为对自己的最高奖赏，这样就会始终使自己的理智处于一种不断提升的状态，而不会痴迷于眼前的物质所得。

这种人当然不会把自己的视野局限在书本上和教条中，而是通过实践来扩大自己的知识视野，因为他们相信真正的知识只能来自实践，不可能有其他的捷径，没有经过实践验证的知识都是假知识，所以他们也不会急于求成，而是深入实践，一步一个脚印，在实践过程中把握自己的方位，因此，这样的人会不以物喜，不以己悲，能够达到一切从容的境界。当然这样的人是诚恳的人，是正直的人，是谦虚的人，是勤勤恳恳的人，是一个踏踏实实的人，也是一个有着自己精神追求的人。这种人自然不会随波逐流，不会媚俗，不会陷于世俗的争权夺势和争名夺利的活动中，而是从容地做好一切事情，有自己的个性和主见，这也正是我们所要提倡的人生品格。这是教育永恒的追求，也是终身教育的理想目标。可以说，终身教育的目标并不独立于教育目标之外，而是教育理想目标的具体化。

（三）观念澄清：终身教育是什么和不是什么

1. 终身教育既是一种观念，又是一种实践

终身教育首先是一种观念，它是一种服务于人终身不断学习、不断自我提高的目标要求的理念（王洪才，2004b）。换言之，终身教育的基本理念就是要成就人，成就人实现美好自我的愿望，这种成就方式就是终身教育的内在要求，也是终身教育走向自我完善的驱动力。如果没有这种内在驱动力，终身教育就失去了其内在的灵魂。

如此，终身教育代表了一种理想的教育价值观，代表了未来教育发展的趋向，即未来教育应该以发展人为中心，要以促进人的自我发展作为教育目标，换言之，教育不能只把服从上级指令，以完成所谓的任务指标作为自己的工作目标，教育应该听从自己内在的指令，这种指令就是教育原则、教育运行的法则、教育规律的要求。教育的根本功能就是要塑造美好的心灵，这在任何时候都不可能改变，尽管关于美好心灵在不同时期有不同解释，但趋向善是共同的，教育活动不能违抗这一规律，绝不能够不考虑这一内在要求，成为一个变相的行政机构。所以教育目的是趋向内在的善，去追求心灵的美好，舍弃了这一点，教育活动就失去了意义和价值。

终身教育也代表了一种制度设计要求，即既然终身教育是一种贯穿人一生的活动，那么教育活动的各个阶段就应该是衔接的，教育活动之间不

能有任何的对立和分离，教育活动应该统一在人生的整体活动之中，而不应该独立于生活需要之外，任何导致教育活动之间对立和分离的设想都是违反教育活动目标的。所以终身教育在制度上要求它是一贯的、连续的和有不同分工的，这样就构成了教育活动的多样性和统一性。

终身教育的出现，标志着人类已经发展到了一个新阶段，标志着人类精神需求有了一个普遍的提高。但终身教育还不是一种具体模式，即终身教育还没有一个理想的模型是可以到处适用的。终身教育首先是一种思想，它是对人的终身发展要求的回答，是人类在克服物质需要局限后的一种反映，人只有能够从不间歇的体力劳动中逐渐地解放出来，才能有更多的闲暇关注自己的心灵，关注自我心灵的完善，关注自己精神修养的提高。

终身教育也没有现成的模式，各国都在探索自己实践终身教育的有效方式，尽管有些做法可能具有广泛的借鉴意义，但到目前为止，还没有一种方法被普遍认为是理想的通用的。尽管人们发现终身教育中确实存在一些共性的问题，但却没有找到一个普遍适用的解决办法。如许多国家都认识到了成人学习动力不足的问题，但到如今，还没有一个国家找到了被认为是比较满意的办法。

终身教育也不是什么灵丹妙药，不是任何社会问题只要与终身教育结缘就会迎刃而解了。终身教育只是为各种社会问题的解决提供一条有效的路径，还不是具体的解决方案。社会问题错综复杂，都需要认真研究去解决，要求把每个人的智慧潜能都动员起来，并且在检讨自我不足的基础上组织起来，形成一种社会的合力来解决问题。可以说，终身教育能够不断地发现和挖掘人的潜能，而潜能的具体发挥还需要相应的制度建设和社会运行机制。所以终身教育有助于形成比较理想的社会氛围，这个氛围鼓励人们进行学习和创造，鼓励相互协助和团结，鼓励人们在相互学习和相互启发过程中得到发展，并在发展过程中解决存在的问题。这一社会建设目标就是学习型社会，这就是终身教育体系建设的目标和指向。

终身教育作为一种思想方式，它告诉人们，真正具有巨大力量的是存在于人自身内部的潜能，我们的力量常常被自己的认识境界不高所阻挡，只要提高人的精神境界，人定会解决自身存在的所有困难。所以，终身教育过程也是人类教育自我的过程，也是人类自我超越的过程，是人类在反思自我过程中获得解放和进步的过程。这就是终身教育的真谛。

2. 终身教育体系是一种观念、制度设计的总和

那么终身教育体系又是指什么呢？简单言之，就是指在终身教育思想指导下，通过终身教育目标设计而制定的一系列教育政策和制度及其实施机构的总和。终身教育思想要求为人们提供终身学习机会，培养人的终身学习能力，完善人们在不同学习机构之间的学习转换，使人们能够在任何场所、任何时间都能够获得所需要的教育机会（吴遵民，2004）。可以说，这是一个非常完善的教育制度理念。就此而言，目前任何国家的教育制度设计和教育政策制定无论如何也不可能达到这一目标要求。但可以发现，有不少国家的教育制度设计已开始向这个方向努力，最具有代表性的是美国，美国的教育制度设计比较有利于人们进行充分的选择和在不同教育机构之间进行转化，并且有一定的政策保证。

从理论上讲，终身教育不可能有一个现成的体系可供人们直接套用。因为人们的学习需求不一样，教育机构的设置就不一样，而实现各种教育机构之间的衔接和学习转化就更困难。所以终身教育体系的建立只能是在已有的教育机构基础上不断丰富和完善的结果。也就是说，终身教育体系是一个不断建设的结果，不可能一下子完成。这告诉人们，终身教育体系建设不是要废弃现有的教育制度体系，而是要对现行教育体系进行改造和完善。那么，想当然地认为有一种终身教育体系来替代现有的教育体系是错误的。

如前所述，终身教育首先是一种思想，即为了实现人们终身学习目标而提供的教育制度设计，也就是说现有的教育体系需要按照终身教育目标的要求进行改造，把与终身教育思想不符合的部分扭转过来，达到为终身教育服务的目的就可以了。

从现实状况看，现行教育体系设计中的许多方面是与终身教育思想相悖的，如许多教育机构是封闭式的设计，换言之对社会许多成员是关闭的，许多人还没有找到获得接受终身教育的适宜机会；如许多教育机会只有城市居民才可能享受到，而农村居民是无法享受的；即使是城市居民他

们在教育机会方面也是不平等的；职业教育机会不是非常普遍，大学教育机会也不是开放的。这说明，一方面现行教育制度设计上还没有照顾到人们的终身学习需要；另一方面也说明，现行教育制度运行的物质基础比较薄弱，同时也缺乏有效的机制来挖掘充分的教育资源。再如，中小学在教育方向和教育内容上都没有为学生将来的终身学习做好准备，仍然是一种灌输式的教育。其他教育也均是一次性的设计，没有考虑与其他教育活动之间的关系问题，这样的教育设计都是孤立的设计，是不符合终身教育目的要求的。

终身教育体系最特别的地方或最具有魅力的地方在于教育活动的各个组成部分之间具有有机的内在联系，在教育制度设计上充分考虑各个教育构成部分之间的衔接问题，或者说没有任何一部分是与其他部分完全隔离的，都可以通过一定的中间环节联系起来。终身教育体系建设的重点就在于充实施行各种教育职能的机构，完善各种教育机构之间的联系，使它们能够成为一个内在联系的有机系统（陈乃林，1999，2000）。

二、传统教育的弊端

（一）为什么说传统教育是失败的

1. 没有培养出独立的人格来

若论今天的教育中的最大失误是什么，肯定不同的人感受是截然不一样的。但有一点可能大家都同意：教育中最大的失误之一在于没有培养出学生稳定的、独立的、良好的个性品质来，换言之，当今学生绝大多数都没有形成真正独立的人格品质！

独立人格是一种独特的精神追求，这种追求是人在超越物质追求之后而出现的结果。当人迷恋于物质需求的时候，这时人是物的奴隶。只有当人开始追求精神的时候，人才是自由的，才显示出人的伟大。人的精神提升只能通过知识的获得来进行，不可能由别的途径而获得（波普尔，1996）。而在一个物质化的时代很难培养出独立的人格精神来。但教育使命首先要使人成为一个独立的人而不是依赖的人，这种独立首先指的是人格独立，即具有独立意志和独立的判断力。而现实中的教育恰恰脱离了这一使命，这也是教育失败的根源。

为什么会出现如此情况呢？显然造成这种结果的原因非常多，但有一个直接的和一个非常深层的原因，它们也是能够被大家共同感受到的原因，即传统教学方式和传统文化的影响。在我们的教育中虽然一直在提倡启发式教学，但实际上执行的都是灌输式教学，尽管有的是比较温柔的、含蓄的，有的非常直接的、粗暴的，但其实质都是把一些现成的东西让学生接受，并且用奖赏制度引导学生。它所倡导的价值规则是：只要掌握了这些东西，你就可以一路顺风，可以进入大学和获得文凭。尽管这种教学方式越来越不适应于市场经济环境和国际化环境，但在传统教育体制特别是考试升学制度影响下很难改变。这种培养方式实际上又与中国文化传统特别是科试制度形成的烙印有关。中国文化一直以儒家文化为主导，儒家文化倡导礼教，不怎么尊重个性，在这种文化环境下，就很难培养独立思考的品质，也难以建立学生独立自我等概念，甚至这些概念在中国文化中是受排斥的。这当然与创新时代的要求是不相适应的，也与中华民族的伟大振兴目标是不一致的，因此是必须要改变的。针对这种教育积弊，有学者提出“教育创新呼唤‘具体个人’意识”（叶澜，2003）。

为什么会出现这些对立和反差呢？因为在中国传统观念中，统一是第一位的，差异是不受重视的。甚至把统一看成是绝对的，对差异采取不宽容的态度，这也是思想专制的根源。在传统的发展观中，和谐也往往意味着统一，似乎只有思想一致才叫和谐。这种理解显然是有偏颇的，因为和谐本意是尊重多样性和差异性，它强调相互协调，也即统一是由内在发生的，而不是由外部强加的。如果不能实现不同事物之间进行有效的互动和相互调整，那么统一就变成了一种外在强制，这当然是不利于社会和谐的。社会和谐是建立在一种共同的愿景基础上，是大家内在要求的反映，这种和谐必然是建立在多样性之间有机互动基础上，如果从来没有互动过，或者说人为地阻塞了互动的可能性，那么就没办法实现真正的和谐。唯物辩证法告诉人们，事物的多样性是事物存在发展的基础，没有多样性的存在，事物就不能发展，就没有运动，也就没有变化，那样，即使实现统一也只能是机械的、表面的统一，而不是真正的有机统一。这样，事物发展是由外力控制的，一旦外力作用不当或出现失控情况，都会出现不堪设想的后果。

建立有机统一和促进和谐的基础是尊重事物的本来特性，也即尊重事物特有的个性，然后在引导事物实现互动的过程中寻求统一性。统一性也必须是事物内在要求的反映，而不是外部强加的，否则就是对个性的压抑和抹杀。如果没有真正个性存在的话，和谐也就没有存在的可能。因此，统一与和谐都是过程，都没有绝对的终点，它不是一种预先的规定，不能由外部强力所致，而应该是事物内在特性的自然表现。

教育的根本功能在于能够使人形成关于世界的稳定的认识，具有敏锐的判断力和良好的品行，成为一个自主的人、独立的人，而不是相反。如果培养的人没有自己的判断力，没有自己的价值原则，不知道该做什么和不该做什么，也没有自己的人格尊严，既不知道如何尊重别人，也不知道如何赢得别人的尊重，那么这样的教育就是失败的。

传统教育的失败恰恰就在于此，学生有文凭，却没有理性，没有判断力，没有独立人格，且不懂责任和义务，也难以赢得人们尊重，因此，他们只是文凭的奴隶。现在的中小学生变成了升学和高考的奴隶，大学生变成了文凭的奴隶，人们不热爱学习，不热爱知识，不知道自己要成为什么样的人和应该成为什么样的人，最后变成了钱的奴隶。

2. 教育的意识形态化

当教育变成了某种信条时，它就被意识形态化了。传统上我们相信教育活动都是正当的，学校教育所传授的一切当然都是对的，这就是意识形态化的表现，就产生了一个误区，使学校的所有活动都不容争议。当人们从这个迷信中解放出来之后，就发现了教育的可错性。如学校经商行为的出现使人们对教育功能产生了怀疑，人们质疑教育究竟是什么，哪些是教育可以做的，哪些是教育不可以做的。同时也使人们对教师这个职业产生了怀疑，因为教师再也难以充当道德楷模了。当学校与出版商利益联系在一起、教师与推销商利益联系在一起以后，人们对知识的正确性也产生了怀疑，究竟学校里所传授的知识中有多少是真知。

当学校越来越功利化地追求升学目标时，人们对学校的功能也产生了怀疑，究竟学校的主要工作是育人还是在造就文凭的获得者。

当教育越来越与生活分离的时候，人们怀疑教育究竟是为了促进人们适应生活还是相反。当教育大规模发展后却导致了大量的失业现象时，人们怀疑教育是否在造成社会冲突。当越来越多的人接受高等教育后却发现高等教育并不可爱时，高等教育的目的就受到质疑。这时人们怀疑高等教育的目的究竟是什么（怀特，1997）。

正如前面所说，教育现象很复杂，它与社会之间存在着复杂的相互依存关系，很难说针对教育的怀疑是教育自身的结果，但教育很难推卸自己的责任，或者说教育很难证明自己已经尽到了责任。教育的责任与社会的责任不能相互区分，这也使得教育变成无能的代名词。

教育的功能能否与社会的功能进行区分呢？客观地说是能够的，否则教育的存在就没有价值，就可以随时随地地被取代。

（二）传统教育失败的根源

1. 急功近利是一切教育弊端之源

为什么在教育中经常会出现违反学生个性发展要求的现象呢？我们认为尽管造成这种现象有教育体制的原因，有传统文化的原因，但最直接的是与教育设计过程中的失误有关。常常在我们的教育设计活动中，我们太过于强调系统知识的传授，这样就不自觉地走上了向学生进行灌输的路子上去，于是经常把系统化的、整理好的知识直接交给学生，使学生在最短的时间尽快地掌握，这事实上是让学生生吞活剥地接受，这就抑制了学生的创造性和能动性的发展，从而使学生的个性也就处于掩蔽的状态中。

之所以出现这种教育设计思想和教学操作模式，说到底仍然是教育中的急功近利思想在作祟，也是教育在走向商业社会后工具理性作怪的结果（苏国勋，1988）。在这样思想引导下，想当然地认为只要学生接受了这些知识，就会自动地转化为学生的能力和素质品质，而没有认识到学生的主动体验环节是不可或缺的，没有意识到认识过程是不能偷懒的，如果省却了某些环节，知识传授就变成了机械灌输过程。这一点是传统教学论者无法预计到的。

所以教育活动中最大的失误最终就表现为德育的失败。由于学生对各种道德品质的接受缺乏一个真正理解的过程，最后他们只能是服从性地遵守，从而不能变成真正理解后的自觉行动，这种失去理解环节的道德训教就无法转变成学生的真正品质，充其量只能培养出学生被动服从的习惯，而且这种服从也必须是在严加看管或置于严格的监控下才能实现，否则就会发生因自然冲动而突破道德的藩篱。在当前，青少年问题行为的突出引起了社会各界的高度担忧，而社会自身也普遍存在着强烈的违规意识和违规冲动，这些都是没有形成真正的道德品质的表现，都与德育活动是教条式灌输而没有真正理解和接受有关。在这种情况下，由于缺乏内在理智的看管，人自身的内在冲动就像洪水猛兽一样随时都可能冲破大堤。所以学生表面的老实是不可靠的，因为他们还没有形成一种自觉的品质。

传统教育观念中经常存在这样的思维方式：既然某种教条被证明是对的，那么你必须接受和执行。这一思维方式就忽视了从一般证明向个体证明的转化环节，省略了从外部评价标准向内部评价标准转化的问题，想当然地认为外部标准可以直接地移植到学生内部，忽视了人只有在真正思考并有实际的体验后才能产生自觉的行动。这就造成了教育活动的简单化和教育行为的浮躁。显然这一点也与教育学特别是心理学研究的落后有关。因为，如果教育学、心理学研究不深刻的话，就难以真正揭示个体品德形成的复杂性。而这一状况的形成，与当前急功近利的社会浮躁风气具有更直接的联系，但从根本上讲，则是与我们的社会文化传统中缺乏尊重个性有关。

不可否认，这一后果的形成也是一种典型的精英主义思维路线的结果。传统上往往认为，课程教材当然都应该是由该方面的学科专家来进行编订，既然这些教材都是由优秀的专家编订出来的，就应该是对当代最先进的科学知识的总结，当然就是科学的，既然是科学的，直接拿来当然是最节省的。这样的教材编订过程并没有聘请具有实际教学经验的教师参与，因而就忽视了教育对象的地区差异和施教者的个别差异，当然更忽视了最终接受者——学生的个性差异。而从教学规律的角度说，则是忘记了学生对间接经验的接受必须以他的直接经验为基础的规律，如果缺乏这个直接经验基础，那么学生接受起来就是生吞活剥的。所以往往我们的教科书编订得太难，脱离实际，太抽象，缺乏趣味，不符合中小学学生的接受心理，这也使得课堂教学和学习生活变得机械枯燥，没有生机。但为了考试升学的目标，大家只好硬着头皮去背和进行应试训练。包括我们的奥林匹克竞赛，主要目的是为了竞赛，而不是为了培养对知识探求的兴趣，这样，即使那些屡屡获奖的学生，也不能培养出其对该学科知识的真正兴趣来，甚至还产生了腻烦心理。

而且在应试目的导向下，中小学的课程教学内容变得零落不全，学生本应该受到全面知识的教育，形成一种适应社会生活要求的基本素质，但由于缺乏相应的引导和培养，于是就错过了素质形成的最佳时期。而对有些基本素质如科学素质的培养，由于采取急功近利的灌输的教学方式进行，使得本来可以激发学生好奇心、求知欲和学习兴趣的课程也变成了机械、枯燥的知识接受过程。这样就造成了整个教育过程的失败。

在学生没有内在兴趣的情况下，学习生活只能靠外部目标的吸引来维持，这样的学习就变成机械的、被动的和强制性的，个性整体上是处于受压制的状态。

2. 急功近利典型地表现在激励方式上

在传统教育所使用的激励措施中，排在第一位的即使用概率最高的是给学生进行考试成绩排名，这种方式给许多学生带来了极大的心理压力，甚至影响到学生的心理健康。因为这种排名影响到家长的预期，影响到孩子的信心，影响到孩子们之间的关系，影响到人们日后的学习生活各个部分。西方学校教育一般不采取这种考试成绩排名的方式，他们普遍把个人考试成绩视为个体隐私的范畴。国内许多学校甚至采取张榜公布的办法，严重地侵犯学生的隐私权利，干扰了学生的正常学习生活，这是一件必须认真关注的事情。

其次所使用的最重要的激励手段就是升学机会。毋庸置疑，这个机会受到了全社会的重视，不仅是家长和学校。这当然与教育机会稀缺有关，但更重要的是与教育资源分配不公平有关。在今天，升学意义太过于重大，因为它与工作机会、社会待遇和社会地位关系密切，所以在中国没有人敢轻视升学环节。当你看到中国家长这么辛苦地为孩子所做的一切努力时，你不能不同情，但你也只能表示无可奈何，因为你个人能力非常有限，你无法去变革整个制度，不可能设计出一个全新的教育制度，不能消除人们对前途命运的恐惧状态，所以一切同情、忧虑和担心都无济于事。

再次惯常的激励手段就是教师的态度。教师态度对学生的影响最直接，如排名影响如果没有教师的态度跟进的话，它也不会起到非常强的强化作用，正是因为教师态度的冷热变化才使排名自身的影响被放大了，才使许多学生对排名有一种莫名的恐惧感和焦虑，使不少学生心理受到煎熬，甚至出现厌学和逃学。应该说这不是学生的本能，而是环境影响的结果，而学生流落到社会就有一种自暴自弃的感觉，甚至会产生腻烦和叛逆的心理，这就会发展为社会问题。加上社会上一些不良风气，特别是一些黑网吧的影响，很容易使青少年染上不良习惯。所以家长非常惧怕孩子流落到街头，很怕他们到社会上变坏，所以希望他们在很大程度留在学校，因为学校相对社会而言安全很多。但学校又使学生内在地产生恐惧，学生处于这种内外夹击中，其心理的苦痛我们也应该体验到。

最后的刺激激励手段就是家长的态度。可以说家长态度是致命的或决定性的，往往学生的考试成绩直接影响到家长的脸色，这成为孩子恐惧的根本原因，在此时家庭并非一个避风港。只有那些比较民主的家长和对孩子有点娇惯的家长不会对孩子的成绩表现动辄施以颜色，而多数家长会对孩子的成绩表现出非常的关切，会产生剧烈的反应。少数家长还使用了暴力，可以想见，孩子们是生活在什么样的状态之下。

由于这些奖励物或刺激物使教育与精神追求的距离越来越远，越来越使人们迷信教育的神话，最后使人们认为似乎教育能够创造一切，认为教育就能够决定人的命运，所以进什么样的学校就等于受什么样的教育，受什么样的教育就等于有什么样的前途命运。这就成了“教育决定论”的现实版。

如此，教育活动就脱离了它的精神实质，使它在物质主义的路线上越陷越深。所以人们最后也只能靠最后的物质获得成果来看待教育的成绩，那么教育就走向自我异化的歧途。这样的教育自然无法培养一个具有崇高追求的、脚踏实地的、健康的人。

由上面的分析可以看出，终身教育所要培养的是功利意识淡薄的人，他们对物质欲望特别是外在的名利诱惑抵抗能力比较强，也对外界的评价相对漠然，而对自我意识感受比较强，经常能够进行自我反思，不断地对自己的行为和思想进行良心的审判，并用这个审判结果来矫正自己的行为和指导自己前进的方向，使自己力戒外在的浮躁气氛的感染和诱惑，始终使自己保持一个比较平静的心态，坚持不懈地做好自己应该做的事情，把每天的收获当作自己成功的标志，而不期望一下子达到什么样的结果。换言之，就是注重自己日常的点滴积累，注重自己不断的修为，从而使自己始终有一个明智的头脑和勤于劳作的习惯，最终使自己的精神达到上升和上乘。

显然，这仍然是一个不断超越的过程。这个过程主要是内在的，不是外在诱惑的结果。而传统教育方式注重的是外在评价，外部诱惑，从而就脱离了教育的本质，不能使人们形成一个坚韧的、持之以恒的心态，使人们容易被外在获得所控制，最终成为一个不自主的人。

一个真正的人能否完全摆脱这些外在的诱惑？可以肯定地说，不能！但如何控制这种诱惑就变成教育中的一个值得思考的问题。首先我们要回答的是：是否要废除这些诱惑？因为它们是反教育本质的。但我们的答案是不能，原因就在于人是受外界影响的，人并非完全自觉的，人总是把外界评价作为自己行为的参考并逐渐地纳入自己的评价体系，人只有达到相当发展阶段后才能产生一种自主的评价系统。在此之前，借鉴、参考和依照外界评价都是不可避免的。关于外界评价就必须有一定的标志物，那么外界的标志物就是外部所提供的奖赏，也就是所谓的名利诱惑。这些名利只是作为价值因子起作用，其作用当然是辅助性的，目的在于给人们一个行为指向，引导人们去学习，去认识，去探索知识，告诉人们哪种探求结果是对大众有利的，哪些又是具有极大公益性的事情，从而引导个人奋发有为，做一个受社会尊重的人。这就是这种奖赏所具有的价值符号作用或其精神价值。

如果将这一价值符号误读，就会出现不堪设想的后果，即忽视了这些奖赏的精神实质，而只注重实际的物质所得，从而把人引导到一个不重视实质而只重视外在的表面现象中去，似乎这些才是追求的目标，一旦追求不到就失去意义了。换言之，在这种情况下，过程就不再重要，重要的是后面的结果，即物质结果，而不去关注其潜在的精神价值，这样的教育就是失败的。

而传统教育的失败就在于此，它把人们的行为引向了一个只重视现实的物质名利后果的境地，而对精神结果漠然视之，似乎它们都是不可衡量的，因此就是没有价值的。

客观地说，能够获得额外物质奖励的人总是有限的，因为这种奖励是非常稀缺的资源，不可能人人获得，否则就不再具有普遍的激励价值。如果这种奖励不具有普遍的激励价值，只是对获得者本人具有激励价值，甚至引起了群体的严重不平衡，则这种奖励是彻底失败的。一个聪明的奖励政策应该是针对群体的，使群体之间不产生严重的分化；应该是增加团体凝聚力的，使整个团体形成一个共同的追求方向；而不应该形成一种相互排斥的、相互敌对的、相互设防的状态，特别是不应该形成一种为获得这种奖励而不择手段的状态。如果出现了这种情况，则奖励制度就彻底失败了，就变成了使团体迅速走向垮台的诱因。许多组织的失败也在于使用了不恰当的激励手段，造成了内部严重分化和内讧现象，最终使这个组织解体。所以奖励制度必须考虑到后续的结果，必须以能够促进组织内部团结为目的，必须以有利于组织总体目标实现为前提，不然就是失败的。

（三）正确认识考试，克服急功近利思想

1. 正确认识考试作用，发挥其积极效应

从当务之急看，实施终身教育面临的第一重障碍就是应试教育对人们思想观念上的根深蒂固的影响。实施终身教育首先就需要把人们从对学历符号的迷信中解放出来，使人们转向自我价值的发现和实现，从而实现教育的真正价值——发现自我，成就自我。

传统上认为教育的最大价值在于文化传承，认为这是人类延续的重要手段。无疑这种说法是有道理的，也是社会本位说的重要依据。但这种说法往往易忽视人的自身发展的价值。诚然，人的发展不可能离开文化传承，但文化传承是否就是根本目的？我们主张促进人的发展才是根本目的，文化传承只是手段。人的发展首先在于对自我价值的承认，承认每个人都有自己独特的个性，有独特的个性潜能，教育工作就是要发现蕴藏在

个体内部的潜能，并通过适当的手段适时地开发个体的潜能，使个体达到最大程度的发展，实现自己的潜能。因此，教育的真正价值在于发现自我和成就自我，而不是把人都变成工具，变成不知道自己真正是谁的人，那样的教育是没有意义的，当然也不可能培养出独立的人格特质来。而应试教育使人们为了考试而考试，为了掌握知识而掌握知识，从而失去了促进人发展的目标，自然也使人自身的价值迷失了。

在这里我们要说，应试教育的根源并不在于考试，而在于其所代表的社会流动机会的短缺。由于社会经济不发达，社会流动机会很少，而通过升学考试就成为实现社会流动的主要的甚至是唯一的机会。由于教育机会的短缺，使得人们对考试选拔的结果非常重视，于是人们的关注点就不再是是否学到了真正知识，而在于是否获得了教育机会的名额，是否能够获得最终的社会流动的机会。这时教育就异化了，对教育的重视异化为对考试的重视，致使人们所重视的不是真才实学，而是应试技能。因而扩大教育机会是解决应试教育的根本之途。

但教育机会的扩大是一个逐步的过程，而且各种教育机会之间也不是完全平等的，所以在不同教育机会之间存在着明显不同的需求状况。可以说，现在教育机会已经走出了绝对短缺的时代，而是处于一种相对短缺的状态，换言之，只是优质教育资源的短缺，从而使传统的应试大战丝毫没有减弱之势，反而有愈演愈烈的现象。这种情况也使人联想到是否要取消考试。表面上看，似乎考试是应试大战形成的根源，似乎取消了考试，应试教育就会自然而然消失。但这只是假象，事实上，应试大战所代表的是社会流动机会的短缺，而取消考试并不能改变这一现实，取消考试后仍然会面临激烈竞争，只是竞争的方式变化了。如果人们要把一切恶果归结为考试，则明显是一种视线转移。

众所周知，科举考试制度是中国老祖宗的一个发明，它是一种选拔官僚的有效办法，并对促进社会流动、缓解社会矛盾发挥了积极作用，是一种公平的社会分配制度。尽管后来舞弊不断，仍然没有降低人们对它的信心，所以西方人把这个制度学去了，并发展为文官制度，成为现在西方国家公务员选拔制度的基石。而在我们国家，这个制度则经常遭到诟病，大有除之而后快的心理。

之所以如此，就是因为我们对它寄托得太多，容易产生“爱不成反成仇”的心理。事实也如此，考试对一个人的命运的决定作用太大了，层层考试之后是参加高考，而高考有“鲤鱼跳龙门”之说，几乎可以说高考结果就决定了一个人的命运。尽管今天上大学的机会多了，但社会能够提供的精英教育机会并不必然增加，这就使考试竞争的激烈程度一点也没有降低，也确实是因为考试而带来了许多弊端，从而使人们产生除之而后快的心理。

为什么在西方没有形成这一局面呢？因为西方社会具有自由教育的传统，比较重视人的个性发展，不唯学历是从，没有把考试和学历神秘化，他们始终把学习与个人兴趣联系起来，获得知识是一种精神享受，很少有功利化驱动，所以在西方非常注重学习自由和学术自由。自从科学主义教育思潮兴盛以来，西方人的教育观念开始转向实用化，但仍然没有放弃以学习兴趣为主导的观念。在舒尔茨的人力资本理论发表之后，学历程度与社会地位之间的关系在一定程度被强化了，从而使西方人的学习观念发生了巨大转变，包括政府对教育的态度也发生了根本性的变化。但西方人视知识探索为公共福祉、视知识获得为精神追求的观念是根深蒂固的，往往反对把知识与物质利益联系起来。尽管后来出现了知识产权制度，但这一制度遭到了坚持知识为人类共同福祉人士的谴责。可以看出，在西方社会，人们对知识的观念一直没有脱离精神追求的本质，没有把教育变成一种完全的符号，也没有把考试神秘化。所以在西方，知识探索本身始终是一种精神激励，是一种社会荣誉，因为人是在求解人类发展中的难题，他会因破解世界的奥秘而激动，他的好奇心和求知欲也得到满足，特别是他觉得自己能够与上帝对话、明白了上帝的指示而感到荣耀。这是一种超脱世俗享受的荣耀，是一般人难以企及的，因此在西方，人们历来对这些知识探索者推崇备至，把它们看得比帝王将相还要尊贵，这是中西文化中重要的不同之处。

中国人因为没有真正意义上的宗教，所以没有建立起真正的精神崇拜和对知识的崇拜，所崇拜的对象一般都是世俗的物质权力的代表者，帝王将相正是它的代表者，因而中国史书所记载的主要是帝王将相的历史。在我国历史上，儒家教育思想一直被封建帝王所推崇，它所宣扬的是读书做官论，所以参加科举考试才是正途。中国至今的官本位观念和应试教育思想根深蒂固都与这一传统之间有深刻的联系。

今天的升学考试制度，在很大程度上仍然沿循了过去科举选拔的基本路线。这个选拔制度虽然解决了少部分幸运儿的生计和社会地位问题，但大多数人却不能由此而改善，这样就导致了社会分化的加剧，从而也吸引了更多的人要通过考试来改变自己的命运。所谓的升学教育压力越来越甚，与此传统具有直接的联系。

正是由于传统的科举文化给考试增加了太多的符号魅力，从而形成了一种意识形态，使人们认为只有通过考试才是改变命运的唯一出路。这种意识越深，改变起来就越难。这一意识形态使人们不关心考试能否促进学习者个体的身心发展，而只关心考试成绩，这就形成了对学习者的压迫，这些压迫来自家长、教师和学校。

客观地说，考试对调动人们的学习兴趣是具有一定作用的，但在唯成绩论作用下，学习兴趣就被淹没了，学习变成了一种苦役。如前所述，导致唯成绩论的根源就是流动机会的短缺，直接表现为教育机会短缺，即教育机会是一次性的。如果教育机会是开放的，则可以大大降低教育机会竞争的激烈程度。如果社会能够建立起较完善的社会保障机制，则人们会大大降低对考试的迷信，那样人们就会开始关注学习对个体发展的促进作用，关注学习者的兴趣，那时的学习是自由的，学习将会成为一种精神享受。

可以预见，在未来，随着教育机会和学习机会的丰富，传统考试的魅力将会大大降低，到那时，知识获得的内在激励作用将逐渐占据主导地位。这是一个长期努力的过程，需要人们不断地对传统的教育体制进行反思，不断地扩充教育机会，逐渐使人们从考试的魔力中解放出来，使考试真正发挥调动人们学习兴趣的作用，而不是把考试作为目的。

在未来，教育机会必然是开放的，终身性的，是根据人的发展需要而设立的，在这样的情况下，人们学习才可能是自由的。这就是一种理想的教育即终身教育所应该达到的目标。

终身教育制度就是要建立一个覆盖人生各个阶段的相互衔接的教育体系，它的中心理念就是满足学习者的学习兴趣，使人们能够在学习中获得真正的快乐。要在这一理念指导下对现有的教育体系进行系统的改造，形成一种新的教育体系，也即终身教育体系。

2. 树立人格培养第一思想，克服急功近利弊端

如前所述，急功近利是当前教育中诸多弊端的根源所在，是应试教育产生的思想根源，也是素质教育难以真正推行的根本原因。所以克服急功近利思想的影响已经成为当前教育改革和发展中的重大理论问题和现实问题。

要改变急功近利的思想，就不能把学习简单地理解为接受知识的过程，也不能把学习理解成仅仅是一次性的接受教育的过程，更不能把获得外在证书作为学习的最终目标，而必须把学习者学习兴趣的培养作为首要目标，使知识学习的过程成为发现学习者个性潜能品质的过程，成为一个真正激发学习者内在主动性的过程，而不应该成为一种苦役。

我们主张，真正的教育就应该是一个发现学生兴趣爱好和开发学生潜能的过程。个体的学习过程就应该是一个个性品质不断形成和完善的过程。因为从本质上说，教育就应该是一个发现人和发展人的过程，是一个引导人自觉成长的过程，是一个使人与理想目标不断趋近的过程，而不是一个简单的灌输和规训的过程。应试教育由于抽掉了知识探索的具体过程而只保留最后所形成的律则性知识，从而使教育变成了一种简单灌输和机械性问答的过程，这也正是所谓的应试技巧的实质。

我们同时还主张，人的性格和品行都是一个不断完善的过程，是一个需要不断抵御外界诱惑和不断反思自己的知识结构和行为方式的过程，也是一个不断提升自我的过程，这一过程伴随人的终生，不可以有任何的懈怠。“学不可以已”（《荀子·劝学》），“学而时习之!”（《论语·学而》）这个过程就是终身学习的过程。教育就应该为这种终身学习提供条件，成就一个人的追求和性格的完善，实现其美满的自我理想。这一服务于终身学习目的的教育过程和教育组织形态就是终身教育。

三、终身教育体系建设的四个基本目标

终身教育未来发展目标就是试图建设一个完善的教育体系，在这个体

系中能够成功地实现职业教育与学术教育的衔接，学术教育与生活教育的融合，教育主体与客体达到有机统一，教育发展与社会发展达成和谐。这个目标可谓非常理想，因为在传统的教育系统内部，职业教育与学术教育的对立根深蒂固，学术教育与生活教育脱离成为一种顽疾，教育主体与客体总是难以协调，教育发展与社会发展要求之间的关系总是不尽如人意。我们知道，学术教育与职业教育的对立源于脑体劳动对立的传统，它习惯于把职业教育看成是次一等的教育；而学术教育与生活教育的对立则基于一种精英教育传统，它的目标是培养科学家或接班人而不是一般的公民；教育主体与教育客体之间的对立则源于统一模式教学、灌输式教学，从而无视个性发展要求；教育发展与社会发展的对立则源于社会对教育有过高的希望而教育无法实现这个愿望的矛盾。消除这些对立正是终身教育体系建设的基本目标。

（一）打破职业教育与学术教育的对立

所谓学术教育就是以系统知识探求为根本目标的教育，职业教育则是以形成具体职业技能为目标的教育。可以说，学术教育与职业教育的对立是我国教育体制暴露出来的重大顽症之一，它已经成为中国教育走向终身化方向所面临的主要观念障碍和体制障碍。事实上，不存在纯粹的学术教育，也不存在纯粹的技能训练，任何职业教育都与一定的文化知识学习联系在一起，而所有的学术教育都必然指向一定的职业目标，尽管它们在专业化程度上要求是不同的，但都是与一定的生产实践过程联系在一起，不存在一种纯粹的脱离生活需要的认识活动，也不存在一种不需要任何普遍知识的职业训练。所以职业教育和学术本来是一体的，但在传统的劳动分工观念下分成人为的两个系统，一是服务于劳动密集型产业的职业教育系统，一是服务于技术密集型和知识密集型产业的学术教育系统。这种分裂已经随着知识社会的到来而变得越来越荒诞，但由于长期以来的体制分割使得人们在观念上仍然排斥职业教育而过分热衷于学术教育，这也是导致职业教育长期以来不能兴旺发达的根本原因。而在未来，随着各行各业对从业者的文化知识素质的普遍提高，将普遍地要求从业者具有较高的学术方面的修养，从而善于发现并解决职业生活中存在的问题，同时也要求所有的从业者必须具备基本的职业技能素质，这样，职业教育与学术教育的对立将趋向于消亡，那么传统的学术教育与职业教育的分割就显得越来越不合时宜。从现实看，正是因为各行各业在具体生产实践过程中遇到了越来越多的技术难题，才促使越来越多的人去从事科学技术探讨，并促进学术事业的发展。而进行学术教育不可能完全脱离职业发展需要的实际，一旦脱离，学术教育也就会变成空洞的形式训练。而职业教育如果离开普遍的理论指导的话也会变成机械训练。因此，脱离学术的职业教育和脱离职业实践的学术教育都与时代发展需要不适应，只有学术教育与职业教育的合作和互补才能真正促进学术繁荣和职业繁荣。

实事求是地说，学术教育与职业教育的对立不仅存在于中国，也在世界各国的教育体系中普遍存在，只是其表现方式和程度不同。如英国就有长期的双轨制传统，法国的大学系统和大学校之间至今仍是泾渭分明的，德国的职业教育与学术教育区别也是明显的，美国在历史上存在很长时间的文科教育与实科教育之争。追其根源，它起源于劳动分工的需要。在人类社会发展过程中，为了科学的发展，需要一部分人从具体的劳动生产中分离出来，专门从事科学观察和科学研究活动，这批人逐渐成为社会治理人才，因为他们掌握了先进的科学技术知识，从而能够更好地为社会生产服务和为社会统治服务，显然这种人才使得人类生活不再简单地听从自然的驱使，而是可以根据自然变化采用相应的对策。这批人才自然就是社会的精英，而且作为社会的统治阶级也希望培养出一批这样的人才为维护自己的统治地位服务。这就使正规教育出现了，以区别于先前的不分化的教育状态。

这种教育出现之后，教育仍然在进一步分化，进而出现了一种普遍目的的教育和一种特殊目的的教育。所谓普遍目的的教育就是没有具体定向的教育，其目的是指向知识本身，即只对知识本身感兴趣，而对知识的具体应用不感兴趣。普遍目的的教育是为了广泛获取知识，其目的为了培养社会普遍治理的人才，这些人是哲学家和学者，他们当然是社会上的智者，而不是服务于某一具体的职业。特殊目的的教育则指向明显，就是要为解决实际生活中的具体问题服务，如医科教育、法律教育和神学教育等。这些是培养具体职业人才的教育，当然也是社会上的高等职业人才的教育。前一种教育就是学术教育轨道，后一种培养方式则是职业教育轨道。一般而言，这时的职业教育是建立在学术教育的基础上的，实际上，最早大学分科教育是建立在预科教育基础上的，预科教育就是一种综合教育，即是一种广泛知识的教育，是没有具体职业定向的教育，而职业教育则是在这个训练之上的教育，其应用性更强，而不再是追求广泛的知识，是以追求专门的知识为对象。一般人们把这种职业教育称为专业教育，因为其专门性非常强。

后来随着工业革命发展，越来越多的实用技术被开发出来，这些技术知识的传授就变成新的职业教育内容，这种知识的获得是以技术的熟练掌握作为目的，与先前的专业教育需要建立在广泛基础上的教育有很大的不同，这种新的教育方式可以在短时间内培养出大量的应用性人才来，这种教育被称为职业技术教育。这种教育一般与具体的职业岗位联系在一起，并不需要掌握大量的广泛知识，所以渐渐地它开始与学术教育出现了分离。

此外还有大批职业教育内容是从生产一线发展而来，这种职业技能的获得必须结合实践场所进行，即只有通过实际操作才能获得这种职业技能，并且是在实践过程中来摸索的，这是在传统手艺基础上所发展起来的职业教育，其专门性更强，而且也不必以广泛的知识教育为基础，从而其学术含量是比较低的，其传授方式一般都是通过动手操作与口耳相传，没有多少科学道理可讲，尽管其中也蕴涵着许多科学道理，只是人们不必在掌握这些科学道理后才能习得这种技能，人们只要通过实践操作摸索就可以练就这种本领。

人们一般就将以广泛学术背景为基础的教育称为专业教育，而将不需要多少知识基础的技能训练即可以掌握的培养方式称为职业技术教育。换言之，专业教育是首先动脑，其次动手，而职业技术教育首先是动手，然后才是动脑。而人们习惯上认为动脑比动手更高级，从而产生一种轻视动手而偏重动脑的倾向。

这种倾向在中国古代就已经出现了。在中国古代儒家创始人孔子那里就有劳心者与劳力者之分，认为劳心者治人，劳力者治于人。无独有偶，在古希腊那里，大思想家亚里士多德也认为从事体力劳动是奴隶的事情，而自由人则只需要动脑或进行管理就可以了，他的自由教育思想就是为了培养自由人的思想，而不适用于训练奴隶的技能，而自由人是以追求知识本身为目标，是为了满足好奇心的驱使。而奴隶则必须从事体力劳动，必须掌握一定的技能，因此必须进行技能训练，从而服务于具体的生产目的。孔子的教育思想对中国及东亚地区的教育产生了深远的影响，而亚里士多德的教育思想对西方教育产生了广泛而深远的影响。所以不仅在中国，而且在世界上也广泛地存在着学术教育与职业教育的对立。

但随着科学技术发展，相当多的传统手工技艺被机械化生产所替代，因此传统的手工技艺教育的领域越来越小，而科学技术知识教育越来越多地进驻到传统手工技艺教育领域，从而职业技术教育内涵发生了很大变化，也就是说大量的职业技术不仅要学会操作，而且要懂得工作原理，甚至是不仅要掌握具体工序原理，而且要掌握整个工作流程工作原理，从而使得职业技术教育越来越向高级方向发展。不仅如此，传统的手工技艺教育越来越需要增加更多人文知识内涵，从而满足人们在实用基础上对审美的需求。这样，整个职业技术教育的内涵发展了，职业技术教育的层次也提升了，就从传统的技艺训练变成了越来越高级的职业技术教育了。于是高等职业技术教育就产生了。这意味着，职业技术教育与学术教育从分离重新走向统一和融合。这一趋势也是知识发展走向精细化和综合化趋势的必然反映。

但是我们的教育思想观念并没有适应这一转变，特别是大众的文化心理还没有适应这一转变，仍然停留在传统的职业教育阶段，仍然视职业教育为低等的或劣等的教育，从而在思想上仍然存在着学术教育与职业教育的对立。而我国的教育体制又强化了这种对立，这种体制主要表现在升学制度上，即把升入大学的剩余分配给职业技术学校或把不能升入大学而为进入大学做准备的高中的剩余分配入职业中学就读。从根本原因上看，这仍然是思想上的障碍在体制上的反映，即认为学习职业技能不需要什么知识基础或学术能力，一切人都可以学习。

这种体制其实也反映出一种实践的无奈。从原理上讲每个人最终必然要从事一定的职业，都应该受到一定的职业教育，对于那些不能继续升学的人就需要为其提供职业培训的机会，所以职业技术教育就变成了专为这些不能升学的学生设置的代名词了。即使是从职业中学升入高等职业技术学校，也认为是与升入普通类的学校学习有很大的区别。所以职业技术教育就带有学术能力差、甚至智力发展水平低的文化歧视符码。

这就是一种传统的教育制度设计，这种教育制度设计是建立在每个人一生中只有有限的一次教育机会的基础上的，所以一个人要么进入职业学校，要么进入普通学校，或要么升入大学，要么参加工作，要么升入职业技术学院或学校等。这是两个分离的系统，一个人不可以同时进入两个系统的。尽管目前已经存在着不同学校之间进行转化的可能，即招生政策允许少量表现特佳的职业类型的在读学生毕业后升入大学，或职业技术学院的学生转入大学学习，但仅仅是作为激励机制存在的，目的在于激励职业学校或学院的学生努力学习，并非在于打通两类学校之间的联系。

实事求是地说，学术教育与职业教育培养目标是不同的，前者以培养科学家和精英人才为目标，以学术天资比较佳为条件的，后者则是以培养直接从事生产实践的一线人才为目标，对学术资质没有什么特别要求。这样设计是考虑到两个顶端的需要，而没有考虑大量中间阶段的人才的需要，这就造成了大批中间层次的人才出现了普遍的挫败感，因为他们不能够达到顶级的完全的形式训练要求，又不满足于最基本的技能训练要求，这样也就出现广泛的理论教学与实践脱节的状况。这就成为影响人才培养质量的一大弊端。

所以在教育体系设计上，应该打破这种学术教育与职业教育对立的状况，建立大批的中间教育机构，这种教育形式是介于学术教育与职业教育之间的综合教育。可以说，传统的学术教育和职业教育都是适合少数人的教育，而综合教育才是适合绝大多数人需要的。而且这种分化是建立在个体兴趣基础上的，而不是一种人为的划分。即在综合学校内，学习内容是非常广泛的，学习者在一定的指导下，可以根据自己的兴趣选择学习内容，以此来达到学习兴趣和社会发展需要的结合。

在解决学术教育与职业教育之间的冲突方面，美国的教育制度非常具有启发意义，其从中小学就设置了广泛的课程，在必修课程之外，学生可以选择自己感兴趣的课程，这种选择性在高年级阶段表现得最突出。在高中后教育阶段即第三级教育阶段中，社区学院是一种综合性的教育机构，即它同时满足多种目标需要，如升学、就业和继续学习等需要。在州立大学系统，大学的综合性非常强，特别是学科分化得非常细，这就保证了学术与具体的应用技能的结合。在研究型大学系统，则突出了专业教育，从而把学术教育和职业发展联系在一起。从这个意义上说，美国教育系统基本上消除了职业教育与学术教育的对立。

美国教育之所以能够做到这一点，很大程度上与美国具有很强的实用主义教育传统有关，因为它与中国和欧洲不同，它没有“重学轻术”的文化积淀，从而发展起了以实科教育为核心的教育传统（滕大春，1980）。如此，传统的文理性学术教育在教育体系中不占有明显的优势地位，而职业教育系统由于与市场需要联系紧密而得到了强化，从而达到了学术教育与职业教育的奇妙的平衡。这就是美国教育最大的成功之处，这一点值得我们学习和借鉴。

美国教育制度另一个值得借鉴的部分是他们各种教育体系之间具有顺畅的转化功能，即各种教育体系之间不存在明显的对立或壁垒，它们之间都能够实现一定的转化。学习者可以从社区学院转入一般大学学习，也可以转入研究型大学学习，各种大学之间的学分是可以转换的，不存在什么壁垒。这与大学自治和大学之间的合作协议有关，这种转化在统一体制下就难以实现，因为这种转换容易混淆不同体系之间的区别。如果不能实现学分的互相转化，教育体系之间的对立就难以消除。

因此，为了推进终身教育体系建设，不仅要大力推进中间学校的建设，而且还要大力推进大学自治，实现大学的独立经营，这样就为大学之间进行有效竞争和实行有效学分转换提供了条件。这是解决职业教育与学术教育对立的根本对策，也能够从源头上解决升学教育的弊端，促进教育按照人们的兴趣进行实施，从而促进人的潜能发挥和促进人的最大程度发展。

（二）打破学术教育与生活教育的对立

终身教育发展面临的第二大难题就是学术教育与生活教育的对立。如前所述，学术教育就是以系统知识探求为根本目标的教育，而生活教育则是以服务于日常生活需要为目标的教育。因为学术教育与生活教育的分离，所以使得许多人对学习不感兴趣，感到学习空疏无用，这是困惑当前教育质量的根源之一，也是阻碍终身学习和终身教育发展的根源之一。

客观地说，学术在发展过程中必然要源于生活，而且要高于生活，最终仍然要回归生活。因此在施行学术教育的过程中，一刻也不能离开生活，否则学术教育就失去了生活的源泉，就变成无意义的抽象物，就变成机械的生硬的灌输的东西。往往是由于急功近利思想作祟，人们希望一下子就把人类积累下来的精华知识全部掌握，从而才把知识教育变成了完全的灌输式教育，结果使学生无法体验到知识的来源，无法体验到知识发现的激动，最终就不能获得对知识探索的激情。

知识探索的兴趣来源于好奇，好奇心人皆有之，而这个好奇却是根植于生活，即人们在生活中面临到困惑时才产生了探索它和解决它的好奇心。没有现实生活的问题情境，好奇心就不会凭空产生。好奇心就是人们的求知欲望，它是在具体的生活过程中形成的，而且是不断发展的，人们的认识就是在好奇心的驱使下而不断增长并趋于完善的。换言之，没有好奇心的驱使，人的知识就不会增长，人对事物的认识也不会深化，也不可能获得真正的关于世界的学问。所以，进行学术教育必须从培养好奇心开始。而要培养好奇心，必须保证它具有丰富的生活源泉，不然学术教育就成了无本之木，无源之水。可以说，脱离生活源泉的知识只能变成干巴巴的抽象知识，这种知识教育也只能变成填鸭式教育。

生活教育就是根据生活需要进行设计的教育，这种教育的本质是，并不追求获得非常系统的知识（即不以知识掌握本身作为目标），而注重对来自生活问题的回答（即注重对知识的应用），目标是服务于人们对生命意义的追索，即为了使人生成为快乐的人生，成为幸福的人生。知识的系统性是自我追求的结果，而不是外部强加的，换言之，知识的系统性是在解答生活的实际问题过程中自主形成的，而不是由外部灌输而来，而且这也是知识系统性的本质。也即，知识如果不服从于解答生活需要的问题，就没有意义，知识是在解答生活需要的问题的过程中逐渐完善并逐渐成为系统的，并非人们刻意为之的结果。不仅对个体求知过程是如此，而且整个人类的知识发展过程也是如此。一句话，脱离生活具体需要的知识就会变成空洞的、无用的知识。

现实中教育活动最大的弊端就是学术教育与生活教育脱节，从而使人们不知道学习的目的究竟是为什么，使得不少人经常认为学习好像是为别人而学，而不是为自己，于是就感到学习没有意思，学习没有价值，也不知道学习之后自己究竟能够干什么。似乎升学也是为了别人，而不是真正为了自己，包括将来要获得一个好职业、好位置，这些好像也都是为了满足别人的愿望，而非真正自己想要的。于是，好像自己完全是被抽空的、完全是一个木偶一样。所以，人们没有学习积极性，学习是被强迫的，这成为教育的一大疾病，而且也是社会的一大疾病！其病根就是学术教育与生活教育相脱离，简言之，就是教育与生活的脱离，因为我们的教育本质上是一种学术教育，而缺乏生活教育内容。包括我们的道德教育和劳动教育等都完全地被学术化了，都是从应当出发的，而没有从激发学生的自觉性和主动性出发。

今日社会上提出了要进行素质教育的要求，认为传统的教育是应试教育。这个提法尽管有很大局限性，但也涉及了教育的病根，即教育是与生活需要脱离的，仅仅为了应试目的，没有考虑人的发展的真正需要。但由于素质教育的呼吁者并没有看到教育脱离生活需要的本质，所以其实践的局限性就很大，就容易变成一句口号，因为它使人们误会了教育问题的实质，结果是素质教育喊得震天响，而实际效果甚微，于是就变成了教育中老大难的问题。

从教育体制上说，其问题的根本症结就在于教育目标设计的一元化，没有考虑现实对人的需要的多样化和人的发展的多种可能性，从而就限制了人才发展和成长，就形成了为了培养少数精英而牺牲了绝大多数人的发展的状况，而所培养出的精英也是具有严重缺陷的精英，因为他们并不真正了解生活的需要，他们只是体制的人为的产物。传统的教育体制就是这样设计的，它已经严重不适应教育的大众化和普及化的形势了，换言之，就是没有想到大多数人的需要。出现这样的失误，理论界负有不可推卸的责任。可以说，现在的教育理论严重地落后于教育发展实际，尽管不少人都在嚷着现在是大众教育，但实际主张的仍然是精英教育，尤其不希望自己成为大众一分子，当然更不希望自己的子女变成大众，那么也会维护精英式的教育体制、教育方式、教育内容。所以说，如果精英式的教育体制不改变，教育内容就不会改变，那么与之相应的教育方法也就无法改变。

我们认为，在教育体制与教育内容及教育思想之间存在着非常复杂的关系。具体言之，如果学校没有自主性，没有自己的教育主张，仍然推行全国一致的考试选拔制度，那么就很难进行自己的教育设计并推行自己的教育设计和教育内容选择，也就不可能照顾到多样化个性的需求。可以说，如果每个大学都没有自己的独立性，都采用一样的考试题目，其教育内容也不可能是多样的、丰富的和具体的，那么其所实行的学术教育仍然是空洞的，而针对生活需要的教育改革也是不可能的。所以说到最后，教育体制改革仍然是根本的。

虽然现在不少地方在进行高考改革试点，但传统的集中思路并没有变，只是把大集中变成了小集中而已，并没有解决传统的统一化的实质问题，所以学校仍然没有自己的自主权，也仍然没有出现关于选择多样性和教育内容及教育方式多样性的探讨。目前人们仍然得千方百计地去挤独木桥，高考仍然是把大家引上一条只适合少数精英发展需要的道路。这些精英自然是智力上的精英，也是意志品质的精英，因为没有这些意志品质也是坚持不到最后的。

这样的教育仍然是传统的学术性的教育，很多时候我们也把它称为学科式教育，即满足传统学科简单的自我发展需要的教育，而非服务于生活需要的、多样化的、与个性发展需要相结合的教育，而这种教育才是促进学术发展的根本途径。

当然，传统的学术教育也是一种封闭式的教育，因为它把教育活动主要局限于课堂上，仍然习惯于传统的传授式的教学方式，即把系统的知识传授作为教学目标。这种教学方式就助长了学校教育与生活教育的割裂，这在中小学尤为明显。在大学，虽然由于学生自由支配时间的增加而略有改变，但并没有改变课堂教育即以系统的理论知识传授作为最主要的教学方式的实质。所以要改变中小学应试教育的风气，就必须严格限定学校活动时间，把学生从繁重的课业负担中解放出来，并通过其他形式的教育来改善学生的学习时间分配，如使学生参加广泛的社会实践活动，来增长学生的见识，陶冶学生的情操，培养学生的学习兴趣。这种教育形式可以称为业余学校，以区别于那些正规的学校。如少年宫、图书馆、博物馆等都是进行这种教育的好形式，因为这种多样性的活动能够激发学生的学习兴趣。

而推进生活教育的关键一点就是要推动考试制度改革，要使考试制度与行政机构脱离，从而弱化教育管理的集中化程度。可以采取社会考试形式进行过渡，如美国推行由专门的考试机关进行考试，这样做能够使考试与行政部门脱离关系，从而使选拔不会成为衡量学习效果的唯一目标。考试改革的核心就是要削弱行政机关过大过强的话语权力，从而解放学校。

当然，考试改革的方向不仅是要对考试形式进行改革，更主要是对考试内容进行改革，即把考试重点向基础能力方向转移，如考查学生的语言能力、逻辑思维能力等，这些综合能力的考查使传统的应试教育从根本上失去效力，从而使中小学教学重点必须立足于培养学生的兴趣，立足于对生活现实问题的回答。只有通过这种综合能力的考查，才能比较有效地消除应试教育的操作基础。

当然，消除应试教育的根本还在于大学教育的改革，只有在大学拥有了自己独立的选拔权之后，才能打破应试教育的屏障，为此，大学必须拥有充分的自主权。在当前，为了探索考试改革办法，一个比较可行的办法就是实行大学与中学结对子的活动，即大学可以通过认证的办法认定一部分符合其招生意愿的中学，实行根据中学生的学习成绩来进行直接录取的办法。这样做的前提是大学能够对参加结对的中学进行定期的评估，并考察其执行协议的情况。此外也可以通过大学在中学开设选修课的方式来发现学生的潜能，这样就能够根据大学对中学的评估结果及学生的潜能情况来决定要招收多少学生或多大比例的学生。

最后，要打破现在的应试教育状况，就必须寄期望于大学实行自主考试，即赋予大学以充分的自主权，使它们能够自主地探索比较科学的招生录取办法，从而打破目前的招生方式简单化、单一化的做法，促进大学向多元化方向发展，进而也带动中小学办出自己的特色来。在这一探索中，大学为了选择到优质生源必然要努力地建立自己的社会信誉，在社会认同和自我认同过程中办成有特色的大学和著名大学。

在将来，随着民办教育的逐渐发展，它们利用其先天具有的灵活机制和注重实效的办学作风，有望能够率先打破这种单一的、统一的考试制度，为实现学术教育与生活教育的结合作出独特贡献。但前提是它们真正能够创造出一种具有效力的教育品牌，形成足够的竞争力。但这只有等教育成为真正的多元化的系统后才有望达到这一目标。

目前教育界所讲的理论教学与实践教学的对立其实就是学术教育与生活教育的对立。因为我们的教学内容太抽象、太空洞，与学生当下的和未来的生活实际需要相距甚远，所以学生在学习之后感觉空洞无物和空疏无用。

如前所讲，出现理论教学与实践教学对立状况主要是由传统教育观念偏颇所致，即片面地强调教育活动就是要传授人类最精华的知识，认为最成熟最系统的知识就是最精华的知识，忘记了真正的知识必须与学生实际相结合，与生活需要相结合，而采取简单灌输的做法是一种愚蠢的做法。因为任何书本知识如果不经过与个体的实际体验相结合都不可能被真正掌握。由于传统教育目标不是要培养大众，而是要培养精英，所以教育过程实际上变成了选拔过程，即只挑选那些适宜接受理论教育的人才。当然，这些人才是通过自己的实践来解决理论与实践相结合的问题，而这种方式并不适用于大众，其在教育方式上就表现为单纯注重间接经验传授而忽视直接经验的作用，最终就导致了理论与实践对立的状态及学生学非所用的情况。

如上所见，解决理论与实践对立的状况最终必须从体制上突破。因为不打破体制的坚冰，学校的自主性发挥不出来，就无法主动地去适应生活实际和学生实际，就必然出现理论与实践的对立。但要解决体制问题并非一朝一夕能够完成的，这需要不断探索。而建立终身教育制度是突破体制壁垒的最重要的途径，因为当大家普遍有了学习需求时，此时就会普遍要求无论是学习形式还是内容都应该走向实际，在此普遍要求下，传统体制运转的社会心理基础将不复存在，从而传统教育制度将失灵，必然要向满足大众普遍学习要求方向转变。

（三）打破教育主体与教育客体的对立

目前在教育活动过程中普遍存在着教育活动主体与教育活动对象之间的对立，这种对立根源于教育活动的目标与个体发展需求相脱离，是传统教育观念和传统教育体制弊端的直接显现。在传统教育观念中经常单方面地强调社会发展需要，强调知识的继承和发展需要，这是课程设计的主导思想，但这种设计却忽视了对个性发展的追求。客观地说，教育活动不可能不考虑社会发展要求，也不可能不考虑知识的传递与发展，这也是精英教育体制设计的根本原因之一。但是，如果社会发展需要与个性发展需求不能结合，知识继承与发展不能与学习兴趣相结合，那么社会发展目标和知识的继承发展目标都会落空，因为这种体制无法充分开发个体的主动性和能动性，可以说，这种教育体制设计总体上是压抑个性潜能发挥的，那么，社会发展的需要和知识的继承发展就找不到一个合适的载体。

社会的每一个成员都有获得人类知识文明的权利，但继承和发展人类的知识文明的责任只能由少数人来完成，而大部分社会成员则主要服从于生活的需要，即满足自身的生产和再生产的需要，当他们能够最大限度地享受人类知识文明带来的福泽时，即已经完成了自己的使命。对于少部分社会成员而言，由于他们先天的智力因素和独特的气质禀赋，更适宜于完成知识继承和发展大任。如果不承认这种差别，就是唯心的，所追求的平等也只能是机械平等，并且还会使社会价值单一化。当前的升学主义实质上就是这种思潮的反映。

客观地说，人类文化知识继承发展的责任如果要求每个社会成员平均承担，这不仅是不可能的，而且会阻碍社会分工，同时也会造成对绝大多数人的压迫。因为这既不符合他们的兴趣发展要求，也强其所难，最后他们只能是在外界的强迫和利诱下来从事这份智力工作，结果到头来一无所获，因为他们无法欣赏自己的劳动，也无法获得社会的承认。社会上只有少数成员对知识本身具有先天的敏锐性，对知识追求具有浓厚的兴趣，让他们从事这份智力劳动则是一种非常高级的享受，从而他们也容易在这种智力活动中获得成就感并得到社会的承认。也就是说，智力工作具有自己的规律，并不以人们的良好意愿为转移，所以不能要求那些不具有这方面兴趣的人都来从事这份对他们而言不太适宜的工作。

这就要求教育目标应该有极大的分化，并且运用多样化的教育内容来激发和引导学生的学习兴趣，这样，每个人才能得到自由的、最大的发展。但传统的“大一统”观念束缚了这种教育自由探索，因而无法达到这种发展效果，结果是使大多数人成为少数人发展的陪衬，没有在人们之间形成一种相互促进、相互补充的发展格局，所以这种统一化的教育设计是传统教育体制的根本弊端之一。这种体制设计再加上行政管理方式的强化，就成为阻碍教育发展的根本原因之一。

现在的学习目标由于与社会分配联结在一起，所以具有很大的诱惑力，每个家长都希望自己的子女进入这个分配体制，因为尚没有其他可选择的分配渠道，于是就形成了家长对子女的殷切期望。当这种期望不符合学生的个性潜能的时候就变成了对子女的压迫。当家长的期望传递到学校后，学校就把它作为自己追求的目标，之后这种目标又作为任务分配给教师，使教师直接实施这种压迫。而教育主管部门虽然认识到这种危险，但如果不采取真正有效的措施进行疏浚，而只采取口头的呼吁，当然就不可能见到什么实际效果。这也是当前推行所谓的素质教育失败的根源。

教育主体与教育客体的对立从根源上说是因为不尊重学习的主体作用所致，从操作方式上讲则是因为传统的灌输式的教学方式所致，因为他们都想当然地认为这些经过系统整理的知识是必须被所有的学习者继承或接受的，想当然地认为这些内容也是适合每个人的，唯有如此才认为是平等的。受这种思想影响，学校、教师、家长和学生都被套上了枷锁，都失去了自由和自主，都成了教育的奴隶，进而成了知识的奴隶和学习的奴隶。

严格地说，教育主体与教育客体的对立不仅是前面讲的学术教育与职业教育对立、学术教育与生活教育对立的必然结果，而且也是它们对立的根本原因。因为教育如果脱离了生活实际，就容易使人失去学习兴趣，这样教育活动主体就丧失了主体地位；强化学术教育的重要性而否定了职业教育的重要性，就使教育设计失去了丰富多样的机会，从而人们不能进行选择，那么自然也影响到学习兴趣。这个时候，人们的学习动机就是为了追求外在的报偿，即教育体系终端的社会地位的获得——在现实中，社会往往是通过证书和学位来对每个人的社会地位进行认证的。那么学习目标就只能是为了满足外显的、浅层次的和获得外部承认的要求了。所以当人们把学习作为获取外在社会地位工具的时候，人们自然就不尊重学习者的内在意愿了，就必然强迫人们挤向一条死胡同中去。这与个性发展需要相联系的学习意愿就不能得到尊重。当学术教育与生活教育对立时，就把通向学习内在兴趣的源泉割断了，因为人们是在现实生活中发现问题并产生探索兴趣的，不联系生活实际，人们就感到学习是强迫的，而不是自由的。

反过来说，正是因为不尊重教育活动中主体的地位，特别是不尊重学习者的主体地位，才导致了学术教育与生活教育的对立，职业教育与学术教育的对立。如果尊重学习者的主体地位，那么学术教育与职业教育的对立及与生活教育的对立都可以得到化解。

这种学习不自由状况在中小学阶段就已经明显地表现出来，因为升学考试的需要，学校把多样性的课程简单为升学课程，从而压抑学生学习兴趣的发现和发挥。在大学阶段则表现为，一旦进入某个专业就很难改变，即使他本人不喜欢这些课程也无可奈何。现在即使有选修课制度，但这个制度是象征性意义大于实质性意义。

不得不承认，在中国目前的教育体系设计中，一个人的初始选择是最重要的，一旦你走错了门，若再想回头则其代价是非常高昂的，除非一些特殊的机遇，一般而言是没有第二次选择机会的，因为传统制度的设计从来不考虑因设计的不完善而造成的运行失误或个人抉择错误的问题。由于这种危险的存在，就迫使人们在作出选择时都必须格外地小心谨慎，否则就会造成终身的遗憾。这或许说明中国的教育制度设计是不宽容的，要求一个人必须具有超人的智慧或十分的幸运才可能成为这场角逐中的赢家。

我们认为比较理想的状况是，任何制度都应该留有余地或具有备选机制，即为那些选择错误的人预备第二次或更多的选择机会，使他有比较充分的机会发现他自己的兴趣。因为只有在兴趣的引导下，一个人的潜能才能真正激发出来，其生活状态才是幸福的，工作效率才可能是较高的，人际关系也是比较简单的。当然，人性比较解放，就不会感到那么压抑，否则人们就必须生活在不得不的状态中，生活自然就会出现许多的无奈，就会把一切交给命运去决定，而不是发挥自己的主动性。

所以，“打破教育主体与教育客体的对立”，该命题的基本含义是：在道义上，一个人应该学习自己所喜欢的专业或职业，如果他真的不喜欢，就应该有相应的教育制度进行培训来促进这种转化。同时，在进行教育和培训时，一定不能脱离生活实际，以免所学的东西是空洞的，或者使学习者产生表面的兴趣，因为当他们所学内容不能反映生活中的真问题时，他们便会在接触实际时产生严重失望。所以理论脱离实际，即学术教育与生活教育对立是传统教育制度的根本弊端之一，也是学习目标与兴趣对立的原因之一。当教育制度将学校与社会分离的时候，就容易产生理论与实际的脱离。

这意味着我们必须从教育观念上进行改革，改革单一化的教育设计，建立多样化的教育体系，并且这种体系内部是相互衔接的而不是隔离的，这样才能从根本上消除应试教育的弊端。我们认为这一新的教育制度设计必然是终身教育体系，因为终身教育的目标就是要为人们提供充分的可供选择的教育机会，届时，单一化的教育体系设计必然会寿终正寝。

（四）实现教育发展与社会发展的和谐统一

实现教育发展与社会发展的和谐一致，这是教育发展的终极目标之一。职业教育与学术教育的对立，说到底也是教育发展与社会发展要求不和谐所致。而学术教育与生活教育的对立，同样也是教育发展落后于社会发展要求所致。教育主体与教育客体之间则是教育发展与社会发展不和谐的集中体现。因为当前人类已经进入到信息化时代，教育发展已经进入到大众化和普及化阶段，而教育体系设计仍然停留在传统的精英化状态，传统的学术教育就是精英化教育体系的代表，这才导致了上述三个对立的出现。所以，上述三个对立既是教育内部不和谐的表现，也是教育发展与社会发展不和谐的表现。

那么怎样才能达到教育内在的和谐并实现教育发展与社会发展之间的和谐呢？

所谓教育的内在和谐是指：在教育活动过程中各方面不同的要求和主张能够进行有效的交流，在交流过程中达到一个有效的磨合，从而不同利益的双方达到了共同建构的目的，这就是一个和谐状态。显然，这是一种社会共同体状态，在这里，各个社会成员是平等的，不存在一个特定的强势集团，从而不会出现一方把自己的意愿强加于另一方的情况，因为那样是一种压迫和服从的状态，而不是一种和谐状态。

无疑，达到和谐的前提条件是参与社会发展建构的双方的人格能够得到相互尊重，他们是平等的，有进行讨论协商的意愿，双方都认识到自己的需求，愿意就自己的分歧进行真诚的交流，其中不允许存在任何欺瞒的情况，一旦产生欺瞒的情况，那么最终所达成的协议无论如何都是无效的，实施欺瞒的一方为此要承担法律责任。而法律应该是保护弱势一方利益的，这样才能实现公平的目标。

达到内在和谐，是指存在这样的一种制度设计，这种设计能够使进行交往的各方意愿在充分交流的情况下得到最大限度的满足。如在学习过程中，每个人都能够获得学习自己最感兴趣的学习内容的机会，学校或其他教育场所以为他们提供这种学习条件为宗旨；在职业活动中，每个工作者都能够使自己的兴趣和潜能得到最大程度的施展，而提供工作条件的一方则充分尊重他们的工作意愿和工作选择，并尽最大努力来满足这些意愿和选择的实现。如此说来，内在和谐就是主体利益获得了一致或统一。

显然实现内在和谐需要建立一种相互尊重的氛围，这个尊重首先就是讲究诚信，能够开诚布公，不存在信息上的隐瞒，不存在主观故意的欺骗，每个人的意愿都能够得到充分的尊重，每个人都敢于表达自己的意愿，这样才能达到一种有效交流的效果。

这对于传统的社会心理是一个非常大的挑战。因为传统的社会心理经常这样认为：人都是自私的、不可靠的（所谓“人不为己，天诛地灭”），在与人相处时不要让别人知道自己的内心真实想法（所谓“逢人只说三分话，未可全抛一片心”），因为那样是非常危险的，经常会被别人利用，并用事实告诫人们因为真诚而被愚弄的危害，所以每个人要三缄其口，要保持沉默，要压抑自己（所谓“病从口入，祸从口出”），并且认为制度是不保护弱者的，而强者则可以为所欲为（所谓“只许官家放火，不许民家点灯”），弱者必须自觉地保持自己的谦卑地位，千万不能有任何张扬的姿态，否则就会被认为是无礼的、傲慢的，甚至被认为是挑衅的。这样的话他只能是忍耐着，不能表现出自己的真正兴趣，即使自己不满意也要强作十分喜欢，因为害怕失去基本的需求满足，从而个体完全是处于一种被动的受宰制的地位。

这种社会心理对于一个越来越开放的社会而言显然是个负担，因为不能进行有效的信息传递，就不能了解对方的真实想法，所以就无法满足真正的兴趣和意愿需求。这是当下社会风险的基本特征之一，也是社会氛围不宽松的基本表现，它是人们个性无法充分表达的根源之一，从本质上说，它是社会缺乏基本信任关系的反映。这一切都让人感觉到社会运行中蕴藏着巨大危险。可以说，当人们无法找到真正自我时，社会创造力的根源就失去了。

因此，我们提倡建立一个开放的环境，使人与人之间能够真诚相待，相互尊重和关怀，形成一种公平公正的价值观念，让每个人都能够为自己的行为立场和道德价值选择进行辩护，从而容纳多元价值，使人们之间能够相互交流，使不同的价值追求都能够得到实现，避免出现相互沉默以对，使人格特质走向相互封闭，造成一些无谓的痛苦，使每个人都感觉生活得很累。

可以说，交流和开放已经成为社会进步的一大主题，如果这些基本的目标不能实现，就成为阻碍社会发展的一个暗流。今天我们要构建和谐社会，就要从改善人际间的基本关系出发，使人们能够在敞开的状态下进行交往，这样，人们之间的交往成本就会大大降低，就会激发人们更大的创造潜能，社会生产力也会得到一次大的解放。

这不仅是一个社会问题，而且是教育改革面临的一个课题，因为教育改革和教育发展担负着促进社会发展的任务，教育部门绝不能认为这些都是社会问题，而与教育无关。事实上，任何社会问题都与教育有关，因为教育具有社会再生产的功能，但教育不能将现存社会关系进行简单的复制，而应该进行主动选择，即负有创新社会关系模式的功能或责任。在目前，这些消极的人际关系不仅对人们的基本生活方式产生影响，而且也影响着社会生活的各个层面。所以消除这些紧张关系的源泉，已经成为改善教育发展环境和社会发展环境的客观任务，教育界理应作出自己的贡献，毫无退却的必要和推却的理由。只有从这些点滴做起，中国的社会关系状况才能得到逐步改善，也才能繁荣和改良中国的学术生态，才能促进整个社会发展，才能为每个人创造福祉。一句话，这些基本关系已经成为制约中国教育发展、学术发展、社会发展和人的幸福获得的根本原因了，因此必须进行解决。而且教育系统有责任也有能力为此作出贡献。

终身教育体系建设就是要从奠定良好的社会关系做起，终身教育体系建设不可能建设在半空中，必须从社会关系中存在的最基本的问题出发，探讨引起社会关系不睦的最基本问题。我们相信，一个和谐的社会，必然是一个相互信任的社会，没有信任为基础的社会，不可能是和谐的社会，也不可能是为人们生活带来幸福的社会。教育必须为自己立下志愿：为促进社会和谐贡献力量。

当然，教育自身也应该是一个开放的系统，教育不可能完全将自己封闭起来。现在造成的封闭状态主要是教育体制造成的，也是与教育的本质要求相违背的。但教育系统不完全是被动的，教育内部必然有自己独立的意志追求，它不可能完全成为行政系统的附属品，而且它始终在反思中试图挣脱行政系统的控制，追求自己内在的目的。教育内在的目的就是实现个性的解放，为个性发展创造条件，通过发现和激发人的潜能使每个个体都成为他理想中的个人。在这个目标上，教育内部达成了一致与和谐。解放人的个性，这是教育的最独特的功能，是其他任何社会机构无法代替的，所以“唯有教育才能使人成为人”。一个个性没有展现的人不是一个真正意义上的人，即他还不是自己的主人，他只是外在关系的奴隶而已。

如果教育不能认识到自己的独特责任，那将是教育的彻底失败，那么它就不可能为和谐社会的建设贡献出它的独特力量。目前教育中种种不和谐现象的存在，说明我们的教育基本上是失败的。所以我们要抢救教育，要把教育从失败中解救出来，使它成为成功的教育。教育的成功在于它有自己的独立意志和独立的价值判断，即它不再是被动的简单的听从，而是有自己明确的价值目标和理想追求，显然这个价值目标是经过教育内部充分讨论后广泛认同的，从而成为教育行动的规约和教育行为的动力。这个价值目标必然是个性解放。在这样的目标引导下，教育每做一步都是成功的。经过这样的努力，教育必然走向辉煌。

而实践这种价值的理想载体就是终身教育体系，在这里，学习兴趣的激发被放在了第一的位置；在这里，学习不是强迫的，学习是自觉自愿的，学习与生活实际是结合的，学习与未来的工作目标是一致的；在这里，不存在学习上的人为障碍即制度壁垒，教育系统是开放的，各种教育机构之间存在着内在的有机联系和转化机制，从而教育内部是和谐的。这种和谐就是对和谐社会建设的独特贡献，是和谐社会建设的行动先导。

新的终身教育体系建设就志在实践这一目标。

四、终身教育发展的动力机制

（一）终身教育思想演变过程

终身教育思想并非始于今日，我国古代就出现了朴素的终身教育思想，这种思想主要表现为终身学习思想。“活到老、学到老”这句古语就是对古人的终身学习思想的典型概括。如我国大思想家和教育家孔子就留下了“学而时习之”和“学不可以已”等名言，尽管古时的学习内涵与今天的学习内涵有根本的不同，但都说明学习是一个终身都要面临的课题。传统的终身教育思想与今天的终身教育思想的根本区别在于：传统的终身学习是一种自发性的学习，是为了提高自我修养的需要；而今天所提倡的终身学习则是有制度保障的学习，是为了适应建立学习型国家和学习型社会的需要而进行的主动学习，也是一个国家和民族为了迎接知识经济挑战和提高国家竞争力的需要而进行的自觉学习。

尽管古代的终身学习是自发的、个体性的，但它说明了一个普遍规律：人生就是一个学习过程，人生必然会不断地遇到各种各样的新问题，过去的知识经验不可能完全适应于解决新问题的要求，从而人必须不断地学习，不断地总结经验以更好地应对新问题。这个学习过程就是不断充实和检验原来的知识的过程，当然也是不断获得新知的过程，这是人的命运。只有在那些相对封闭的环境中，才可能出现某些经验可以享用终生的情况。在这种社会中，由于社会规则相对稳定，一些善于学习的人可以领悟事物变化的要领，从而可以将某种经验应用于终身。即使如此，因为人自身是发展变化的，而且人注定是要与外界进行交往的，那么必然会不断地面临新问题、新情况，仍然需要不断地学习，尽管这种学习是不自觉的、不系统的，也不是国家行为。我国古人就已经洞悉了人生必须不断学习和不断完善自我的道理，所以留下“自强不息、止于至善”的格言。因而勤奋好学历来为人们所称道，因为这代表了一种积极向上的人生态度，也是一种致力于人格完善的精神。当然，这种人生求索精神只能属于少部分的社会精英。即使今天这种探索精神仍然属于少部分的精英群体。

今天的终身教育在于形成一种制度，它的目的在于提供一种普遍的学习机会，目的在于促进每个人都达到最大的发展。当然这时个体未必都是自觉的，但一旦个体产生了这种需求，国家就应该保证个体能够获得机会，这应该成为一种完善的制度设计。

为什么国家要提出这种“全民学习”的观点呢？这应该与当今社会所遇到的前所未有的挑战联系在一起。因为科学技术的发达，才使现代社会的风险增加到最大的程度，于是现代社会变成了一个高风险的社会。在传统的低节奏变化的社会中，人们感觉到社会的风险还不是那么大，而发达的信息技术反而把社会风险扩大到最大的程度，人有一种被技术所奴役的感觉。①现代社会变化的速度快，给人的适应能力提出了巨大的挑战。人处在信息的包围中，人从对信息敏感走向对信息迟钝的状态，这往往使得人们在巨大的社会变革来临之际不能尽快地作出反应。②由于社会变化速度快，人的心理压力增加，因而也在挑战人的心理承受极限，这使得人的精神经常处于一种失调的边缘，可以说人经常不能保持冷静，不能控制自己，似乎经常受到魔鬼的支配。③在发达的信息技术面前，人似乎越来越封闭，找不到可以诉说的对象，很难找到一个统整的自我，变得不能理解自己，也不能理解周围的人和事物，从而失去了前进的目标。人在生存压力消失后，所面对的最大的问题就是自我，即不知道自己是谁的问题，这是人最感彷徨的时刻。④信息技术的发达使信息传达速度变成了无间距的状态，信息欺诈的现象也屡屡发生，它在挑战人们的心理防线。当一个不良的情绪可以借信息技术进行传播时，就可能被负面的影响扩大到无数倍。社会生活越来越依赖信息技术，同时人们生活中的风险越来越与信息技术有关，这就好像是打开了潘多拉盒子一样，其后果是难以预料的。

如何看待技术的发达所造成的人与人之间距离变远的现象？难道人本质上就是孤独的？人是渴望交流的吗？这要看人的本质需要了。人的本质需要究竟是精神的还是物质的？毫无疑问，人首先是需要物质需求的满足，即保证基本的生理需求的满足和安全需要的满足，再之后，人对精神需求的满足就快速地提升了，人是需要被尊重的，需要爱的，需要有所归属的，这些都是精神层面的需求，是物质需要不能解决的。有时人们通过物质财富的获取来获得尊重，因为物质财富也是一种成功的标志，是一种价值符号，但不一定能带来别人的爱。爱确实很复杂，它应该是一种超越物质利益的东西，因为物质手段不能换来真正的感情。因为真正的爱是一种献身精神，物质财富在爱的面前变得一文不值。人有了爱之后就有了一种归属的需要，这是一种生存目的的需要，也是一种终极的需要。人希望自己的精神探索能够解决自己的归属问题。人是独特的人，人与人之间是不同的。在基本物质需要满足之后，人与人之间的距离就越来越远了。人们之所以需要被尊重，就是一种自我认同的需要，也是一种社会认同的需要。当然爱更属于社会认同。没有爱的世界是冷酷的，是没有幸福的，因为有了爱，世界才是温暖的，才有了幸福。人只有在吃饱喝足之后才可能有自尊，才可能有真正的爱，否则那就是虚荣和虚假，是不能持久的。人找到了自己的归属，才有了行动的永恒动力。归属就是一种信仰，即相信某种东西是真的，是理想的，是完全可以从属于它的。人为了自己的信仰可以奋不顾身，可以义无反顾，因为他已经找到了自己的归属。这样他才能竭尽所能，实现自己的价值。这就是一种自我价值的实现。在此之前的价值都是相对的、不持久的，人在有了自己的归属之后才有了真正的价值体验。这时，人才有了真正的自己，个性的价值才能真正发挥出来。

人有了价值追求，人生才有意义的。这种价值不是一种表面的价值，而是带有终极意味的一种永恒的价值。当然，人要获得这种价值是不容易的，需要进行艰难探索。在古代只有哲学家才能或才有兴趣去探索这样的问题，即去探索终极价值问题。终极价值也是终极存在的问题，或者说什么才是最根本的存在？这是传统哲学最关心的问题，此即谓世界的本质和本原问题。现代哲学虽然不关心这个问题，但并不意味着这个问题的消失，而是意味着这个问题不可解决。现代哲学关心的是人的认识能力问题，关心究竟人是如何认识事物的，也即关心人对事物认识的手段问题。从认识的能力问题中，人们突然发现了语言之谜，发现了语言在表达人的思想时发挥着非常关键的作用，但又发现现有的语言还不能尽数地表达人们思想的精妙，尽管人类已经创设了各种各样的语言。也就是说，人的认识能力问题还没有获得解决，又变成一个新问题，即语言问题。难道语言就是哲学的避难所吗？显然不是！那哲学究竟该在什么地方获得突破呢？这留下了一个难题。

现在我们所关心的是：为什么现代社会人与人之间的距离越来越远？人为什么不能相互接近，难道仅仅是因为物质利益的争执？人们之间的真正冲突并非是物质方面的，而是精神方面的，即对人的命运的设计！人们在这一点上的分歧太大了，宗教纷争或主义纷争都是来源于这种信仰的对立，这大概也是美国著名学者亨廷顿关于文化冲突思想的由来（亨廷顿，2002）。人们的信仰不同是很难调和的，当陷于实际利益考虑时可以搁置这些争议，但当人们不再忧虑物质方面的利益时，精神利益就会变成第一位的。可以说，20 世纪中长达半个多世纪的冷战其实就是观念之争的表现，当然也是对人类命运前途设计之争的反映。尽管目前冷战状态已经结束，但并没有结束观念之争。当今世界的局部冲突不断，很大程度上就是这种观念和信仰之间的争执的反映。

为什么人们对观念或精神世界如此重视？说到底就是它关乎对人本质的理解，关乎对人生价值的理解，从而关系到社会秩序的设计，进而也关系到判断哪一种社会制度是合乎正义的。这当然又涉及对基本人权的认识。现在人们一致同意“人生而自由”的天赋人权观，认为这是一切幸福的前提。自由、平等、博爱三者是联系在一起的，这是一个社会和谐的基本准则。如果人不平等就没有真正自由可言；如果没有博爱，那么就有一部分人被排斥，那么这样的社会是隔离的、封闭的，而不是一个开放的社会（勒鲁，1991）。

人有了自己的观念之后就会有自己的意志，而且也希望别人接受自己的意志。这就产生了一个巨大困难，这个观念的传输不应该采取强制的方式，而应该是以一种自由讨论的方式开展。这也是哈贝马斯提出交往伦理原则的重要依据。他发现人们之间的真正冲突并非物质利益的，而是意识形态的，即观念的或信仰之间的冲突，这种冲突必须通过理性对话方式才可能使之限制在最小程度（哈贝马斯，1989）。这大概是哈贝马斯忠诚于理性原则、坚持现代化没有终结而主张进一步现代化的重要理由了。

现代人所面临的困境不可能通过终结现代化或返回前现代化状态来解决，只能通过进一步现代化来获得解答。这也是我们提出不断学习、终身学习、完善终身教育体系的根本理由。

（二）终身教育发展的基本动力

终身教育发展的基本动力就是要为每个人自由全面发展提供充分的条件。所以扩充教育机会是终身教育发展第一位要义，提供充分的、令人满意的受教育机会则是终身教育发展的根本动力。因为终身教育发展的根本目标就是为了促进人健康的、全面的、自由的发展。而培养人们具有终身学习能力则是教育改革和发展的核心目标。

教育体系中的许多弊端就是因为教育机会不充分所致。目前的教育体系总体上说仍然是单维度的，引导人们只是走向了升学轨道，忽视了人们对生活所需的实用的和实践的知识的学习，从而造成了学习与就业的冲突，学习与兴趣的冲突，学习与生活的冲突，也就是说，学习与就业需求是不一致的，学习与自己的兴趣也是不一致的，学习对于解决生活难题是没有帮助的，最终导致学习与社会和谐之间的关系不明显。当教育机会充分起来，教育内容和形式实现了多样化之后，教育就开始实现其价值的多元化，那时市场机制开始发达起来，人们就有了充分的学习选择和学习自由，这样人们就可以根据生活的需要而学习，根据工作的需要而学习，根据自己的兴趣而学习，因为人们有了充分的学习自由，所以人们对社会的满意度会提高，这样也就促进了社会和谐。

学习能力，首先表现为一种学习的意愿；其次表现为对学习内容和学习方式的选择能力；再次表现为具有学习所需要的闲暇时间和物质条件；最后表现具有可供选择的课程。终身学习能力就在于最终形成了一种不断追求完善的人格，形成了一种不断学习的动力，把学习作为一种生活寄托。人的学习选择能力就在于人对自我需求有了比较清晰的认识，知道自己究竟需要什么，知道自己的不足，同时也知道如何利用社会的便利条件来满足自己的意愿。人的闲暇时间的提供需要制度性的保证，这正是未来在终身教育立法时需要建构的方面。可供选择的课程也需要相应的政策措施来完善与保证，这不完全是个体所能够决定的，而是社会建设的内容，也是终身教育体系建设的重点。

终身教育建设的最终目标是建成学习型社会，使每个人都成为热爱学习的学习型个人，使每个人都能够在学习中找到自己的快乐，把学习当成实现自己理想目标的过程，从而达到个性的、自由的、最大化的发展。

所谓个性的发展，就是最适宜于个体的发展，就是把个体内在的最卓越的品质都可以充分发挥出来。因为每个人都是不同的，每个人只有发现了自己与别人的根本不同处才能真正找到自己的位置，世界才能变成一个各美其美的状态。这样，世界才能是一个互补的存在，也才能变成一个和谐的存在。因为人的差异是客观的，因而发展方向也不可能是一致的，如果按照同一个方向或要求来发展，则是对个性的抹杀，也是对个体天赋才能的埋没。

个性的充分发展，需要充分的、可选择的教育机会，要求教育方式是民主的、开放式的，要求教育工作成为一个高度竞争性的职业，这样，社会才能提供越来越多的高质量的、具有个性色彩的教育机会，从而最大程度地满足人们的学习需求。

（三）终身教育建设的动力机制

终身教育发展的动力机制问题一直是终身教育研究中的核心问题。在强迫教育或义务教育制度下，接受教育是公民的责任，也是成为合格公民的条件，此时教育发展的主导机制是国家。但在终身教育理念下，教育发展的动力机制是什么呢？毫无疑问，终身教育发展的动力就是因为人们有不断高涨的学习动机，有越来越多样的学习需求，因为人们对自我完善的要求越来越迫切。

如果这个假设成立，那么终身教育发展的潜力就是无限的。如果这个假设不成立，那么终身教育进行的基础就不存在。因为进行终身教育不可能通过强迫的手段来进行，如果强迫进行就需要国家提供完备的条件，然而这是任何国家都无法承担的。而且国家在提供完备的教育条件后还必须有明确的教育目的，而这个又是不存在的，因为国家不可能设计针对每个人需要的终身教育。所以终身教育不可能由国家来安排，国家只负责终身教育的入门阶段，其中后期的发展则主要取决于学习者的志愿，即他们乐意把学习作为他们的一种生活方式，把学习作为他们社会流动的手段。在这里，个体不是被动的，而是自觉主动的。他们当然也会面临生活的压力，这种压力来自社会发展变化对自身素质提出的挑战，来自个体对自我的期待。

可以说，只要有学习需求，终身教育就有不竭的动力源泉。一旦人们提出了发展要求，他们便开始寻找促进自我发展的条件，而获得适宜的教育机会是一种最便捷的方式。这意味着，终身教育发展必须坚持实用化的发展原则，不能把文凭放在首位，必须把满足学习者的发展需求放在第一位，因此系统的知识传授将不是继续教育的重点，获得针对性强的教育培训机会是教育发展的目标。如果个体不能够获得这种发展机会，他们就会对教育产生一种否定性体验，进而也就会抑制其学习的积极性。因此，终身教育的发展原则就是建立在多样性和可选择性基础上，没有这个前提，如果只有一种教育模式，终身教育就没有发展前途。

可以说，满足个性的学习需要是终身教育发展的持久的动力。这意味着教育控制的层次必须降低，使学习者有更多的发言机会和参与建设的机会，即教育系统有一个有效应答学习者要求的机制。所以，终身教育体系建设的重心不在高层，而在于基层，在社区层次，这个社区相当于一个县的范围，以社区居民容易参与为原则。终身教育不是以学历教育为中心，而是以满足多样化的生活需求为目的的教育，是针对个性发展需求的教育。

客观地说，每个人都有向上流动的学习需求，只要具备适当条件，人们就会表现出自己的学习兴趣来。在一个开放的社会中，应该不断地满足人们学习的需求。随着物质生活越来越富裕，人们对精神生活的追求就会越来越强烈，学习需求便越来越多样化。教育系统应该能够满足多样化需求，这就是终身教育发展的动力源。

当国家、社会、学校等各个机构都充分认识到个体学习需求的重要性时，就会形成一个有机的动力系统，从而使整个社会的教育资源整合起来，形成一个学习网络。在这个过程中，国家认识到满足个体学习需求有助于提升国力，社会认识到满足个体需求有助于社会和谐，而学校认识到满足个体学习需求有助于促进教育发展，那么就会形成以个体学习需求为最初动力源，以社会和谐为促进动力源，以学校发展作为创造性动力源，以国力提升作为动力牵引维持源的动力机制。无疑，国家是终身学习的引导者和保护者，社会是组织者和协调者，学校是供应者和创造者，个体当然是需要者和学习者了，这样就形成了以学习者为中心的终身教育发展机制。这告诉我们，终身教育体系是一个开放的教育系统，是一个多向的、相互促进的系统，是一个以满足越来越多样化的学习需求作为目标的系统。如此，终身教育体系才能发达起来。

五、终身教育目的论

（一）几种最常见的说法

终身教育的目的是什么呢？或者说为什么要进行终身教育呢？这是终身教育研究中所面临的基本理论问题，对此，不同的终身教育研究者有不同的回答。根据人们对它的回答不同，我们可以把终身教育理论分成以下七种观点。

1. 知识无限论

这是一种最质朴的终身教育论，它认为终身教育是从来就有的，因为人必然要面对终身学习问题，即所谓人生有涯，而知识无涯。学习不断，就需要不断受教育。终身学习也就意味着终身教育。“活到老、学到老”就是这种理论的典型概括。这种理论认为终身教育思想在古人那里就已经存在了，只不过今天人们又赋予它以新的内涵，但根本宗旨并没有变，即终身教育就是满足人的求知需求（持田荣一，1987）。如我国道家学派创始人之一的大哲学家庄子就曾说过：“吾生也有涯，而知也无涯，以有涯随无涯，殆已！”（《庄子·养生主》）中国儒家创始人孔子以亲身经历实践了他的终身学习和终身教育的理念，他的“学而时习之”就包含了终身学习的内涵，在他的学生中，年龄差异悬殊是很正常的事，甚至出现了父子等同堂学艺的现象，这也是他的终身教育思想的体现。这种终身学习和终身教育的事例在西方也很多，如古希腊哲学家柏拉图的学园中学生年龄差异悬殊现象比比皆是，在他自己设计的教育体系中，培养哲学家的年龄设计都已经达到了50岁以后（王天一，等，1993）。可以说在实行班级授课制之前，教学是不分年龄和年级的。这说明自古以来，许多思想家都已经认识到了知识无涯而人生有涯因而必须不断地学习的事实，这些就是终身教育思想。

毋庸置疑，这种早期的终身学习和终身教育思想与今天的终身学习与终身教育思想之间有本质的不同，早期的是一种无意识阶段，终身教育和终身学习都是个体的事情，而不像今天的教育已经成为一项制度化的社会事业。

2. 补偿教育论

第二种终身教育理论是补偿教育论或成人教育论，即认为终身教育就是要打破一次性教育机会，通过提供多次教育机会，为那些前期没有获得教育机会的人提供补偿。该理论是在20世纪初，在普及教育运动的基础上提出的（黄富顺，2003）。这种理论的提出主要是基于教育机会分配不平衡的现实，提倡教育机会平等，为那些社会弱势群体提供额外的教育机会。该主张突破了原来的教育制度限制，要求新增一些教育机会给那些早先没有机会接受教育的人，这些人主要是成人，属于经济地位低的社会群体。

可以说，补偿教育论是近代的终身教育思想，在这里，教育是指专门的正规教育，而不同于第一种终身教育思想中的广义的教育。这种终身教育思想的兴起主要是源于平权主义思想，即每个人都应该获得受教育机会，如果他在适宜年龄阶段没有接受到合适的教育，那么就应该在其他年龄段进行补偿。这实际上就是要突破传统的教育受年龄限制的特点，将受教育机会扩大到终身。

3. 继续教育论

第三种终身教育理论是继续教育论，出现在20世纪60年代①，是技

① 代表性文献是1965年保罗·朗格朗在成人教育大会上所提出的推广终身教育的提案和他在1970年发表的《终身教育引论》一书。

术革命的产物。该理论认为，传统教育是将教育与职业分开的，教育只是就业前的事情，没有照顾到人们进入职业岗位后的教育需求，所以这种教育设计已经不能适应时代发展要求了。因为随着科技革命的出现，产生了大量新知识，这些新知识要求被广泛地应用到职业教育实践中，是故那些已经从事工作的人必须继续学习，继续接受教育，因此，教育就不能局限于传统的一次性教育，必须提供继续学习和继续教育的机会。当然，这种教育机会主要是针对已经从事工作的成人，而且他们先前已经接受过比较系统的教育。所以，这种终身教育思想又可以叫成人教育论或职业教育论。可以看出，该理论的重点是强调终身教育是为了满足成人适应职业变化的需要。该理论的代表人是保罗·朗格朗，其代表作是《终身教育引论》，这是他在出任联合国教科文组织的成人劳动局局长时提出的终身教育观点，所以该理论产生了世界性的影响。该理论的要点是打破学校与工作的分割，改变传统的一次性接受教育的观念。

该理论认为，提出终身教育思想的目的就在于弥补传统教育的不足，因为传统教育只是照顾了就业前的教育阶段，而没有照顾到就业后的教育需求，也忽视了那些尚没有接受完整教育的人。简而言之，传统教育是一次性的、不全面的教育，终身教育则是终身性的、全面的教育。显然这时的教育还主要是指正规的学校教育。

4. 知识爆炸论

第四种观点则是在20世纪70年代出现的较新的终身教育理论——知识爆炸理论①。该理论认为由于科技革命导致知识激增，从而使人类知识发生了巨大的变化，要求人们必须终身接受教育和终身学习（托夫勒，1991）。这是终身教育理论成为国际教育思潮的重要原因。

可以说，知识爆炸理论强化了继续教育观念，对教育提出了更高的要求，它特别强调了科技革命带来的日常生活方式的变化和学校教育所传授的知识变化。它已经突破了一次性与多次性教育的界限，而是认为教育就

① 以美国未来学家阿尔文·托夫勒出版的三部曲（1970年出版的《未来的冲击》、1980年出版的《第三次浪潮》和1990年出版的《权力的转移》）及约翰·奈斯比特1982年出版的《大趋势》为标志。

必然是终身的，否则就不能适应科技革命所带来的知识变化（周蕴石，1989）。显然，这一理论对终身教育思想的广泛传播起到了巨大的推动作用。

知识爆炸理论虽然提出了变革传统学校教育的任务，也提出了知识革命对日常生活的冲击，但实践证明这是不可操作的，因为它没有证明人人必须接受教育的问题，换言之，无法证明是否所有的人都必须根据知识变化的要求去更新自己的知识。更进一步说，它没有说清楚人们适应生活都需要哪些知识，也没有说明什么知识是最重要的。换言之，它不能真正解释教育活动的动力和学习的动力问题。我们称这种终身教育理论为唯知识起点论。

终身教育系统就是要建立一个能够囊括满足所有人需要的教育，成为一个无论何时何地都能够进行有效学习的机构，也就是说要建立遍布各地的教育网络或学习网络。这个观点可以概括为教育机会完善论，也就是说提供尽可能充分的受教育条件，使所有人都有机会在任何条件下进行学习。

显然这也是一种美好的设想，也是终身教育努力的目标，不过这些设想也只是表面的，因为它并没有揭示终身教育的实在的动力问题。换言之，它没有真正揭示为什么人会产生学习的需要问题。如果人们的物质生活已经富足，很多人并不会自动产生对知识渴求的愿望和对学习的要求，也没有办法来衡量教育机会究竟是否非常充分。所以，终身教育系统的建设还必须立足于人们学习主动性开发的基础上，没有这个出发点，终身教育的目的就是外在的，而不是内在的，那么其效率也不可能是非常高的。

5. 职业转换论

第五种理论就是职业转换论，该理论首先出现在20世纪60年代末，在80年代后开始流行。该理论的出发点就是：随着科学技术的不断发展，新的工作岗位大量出现，而传统的工作岗位也将不断地被淘汰，从而需要人们不断地转变自己的工作岗位，进而就需要接受新的教育。该理论受到后工业社会理论支持，因为在后工业社会，知识产业开始成为社会发展的中轴，带动社会加速发展（Bell 1974）。该理论也受到信息社会理论的有力支持,因为信息社会意味着职业变化速度加快，新的产业对人的职业素质提出了新的要求。

可以说，职业转换论，这一观点本质上与知识爆炸观点是一致的，因为两者都是由于科学技术发达导致了新的工作的出现和旧的工作岗位被淘汰的局面，从根本上说，也都是知识发展的结果。要转换工作岗位、适应新的工作岗位要求自然也就需要教育和培训了。客观地说，这种说法是有道理的，但不是根本的，因为这些都是关于学习变化的外在条件，还不是由于学习者学习自觉性提高或出自学习者的内在要求的结果，无疑，这种观点也是一种“适应论”，还没有发现促进人们进行终身学习或接受终身教育的根本发展动力。

6. 学习型社会论

第六种观点是学习型社会理论，该理论最早出现在 20 世纪 60 年代①，在 20 世纪末期得到进一步丰富和发展并广为流行②，成为当前的主导性的终身教育理论。学习型社会理论认为，21 世纪是一个学习化时代，一切社会的进步将取决于是否善于学习。学习是人们最基本的需求，人们对学习的态度将从被迫走向自觉，社会也应当为人们提供终身学习的条件。建设终身教育体系就是要为人们提供终身学习的条件。

最初提出学习型社会理论的人是美国著名教育家罗伯特·赫钦斯，他提出了未来社会是一种学习型社会，在这里学习成为了一种基本的生活方式，成为一种基本的价值追求，成为新的社会关系构建的基础（厉以贤，2000）。这一观点对学习型社会理论的发展产生了巨大影响。后来人们借鉴他的观点，认为学习型社会就是一种把学习作为适应社会变革和促进社会变革基本力量的社会，在这样的社会里，学习是提高个人适应性和竞争

① 指赫钦斯 1968 年发表的《学习型社会》（*The Learning Society*）一书和 1972 年埃德加·富尔领导的国际教育发展委员会向联合国提交的《学会生存——教育世界的今天和明天》即《富尔报告》为标志。

② 以美国麻省理工学院教授彼得·圣吉 1990 年出版的《第五项修炼——学习型组织的艺术与实务》出版和欧洲终身学习促进会于 1994 年在意大利罗马召开的“首届终身学习大会”及 1996 年国际 21 世纪教育委员会向联合国教科文组织提交的《教育：财富蕴藏在其中》报告为标志。

力的根本途径，它融入了社会生活的每一部分，成为了人的一种内在需求。显然这是非常理想的社会发展状态，因为这个社会发展目标已经实现了从外在的物质目标追求到内在的精神目标追求的转换。

但这个目标不是自动实现的，因为学习与人们的兴趣并不符合，所以也不会自动地成为人的内在价值追求，为此首先需要打破现存教育体制的障碍，特别是打破学习与学习者的对立，使人们热爱学习，这样终身教育的发展才有动力（崔国富，2005）。我们认为，要实现这一步，首先要使教育回归生活，使学习与人们的兴趣结合起来，这样，学习才能变成人们的内在追求。

7. 和谐发展论

第七种观点是社会和谐发展论，这一观点与 20 世纪 60 年代兴起的教育公平理论有很深的渊源关系，也是当前广为流行的一种终身教育理论。和谐发展论认为，建设终身教育体系有助于满足人们的精神需求，有助于促进社会和谐，因为终身教育体系建设将大大扩充教育机会，将为人们获得平等的受教育机会提供便利。该理论的一个基本假设是：随着人们物质生活水平的提高，人们的精神需求也将随之提高，那么人们也将对教育机会提出越来越高的要求，因为教育是人们满足精神需求的基本途径之一。该理论还有一个假设是：教育不仅具有满足人们精神需求的作用，同时还具有改善人们物质生活条件的作用。一句话，教育有助于促进公平，有助于满足个性需求，教育促进社会和谐。

可以说，教育促进社会和谐是一种美好的祈愿，但未必能够完全如愿，因为教育本身是有结构的，当它难以打破既有教育结构的束缚时，就很难发挥促进社会和谐的作用。正如社会结构再生产理论（吴康宁，1998）[①] 所揭示的，教育在很多时候扮演着阶级再生产的功能。这使得教育不仅无助于社会关系的和谐，甚至还会使社会结构僵化，导致更大的社会冲突。

① 社会结构再生产理论，是西方新教育社会学的一种理论，它认为教育具有阶级再生产功能。

如果不打破传统的教育体系设计，试图实现教育促进社会和谐的愿望就很困难。只有使教育建立在新的基点上，才能真正促进社会关系的改善，才能促进个体健康全面发展。为此，必须打破人们对教育的传统迷信，打破教育体制的障碍，使人们真正乐意学习，只有学习不再与学习者对立，才能使教育发挥其促进社会和谐的功效。这个新的教育发展理论就是我们下面要介绍的新生活教育理论。

（二）生活教育论

那么，什么是终身教育发生发展的真正的可靠的动力源呢？我们认为其必然是生活需要，是人生不同阶段的不同发展需要。这既是终身教育发展的前提，也是终身教育建设的方向，而且还是终身教育建设的具体内容，甚至可以说是终身教育进展的评估坐标。之所以如此说，是建立在以下的立论基础上的。

①人生是一个不断面临挑战的过程，这一过程要求我们必须不断地改进我们的心理模式、认识模式和行为模式，也即不断地调整和完善自己的心智模式，换言之，就是完善自我认识的结构，这一过程一刻也不能停止。

②人生不仅需要接受来自外部的教育，更重要的是进行自我教育。教育的目标首先就在于培养个体理智的健全发展，促进个体认识能力的提高，培养个体具有很强的发现问题、分析问题、判断问题和解决问题的能力。唯有自己才是自己的主人，这是没有任何其他东西可以代替的。

③人生接受教育显然不能只接受学校教育，不能只图获得文凭，更重要的是在于自我肯定，即获得自我奖赏或激励的能力，这个能力是建立在对自我价值认识的基础上，建立在形成自我价值系统的基础上。没有自我认识能力的形成，教育在总体上是失败的。

④人生的目的在于使自己过上幸福的生活，使自己感到活得充实、实在、有价值，在于自我价值的实现，仅仅为了获得现成的知识并不是人生目的，获得外部奖赏也不是人生目的，只有使自己的生活变得有价值、生活得越来越充实才是目的。当生活变成一个自我实现的过程时才是最富有意义的。

⑤人生的价值在于能够自我选择和自我肯定，获得一种心灵的自由，形成一种真正的自我，即认识到自己存在的真正价值，这才是人生的目的所在。这也是快乐人生的动力。当人知道自己该怎么做的时候是最快乐的。当人生出现迷茫的时候是最不快乐的。人在知道自己该怎么做的时候才是相信自己的，也才发现自己是有价值的，当人发现自己不知所措的时候是感到最没有价值的时候。

⑥人生发展是有阶段的，在不同阶段有不同的需求，教育活动应该针对不同阶段需要提供不同的教育，满足人们解决生活困惑的需要。这种需求是内在的，是一种自我肯定的需要，而不是为了获得外部的认证、承认或获得一定的外部符号。当人能够处理好自己所面临的关键问题时，那么他的发展就是顺利的，他的内在认识模式或自我发展就不会出现危机，这样的人的自我发展是健康的。教育体系的设计就应该针对人生各个阶段的特别需要提供指导，因为这些困惑不可能完全依靠自己来解决，需要社会提供相应的帮助，而社会有充分的资源能够帮助解决这些问题。

所以人的发展不仅需要终身学习，还特别需要提供关键时期的教育帮助。因此，没有相应教育机构的建设，则终身教育体系是不完善的，也不容易促进社会和谐。

（三）新生活教育论的理论基础

终身教育理论应该建立在人生阶段论的基础上，建立在人生不同阶段需要提供特别帮助的基础上，而非建立在给予论或强迫论的基础上。这一教育理论可以称为生活教育论，因为它既不是知识教育论，也不是职业教育论，与传统的教育论断是格格不入的，它是从生活出发的，其根本立脚点是不同的。

当然这一生活教育理论与陶行知先生所主张的“生活即教育”论及杜威所主张的“教育即生活”论有根本的不同，因此又称为新生活教育论。我们知道，陶行知先生的“生活即教育”论来源于杜威的“教育即生活”论，但他作了一个很大的调整，从而使杜威的教育思想更符合当时中国大众的需求（陶行知，1981）。我们认为，从本质上说他并没有脱离杜威教育思想的核心，即要克服教育与生活的脱节。本文同样坚持教育与生活的结合，但出发点不同。本文没有停留在杜威的教育哲学框架内，而是对教育的本质进行了新的揭示，把教育功能定位在心灵解放与重塑上，如此就与杜威的新经验论有了一定的区别，其区别点在于新的生活教育论承认人具有认识自我的潜力，人的发展过程就是个体潜能不断发现和解放的过程，是自我对心灵重塑的过程，认为教育活动的真正主体是受教育者个人，教育活动就在于提供适宜其发展的条件。

在新生活教育论的建构过程中，我们从杜威的教育思想和陶行知的教育思想中汲取了许多营养，但直接的动因是基于对中国教育现实状况的反思。可以看出，新生活教育论受存在主义哲学和人本主义心理学的影响较大，从较为中立的态度来看待人生问题和教育问题，把教育看作个性持续不断的养成过程。在新生活教育论中，我们不赞成传统的知识中心论观点，传统的知识中心论是精英主义的，不符合大众发展的需要，大众发展不是为了知识而学习，而是为了应对生活需要。为此就必须打破学术教育与生活教育的对立、学术教育与职业教育的对立、教育主体与客体的对立以及教育与社会发展需要的不和谐。此外，新生活教育论还针对生活需要实际提出了生活阶段论思想，这也是新生活教育理论的突破点。

新生活教育论建立在以下的基本假设上：个性是一个不断形成的过程，而不是一下子就可以完成的；个性的健康发展就在于成功地解答了人生的挑战，如果不能解答这一挑战，个性发展则处于一个危险的境地；个性发展是一个自我认识与外界挑战之间的平衡问题，如果不能实现自我认识与外部挑战的平衡，个性发展或人格发展就会出现危机，就会出现个体病理状况，形成抑郁状态，最终使生活变得不幸福。

对于一个机构、组织和社会而言同样也存在这个问题，因为任何机构、组织和社会都是有灵魂的，有自己的意志目标，也有一定的实现能力，但往往自我认识能力不足，缺乏非常好的自我反思能力，常常不能认识到自己的问题所在，从而经常出现一些固执的行为，造成机构的病态、组织的病态和社会的病态。终身教育也在研究这些社会的、组织的和机构的病理状况，并开出药方给以解决。但最关键的还是形成自我反思能力，知道自己的问题所在，并有意识地解决它，这就是一种学习能力，也可以说是终身学习能力。

所以终身学习能力说到底就是一种自我反思能力，就是发现自我存在的问题和寻找解决方案并解决实际问题的能力。这是自我认识的能力，是一种自我认识不断与客观变化相对照的能力，也是一种不断调整自我行为方向和行为方式的能力，它的根据仍然是自我反思能力。所以，形成自我反思能力是学习的本质要求。

传统的接受知识的能力和针对客观需要进行回答问题的能力都是一种学习能力，但却是基础的学习能力，不是根本的学习能力。换言之，这不是学习的目标。但不可否认的是，这些基础学习能力是形成高层次学习能力的基础。

我们知道一般的知识接受能力更多地依赖于个体的先天认识能力，如个体的记忆能力强，很大程度上是个体先天的认知品质。此外，个体认识的持久程度、敏锐性等也在很大程度上属于一种先天性的认识品质。针对科学需要进行问题解决的能力则较大程度上依赖于后天的教育培养，而自我反思能力形成主要是个体的一种思维品质，是个体价值观形成过程中逐渐形成的思考习惯。这一思考习惯决定了个体的思维品质和人生态度，如开朗、开放、辩证、机智及内心平静等。

可以看出这些品质是人生获得幸福的重要指标。如果一个人的性格不开朗，则很难说他是幸福的；如果他是保守的，那么他很难接受新事物，很难对广泛的事物形成见识，也很难对事物认识非常敏锐，生活的状态也不会非常优越；如果他看问题比较死板和绝对，这种人就不能称为聪明，自然也难以开朗，也就无法幸福；机智是一种在复杂情境下作出判断并采取行动的能力，是一个人综合素质的体现；内心平静是具有非常坚定的理想追求和价值信仰的体现，已经不受外界变化的侵扰，能够对各种变化安然处之。

自我反思能力应该达到的最高境界是形成内心平静的状态，而开朗、开放、辩证、机智则是内心走向平静的过程，也是自我反思能力需要经历的历程，是一种基于认识和个体先天素质结合的能力，是个体独立人格形成后的表现。

由此可见，本文的生活教育理论与陶行知所主张的生活教育论及杜威的教育生活论观点有根本的不同。陶行知强调“生活即教育”，主张直接从生活实践中学习，这种学习虽然是有效的，但并没有区别教育与生活之间的不同本质，特别是教育应该具有引领生活的本质，这对于学生更好地适应生活是有价值的。目前教育的缺陷就在于不仅不能引领生活，事实上是不能有效地适应生活，从而使教育和学习成为一种苦役。尽管有这些差异，我们仍然承认陶行知先生的“教学做合一”的理论至今依然是富有启发意义的，他的“教的法子根据学的法子；学的法子根据做的法子，事怎么做，就怎么学，就怎么教”，而教学的中心是“做”，即实际生活。① 这些思想对解决当前教育脱离实际生活状况是有很大裨益的。杜威的教育生活论主张“教育即生活”（杜威，2001，2005），即认为教育活动组织应该直接取自日常生活经验，反对背离日常生活实践的教育。我们不得不承认他的论断至今仍具有震撼意义，但我们并不认为所有的教育活动都应该与生活经验对应，也不认为教育组织方式应该完全模仿社会组织方式。新生活教育论的出发点是为了实现个体幸福，而面对现实生活需要则是每个人不得不作出的选择，但这不是唯一的选择，我们认为一个人更主要的生活方式是他的精神生活，是个性的完善。所有这些都证明新生活教育理论具有一个新的出发点，为了实现一个更高的使命，即人类生活的精神意义。

六、研究思路、方法与结构

（一）研究思路与方法

如何进行终身教育体系建设一直是我们思考的核心问题，而且我们也进行了一系列的大胆尝试，如最初我们把终身教育体系建设定位在实证研究上。之所以如此，是因为我们认为，终身教育体系是一个开放的体系，它不能拒绝任何人进入，它应该向所有的需要者提供这种教育机会。如果高等教育还只是停留在精英教育阶段，那么谈论建立终身教育体系就是一句空话。只有高等教育开始向大众开放的时候，才能谈得上建立终身教育体系。所以，当我国开始推进高等教育大众化时，我们认为推进终身教育

① 试论陶行知生活教育思想在教育改革中的现实意义［J/OL］. 2001－08－27. ［2009－09－28］. http：//www. edu. cn/20010827/208880. shtml. htm.

体系建设的契机出现了。向大众开放，意味着高等教育机会就不再是非常短缺的状态，它开始向满足人们需要的方向转变（Scott 1984）。因为人们很难想象在一次性教育机会尚不能满足时怎么来实施终身教育。终身教育得以实施的一个前提是教育机会是开放的，平等的，不仅包括基础教育部分，而且包括中学后教育，当然也包括高等教育，还包括其他类型的各种非正规的教育。但“开放”并不意味着每个入学者机会是平均的，它必然会依照不同学习者自身条件而实行不同的入学方式，而不能实行一次性、统一的入学方式，此必然要求入学机会实现终身化。换言之，如果高等教育停留在精英阶段，是不可能建立真正意义上的终身教育的。只有当高等教育向大众开放之后，教育体系才可能向终身方向延伸，教育的内涵也才会发生深刻的变化。

但高等教育大众化后是否会像特罗所言直接导入普及化阶段？特罗的理论似乎是顺理成章的，像基础教育一样，先是少数人接受教育，然后越来越多的人接受教育，最后变成普及的义务教育（Trow 1973）。特罗的三段论就是这样设计出来的。但高等教育属于最高层次的教育，它的发展逻辑并不能完全类比于基础教育，因为无论从社会发展的需要或是从国家的承受能力看，都没有必要实行高等教育普及化。现实也证实了这个猜想，这也是日本学者有本章提出后大众化理论的根据。马丁·特罗在高等教育发展的事实面前也不得不修正他的理论，所以他的理论最后修正为高等教育大众化之后通向终身化（天野郁夫，2001；潘懋元，谢作栩，2001）。

国内理论界对特罗的高等教育三段论关注甚多，而对特罗修正后的理论关注很少。由于理论的盲点也导致了实践过程中的盲目行为，这就表现为各地的高等教育扩招的热潮。正是鉴于这种现实背景，我们提出了“高等教育大众化与终身教育体系建构”命题，其目的是试图通过理论剖析来纠正实践中的不良风气，也想探讨一下在当下背景下推进高等教育向终身化转型的具体途径。这个问题并非一个假问题，因为一旦国内高等教育规模膨胀的热潮持续时间太久，其后果是灾难性的。我们发现各地都已经制订了自己的雄心勃勃的高等教育发展规划，都制订了在不远的将来实现高等教育普及化的愿景，这种设计既有相互攀比的痕迹，也有政绩主义影响的结果，还有人们对高等教育本质认识不深刻的影响。我们发现在高等教育发展中存在一种“大干快上”的大跃进苗头，比如各地纷纷上马“大学城”项目就是典型一例。这明显地使人感到高等教育的发展有杀鸡取卵之嫌疑。事实上，各地的大学城项目让大学背负了沉重的债务负担，在高等教育规模大扩张中，质量问题成为软肋，特别是大学生就业问题日益突出，这些都是高等教育发展面临的巨大隐患。我们真希望这股风气立即停下来，使高等教育转向健康稳定的持久发展之路。基于此设想，我们以“高等教育大众化与终身教育体系构建”为题进行研究，希望能够扭转人们的视野，使人们共同思考高等教育发展的长久之计。

我们初步的设计是：首先，从比较的角度出发，研究发达国家高等教育发展的轨迹，目的使人们认识到高等教育大众化发展前途不是所谓的普及化，而是走终身化路线。其中美国高等教育大众化经验最值得我们汲取（Lucas 1994）。其次，我们认为高等教育走向终身化方向的基本策略就是要发展成人高等教育，特别要纠正当前成人高等教育普通化的弊端，要使成人高等教育回归其本质，即走职业化、实用化的道路。再次，我们认为终身教育要走向社区化，社区应成为终身教育实施的最主要载体。我们认为，美国社区学院模式是一个成功的模式（殷翔文，1998），它已经成为一个终身教育机构，因为其已经打破了入学年龄的界限，在入学资格上没有门槛，在收费上是廉价的，在距离上是便利的，在功能上是多样的。而且美国不仅有公立社区学院，而且还有私立的社区学院，私立学院更加强调服务和特色，所以形成了一个完整的社区学院系统。对于我国而言，需要借鉴社区学院模式，但不可照搬，因为我国的国情与美国的国情有天壤之别。比如美国的社区学院是功能多样的，这是建立在美国人口密度比较小的基础上的，而我国的人口密度是如此之大，似乎专业化的或分散的方式更适合。在美国，社区自治能力非常强，而我国社区缺乏自治的基础，如何调动居民参与则是另一个相当大的问题。这也意味着不可能照搬美国社区学院的管理模式，我们仍然需要创建自己的社区学院之路。而进行这一创建需要解决的核心问题是：如何使学院建设更加适应居民的消费需求？我们认为，最为便捷的路径是推动高职学院走社区化的道路。最后，我们必须面对普通高校的成人教育学院问题。像成人高等学校一样，普通高校的成人教育学院缺乏特色，我们认为必须对成人教育学院进行改造，使他们更加符合成人的教育需求。我们的意见是推动普通高校的成人教育真正走职业培训之路而非学历文凭之路。总体而言，我们的构思是采取实证的方式进行，即收集发达国家的资料，收集成人教育发展资料，对成人教育需求进行调查，对社区学院建设采取案例研究等方式进行，并分别形成专题研究报告。

在进一步深入研究中发现，完全依靠实证研究无法完成终身教育体系构建的任务，因为尽管终身教育的重点是成人教育，但绝不能仅指成人教育部分，还应该包括基础教育部分和其他部分。特别是目前，成人教育发展的困难很大程度是来自基础教育薄弱和基础教育导向失误，所以终身教育体系是要形成一个完整的体系，而不是简单地补足哪一部分。如此，终身教育研究就不可能从现状出发，而必须从理想的角度出发，即要从应然的角度进行研究。这就需要认真反思世界各国终身教育建设经验，重新确立终身教育的理想、价值和目标，不然，实证研究的本身价值也是值得怀疑的。为此就必须拓宽终身教育探讨的深度和广度。这一新考虑就大大地提高了研究的理论水平，是从全新视野来看待终身教育问题。

进行理论研究必须采取以思辨研究为主的方式，因为它要从终身教育概念分析开始，分析终身教育与现实教育之间的关系，分析终身教育对我国教育发展的适切性，从而分析出终身教育的内在规定性。可以说这是一个逻辑分析的过程，显然比实证研究的难度大得多。因为这意味着要为终身教育找到一个合适的起点，意味着对既往的终身教育理论进行一个系统的梳理。这是一个理论建构的过程，也是将终身教育理论系统化的过程，只有这样才可能真正使终身教育变成一个实践上可操作的体系。

我们发现，终身教育体系构建中最缺乏的是关于学习动机的理论。传统理论只是提出了需要终身学习，但没有探明终身学习的真正动力，似乎终身学习是出于被迫，这样就难以解答为什么人们学习动力不足的问题。终身教育体系建设中另一个基础理论问题是谁应该成为主导者。是否终身教育仍然强调政府主导？如果强调政府主导会不会束缚生机和活力？如果不是政府主导的话又该是什么样的机制？这实际上是关于终身教育发展的动力机制问题。与此直接相关的问题是终身教育发展目标究竟是什么以及终身教育价值究竟何在。这也是更为基础性的问题，如果不回答，所谓的终身教育理论是不可靠的。

只有解决了这些理论问题之后才能探索实践操作性问题。在这里，需要讨论终身教育体系的构成问题，终身教育的推进原理问题，以及终身教育的评价问题。终身教育体系构建就涉及如何处理各种机构之间的关系及它们各自承担的使命，在建设过程中遵循什么样的原则，以及在评价过程中遵循什么样的规则进行等一系列问题。这些都是先前理论的进一步展开和深化，是用其来指导实践问题的解答。

因此本研究包括上下两大部分，上部分是主报告，下部分是专题报告（见附录）。在总报告中主要探讨终身教育的一般理论和终身教育体系所遵循的原理。专题研究部分分四个专题，一是后大众化时代对我国大学招生制度的启示；二是成人高等教育职业化的研究；三是高职院校的社区化研究；四是普通高校成人教育地方化研究。

（二）本书结构

本书由主体部分和辅助部分两大部分构成。主体部分又由七个部分构成，包括：绪论、第一章（终身教育之现实境遇）、第二章（终身教育之哲学意蕴）、第三章（终身教育之生活回归）、第四章（终身教育之体系建构）、第五章（终身教育与学习型社会）和结束语部分；辅助部分包括：自序、前言、目录、附录、参考文献和后记。

第一章

终身教育之现实境遇

在国际上，终身教育早已超出了纯粹的观念探讨阶段，已经进入了广泛的实践阶段，许多国家的终身教育立法就是一个明证（王洪才，2008a）[92-142]。在我国，终身教育也超出了纯粹的理论探讨阶段，已经开始了广泛的实践探索，福建省出台了大陆地区首部关于终身教育的地方性法规①。可以说，我国今天的成人教育快速发展与终身教育思想的传播不无关系，我国提出建设学习型社会主张也是终身教育思想付诸实践的一个具体体现。但我国在实践终身教育理念过程中所面临的困难还非常多，尤其是在基础教育领域。基础教育当然也是终身教育的基础，如果基础教育不牢固，终身教育

① 福建省终身教育促进条例［EB/OL］. 2007－09－06.［2009－10－19］http：//www. fujian. gov. cn/zwgk/flfg/zxflfg/szfgz/200709/t20070906－31832. htm.

理念就难以真正推行。在基础教育领域，应试教育之风盛行是终身教育实践面临的第一重障碍，它直接影响到以后的教育形式和布局，影响到终身教育理念的落实。所以，探讨终身教育体系建设时，必须首先从破解素质教育难题出发。

第一节　素质教育之真正难题①

素质教育的真正难题是什么？集中表现在：一方面人们普遍认为素质教育是应该的，另一方面又认为实施素质教育是不现实的。如此就使得素质教育只停留在口头上，无法落实在现实中。为什么会出现如此状况？关键就在于素质教育提倡者犯了“头痛医头，脚痛医脚”的毛病，并没有抓住教育问题的根源。也就是说，素质教育概念从一开始就是不清晰的，它并没有确定的指向，所以在改革中无法具体操作，就必然使素质教育停留在表面。

一、素质教育命题面临考验

无人怀疑，“素质教育”至今仍然是一个引起争议的话题。一般都承认，素质教育概念自提出以来一直备受争议，因为人们一直怀疑素质教育概念的科学性及有多大的现实可行性。有人甚至直接怀疑素质教育是一个伪命题②。但不管怎样，素质教育还不完全是一个假命题，因为它至少说明了一个事实：人们都对现实的教育状况很不满意，希望找到一个理想的教育模式！素质教育其实就是为寻找这个理想模式而提出。遗憾的是，素质教育并没有为教育难题的解决提供灵丹妙药，于是人们对它的抱怨之声就不绝于耳。尽管如此，我们仍然要承认素质教育命题的提出是对理想教育模式探索的一次真正的尝试。

---

① 本节的部分文字原载于作者设在科学网的实名博客，在收入本章时已经进行了重大修改。见：王洪才．什么是素质教育［J/OL］．2009－01－04．［2010－01－14］http：//www. sciencenet. cn/m/user_ content. aspx？id＝208404.

② 王鸿飞．素质教育是个扯淡的事．http：//www. sciencenet. cn/J/user_ content. aspx？id＝207845.

但为什么素质教育进行的状况不理想呢？究其原因可以发现，首先是因为人们对素质教育的理解还存在着不少观念上的误区（王洪才，2000），特别是人们还没有从敞开的视角来理解教育，往往把教育问题理解得太狭隘，似乎素质教育只是教育领域内部的事。事实远非如此，因为教育问题绝不仅是教育领域内部的事情，而是全社会的事，它涉及每家每户的利益，因为每家每户都有子女在接受教育，如此就关系到全社会各个阶层的利益，可以说涉及社会方方面面，因为人们已经感受到所接受的教育状况直接与社会地位状况相关。所以要真正解决教育问题绝不是那么简单。可以说，素质教育问题实际上关系到“中国教育该向何处去”的大问题。如果人们局限于就教育而论教育，无视教育活动背后的复杂影响因素，那就是将教育系统与社会大系统割裂开来。如果不从社会深层来探讨教育问题的解决方案，这个问题就阐释不清，所存在的问题也就得不到解决。

直到现在，人们还无法得知素质教育概念的准确含义。如人们不知道“素质教育”中的“素质”究竟是指什么，是指先天素质还是后天形成的素质。因为在日常语言中，素质有时指先天的有时指后天的，并没有确定的含义。如果素质这一概念不确定，那么素质教育概念就更不能确定了，这样对素质教育概念理解的差异自然而然就出现了，最后就成了“素质教育是个筐，什么东西都可以往里面装”了。但这个概念经官方认定后①，也就变成了一种时髦用语了。因为大家都不确定素质教育究竟该怎么搞，所以它就只能停留在口号和表面上，这就有了“素质教育轰轰烈烈，应试教育扎扎实实”之说。

人们对素质教育概念理解的偏差还表现在把应试教育作为它的对立物了。至于应试教育是什么，也说不太清楚。是否为了考试的教育就是应试教育？如果真是这样那就取消考试就可以了！因为这样就可以从根源上杜绝应试教育了。“小升初”考试取消就是这一思维的直接运用。但这并不能解决实际问题，因为到中学之后还有初中升高中的考试，高中升大学还有考试。显然，这些考试不可能全部取消。如果全部取消了估计就全乱套

① 一般都公认在1999年召开的第三次全国教育工作会议报告和大会文件中确定了素质教育作为我国教育改革的基本方向。

了。事实证明，取消了‘小升初’考试后结果变得更加无序了，如不少地方采取划片入学和电脑排位的办法，把原来按成绩入学的方式变成了人为的机械的操作，从而成了“呆子帮忙，越帮越忙”，更加有损于教育的公平性，这就迫使许多人呼吁回归以前考试的方法。看来教育改革不能实行简单的外科手术办法。

既然把考试作为应试教育的标志物是错的，那怎样才是对的呢？许多人就从考试竞争压力的害处去找了，如它使学生的体质下降了，使学生的心理素质变糟了，导致学生死读书了，致使德育被忽视了，学校教学偏科了……这样五花八门，莫衷一是。

这说明现在的所谓的素质教育并没有切中教育问题的要害。

二、教育问题的症结所在

可以说，教育问题由来已久，它不是单纯的教育问题，而是社会问题在教育活动中的反映。之所以人们对应试感兴趣，就是因为教育机会短缺和缺乏公平的入学机会，于是人们把教育资源公平分配的办法寄托在统一考试办法上，因为这是唯一的比较公平的教育资源的分配机制，在这种分配中主要依据的是个人努力，而不是依赖于个体先赋条件如家庭经济社会地位等。但由于人们接受教育的机会本来就是不平等的，因而这个看似平等的分配其实也是不平等的，更何况在接受教育过程中还面临着诸多的不平等，而这些不平等也非教育本身所能够取消的，所以说，教育治不了自己的病，因为真正的病灶并不在教育自身。

概而言之，素质教育之所以不能推行，首先就在于其目标不明确，所指方向不正确，理论基础缺乏，从而缺乏社会动员能力，最终使得教育界感觉很混乱，不知道究竟该怎么做。其结果是它不仅没有功效，反而成了人们责难的对象。应该说这既是理论上困乏无能所致，也是行政部门惯于主观臆断的结果。由于无法获得社会的真正同情和支持，也就无法得到中小学的积极响应，而且各种教改方案搞得大家越来越累，从而导致大家都有怨言。

中国的教育确实到了转轨的时候了，因为这样下去导致了大量的人力物力精力的浪费，特别是智力资源的浪费，导致了真正学业的荒废。可以这样说，无论学校内还是学校外，许多人都不知道为什么要上学，好像上学就是为了文凭和考试，因为通过考试获得文凭就意味着获得了进入理想职业岗位的通行证。

这样人们就把上学——考试——工作作为简单的等式来看待，并没有认识到“人”在其中是什么，似乎最终获得一个好的工作职位就代表一切。诸如个性、兴趣、德智体全面发展、审美趣味等一切都似乎可以不考虑。所以中国教育是一个只重结果而不重过程的教育，即不管什么招法，只要最终达到目的就行，其他一切都可以不考虑。当然这并非教育才有的毛病，而是整个社会都染上的毛病，这就是急功近利。大家为了利益争夺可以不计一切后果，只问最终获得的物质利益就行，而不问究竟意义何在。这样，学校教育就把人的最好年华的十五六年浪费在无谓的活动上。所以现在的大学生，没有多少人真正知道自己喜欢干什么，能够干什么，更不知道所谓的生活意义是什么了。不仅如此，甚至许多研究生在毕业时仍然不知道自己适合干什么和自己究竟希望干什么，他们只知道考试和上学，也不管为什么。这样的教育有意义吗？

现在不少大学生遇到了就业压力，才感到读书无用。说实话，能够有这个感觉就很不错了，因为这至少还能够促使他们反思一下，思考一下究竟什么东西才是真正有用的。但如果学校不认真反思，教育主管部门不作深刻反思，社会不真正进行反思，他们的反思也就没有什么用处了。当然，最后差不多每个人都能够找到一个“饭碗”，至于与所受教育究竟有多大关系就不敢说了。如果那样，岂不是教育的浪费吗？

现在社会上能够认识到教育浪费的人不在少数。但大家好像都挤在一条将要沉没的船上，谁都没有勇气先跳下去，所以也只好任这只船慢慢地往下沉。

三、教育的理想缺失

现在教育最大的缺憾就是缺乏理想，即不知道究竟该往什么地方走，所以教育已经失去了自主，是在靠自己的惯性行驶，这个惯性在很大程度上也是社会的惯性，而没有表现出教育的独立思考来。

在教育活动中，教育最大的失败就是没有把教育对象当人看，只是把他们当成接受知识的容器，当成了应试的工具，很少思考他们究竟有什么特长，有什么潜能，哪些地方需要格外注意和培养，相反，似乎认为他们天生都是往一条路上走的，都应该去参加应试，因为这样看上去才叫公平竞争！

不仅如此，从事教育活动的人也很少把自己当成主体看，因而也就不思考这样做究竟是对还是不对，所以很多时候都是在自己不得不这么做的状态下才这样做的，甚至也没有一个说“不”的机会。

现在大家都在忙于自己的“活计”，爬自己的“小格子”，应付自己的考评过关和物质利益的提升，对于教育究竟该怎么搞也不怎么上心，认为这些不关我的事，是当官的事，是政府的事，或者说是社会的事，也认为自己微不足道，关心也没用。

这种思想在教育界已经积郁得太深了，所以教育里没有真正思想，只有一些鼓舌如簧的人在游说，他们在把教育导向一个不知道目的究竟在什么地方的地方。

所以，人们还得日复一日地去背、去记、去考试，日复一日地感到累、烦、没劲，日复一日地说着我也没办法、无所谓、反正就这么回事，日复一日地感到不满、怨气、难过，教育也就这样日复一日地不断地沉沦。

第二节　教育理想之现实追问①

素质教育在实践中遇到了上述种种问题，并没有达到原来预想的目的，人们仍然一如既往地注重考试。那么，理想的教育究竟应该是什么样子呢？正如许多人提到的，理想的教育应该是一种个性化的教育，即是一种能够照顾每个人个性发展需要的教育，而大一统的、按照一个模式培养的教育不是理想的教育，只是一种糟糕的灌输式的教育，是一种不能培养人的思考力的教育，所以是一种失败的教育。

---

① 本节文字原载于作者在科学网实名博客，收入本章时进行了重大修改。参见王洪才．理想的教育与教育的理想［J/OL］．2009－01－06．［2010－01－14］．http：//www.sciencenet.cn/m/user_content.aspx？id＝208778.htm.

一、个性教育之意谓

什么才是个性教育？从字面上理解就是照顾每个人个性的教育。但这样讲并没有什么实质意义，因为它没有一个具体的标准，没有说清楚出发点究竟是什么，即没有说明个性在这里究竟是目的还是手段。个性教育的真正含义就是尊重每个人的个性，个性发展就是个体成长的目标，教育的理想就是要使人成为他真正的自己，而不是成为别人所理想的人。因此我们提出，使一个人真正成为他自己的教育才是真正理想的教育，才是成功的教育，这样的人才是自由发展的人，也是能够获得全面发展的人。传统教育也在培养所谓的理想的人，但这种理想是来自外部的指令，并非来自个体内在的本质需求，在这里，个性只是实现外在目的的工具，而不是自身的目的，所以这种理想只是一种不切实际的幻想，很多时候只是家长的或教师的一相情愿，因而并非是真正的教育理想，因为它没有结合青少年儿童身心发展实际，所以最终这些所谓的理想就变成了实施灌输式教育的理由。

长期以来，中国的家长大都习惯于把自己的理想灌输给孩子，希望孩子实现自己没有实现的理想，而他并不知道这个理想是否真的适合孩子，他想当然地认为自己的理想就一定是好的，而且一定是适合孩子的，因此就要求孩子一定要做到。在中国这个家长制文化底蕴比较深厚的国家中，家长的愿望事实上构成了对孩子的压迫，这实际上是一种思想上专制：把自己的意图强加给孩子，把自己不能完成的事情让孩子去做，认为只要自己提供了自己认为是比较充足的物质条件，那么孩子就一定能够实现这些理想。显而易见，这是一种暴君的做法，因为他非常专制地认为，他所提出的理想是可以实现的，只要提供他认为是比较适当的物质条件后就可以了。在今天，这样专制的家长还不是少数，只不过表现方式不同而已，有的比较粗暴，有的比较温柔，有的则软硬兼施。

在学校里，教师也在扮演暴君的角色，教师一相情愿地认为：我都努力教你们了，我教的内容你们就应该掌握，都应该会，不然就对不起我！于是他们对那些接受能力强的学生就格外高兴，对那些接受能力差的学生就产生不悦，有时尽管不表现在脸上，却已经表现在心里。所以在学校里，学生都被划分成三六九等，学生也随着不同的分等而发生巨大的心理变化。这哪里是接受教育啊，简直就是在接受折磨。为什么学校里不能培养学生平等的人格精神？为什么要强迫所有学生都必须学习一样的东西？为什么不能使孩子们体验到真正的快乐？为什么不能发挥他们的天性，让他们自由地去想象、去探索？这就是中国教育的失败！

当然教师也是受压迫者，因为学校还有一个校长在监督着，校长用各种指标逼着教师们，使他们不得不把各种负担转嫁到学生的头上。校长说自己也是不得已，因为主管部门还有各种各样的评比，同时家长也在盯着学校，他们也只好把任务分摊到教师的头上。所以在层层压力下，学生就成了大家一致的工具，成了最终的替罪羊。而且最可怕的是，家长还说我是为你好，老师也说我是为你好，往上各级部门似乎也是这么说，最后学生即使有任何苦处还无处诉说。这构成了一个最大的压迫，因为各方面都在给学生施压，都是以那么温柔的名义来进行的，所以学生最终也不知道这究竟有什么好。

因此，理想的教育不是别的，就是要使一个人真正成为他自己，使他知道自己是谁，究竟喜欢什么，不喜欢什么，知道该怎么判断，知道自己该怎么做，这样他才是一个真正的人，这样他才能发表他的独立见解，才能独立地参与社会生活，才知道自己努力方向和目标，才能够真正地承担责任。不然他的一切都是被迫的，他是受奴役的，是没有独立人格的。

所以，理想的教育就是要使一个人真正成为人，而不是一个知识的容器，不是成为一个实现他人意志的工具，不是没有分辨能力的被动服从者，不是只知道满足物欲的人；相反，教育应该使人能够独立地思考，有自己的精神追求，有敏锐的判断能力，有参与生活的各种能力，是社会生活的真正主体。遗憾的是，现在的教育根本做不到这些。

教育其实一直是有自己理想的，教育的理想就是希望通过知识的传输使一个人能够认识到他自己，认识到自己的潜能所在，认识到实现自己潜能的路径，从而成为一个主动的、自我实现的人。这就是教育的理想，也是教育亘古不变的目标，唯有如此，教育才能创造幸福人生，教育活动才能变得具有创造性，教师也才能发现自己的真正价值，而不是仅仅得到外部的承认。而真正价值是来自对自我的肯定，因为在其中，教师发现了教育工作的真正意义：教师不只是教书，更重要的是教会做人。但其前提是：教师知道人的真正含义是什么！

所以传授知识并非教育活动的目的，它只是教育活动的途径，而获得知识也非目的，它只是获得幸福的手段，失败的教育往往把这些途径和手段异化成教育的目的了，这样就使教育找不到它的终点，从而出现了教育的迷惘，进而也连带着整个社会都出现了迷惘，因为社会常常把教育作为前进的灯塔，特别是大学教育。只有当教育真正明白自己的目标的时候，它才不会迷惘，社会也就不会迷惘。

二、理想教育的基本载体①

（一）学校是一个重要载体

在谈了理想的教育之后，人们必然要问理想的教育究竟该如何实施。对此，人们必然有诸多疑问，如理想教育方案是否必须通过学校教育来实施？如果通过学校教育实施的话又与现在的学校教育会有什么不同？如果不是通过学校教育进行实施，那应该怎样实施呢？如果不能实施的话，那理想教育也就变成了空想的教育！

确实如此，设计理想教育方案必然要考虑到这诸多问题，如果这些不能回答，确实理想教育就变成了空洞无物的东西了，这当然是任何理想主义者都要极力避免的。

理想教育当然要通过学校教育来进行！这也是绕不过去的，因为学校是比较专门的教育机构，在社会分工过程中，它的专业化程度最高，没有它，恐怕其他机构都难以承担。可以说，学校教育也是社会进化发展的产物，对这一点无须多说。

---

① 本部分原发表在作者在科学博客网上，收入本章时进行了重大修改。参见王洪才. 理想教育的载体［J/OL］. 2009 - 01 - 08.［2010 - 01 - 14］. http：//www. sciencenet. cn/m/user_content. aspx？ id = 209130. htm.

（二）学校不应是唯一的教育机构

但学校并不是唯一的教育机构。一旦它成为唯一的教育机构，就容易变成一个专断的机构，变成人们必须依赖的机构。事实上，学校教育机构在发展过程中正面临着这样的危机，因为它出现了越来越多的异化现象，它已经从为社会服务的机构逐渐地退化成一种脱离社会需要的机构，甚至在某种程度上成为凌驾于社会需要之上的机构。可以说，现在的学校机构快变成衙门了，如学校对家长的意见毫不尊重，对社会迫切关注的问题漠不关心，事实上它已经成了社会的中心机构了，使得家长不得不唯学校、唯教师之命是从，这种现象在中小学那里表现得尤为明显，在大学里情况少许好些。因此，学校教育机构开始凭借其专业化的优势，形成了一种专制的姿态，它除了听从行政机关的意见外，其他意见概不接纳，都可以拒之门外。这实质上是学校教育机关的一种霸权姿态。

说实在的，因为我们每个人都是受过教育的，因此每个人都不完全是教育的门外汉，因此都可以或多或少地发表一些关于教育的看法，这些意见对也罢，不对也罢，总得给人们一个讨论的机会，让人们知道对在何处和错在哪里，好进一步与学校工作配合，现在反倒成了学校的命令和教师的命令必须听从，不然孩子就要遭殃，这不是专制的机关是什么？

所以学校教育机关不能成为唯一的教育机关，公立的教育机关当然更不能，严格地说，任何教育机关都应该有接纳社会意见的机制，而不是一个封闭的机关，不是一个唯我独尊的机关，因为这样的机关不能形成良性互动，不能认识自己的错误，当然就不能改正自己的错误。更可怕的是，其专制的姿态也容易感染学生，结果培养的学生也不会尊重人，也不会参与平等对话的生活，也是一种自我中心主义的姿态，这些都是教育失败的原因，而其最终的根源就是因为教育脱离了社会实际，变成了一种空想的教育，变成了只听凭上级主观意志的机关，变成了一个不由自主的机构，也变成了不能独立思考的机关。

没有可替代的机关的直接后果就是学校教育机构似乎变成一种万能的机关，结果是它说什么就是什么，人们没有选择的余地，也只有它颁发的证明才是合适的，从而家庭和家长都是学校教育的附属物，都必须听从它的调遣。所以只要看看学校的作风就知道孩子能否学习得好，是否能够学会做人，就知道孩子以后是幸福还是不幸福的。这种姿态实在令人无法忍受，因为教育机关不再是一个说理的机构，而是变成了一种颐指气使的机构，变成了一种变相的衙门。

（三）其他教育机构

教育机构不可能长久地脱离社会，脱离社会的教育必然会变成了无用的教育。理想的教育不是由学校一家承担，还有许多社会机构也承担教育的功能，从而能够补充学校教育的不足，并且与学校教育机关形成竞争的姿态，使学校教育机构不成为唯一的机构而演化为自封的中心，从而不能行使教育的专制，使它必须向社会敞开，能够积极地接纳社会的意见，从而能够不断地实现自我功能的完善。这样的教育才是有机的教育，也才能进行理想的教育。

什么东西可以承担教育的功能呢？在今天看来这种机关已经不缺乏了，可以说，任何一个社会场所只要组织起来都可以承担教育的功能，如哪个社会机关不能进行道德教育？哪个机构不能进行体育教学活动？社会还有充分的智力资源可以组织起来进行智育。美育自然更不待言，这个本来就是学校教育所忽视的，包括体育和德育，都是目前学校教育所忽视的，而社会却有广泛的资源。这些资源完全可以组织起来，能够对教育活动起到强大的推动作用。

为什么现在这些资源没有组织起来呢？原因就在于我们的社会自组织程度太低，人们还缺乏这方面的意识，人们还没有认识到将社会积极性调动起来和组织起来的力量，当然出现这种情况与当下的教育立法的局限有关。在西方，社区具有强大的组织功能，它能够把各种社会资源有效地组织起来，从而发挥其教育功能。而我们的社区组织却是非常机械化地操作，缺乏与社会的有机联系，变成了行政机关的延伸，没有真正起到联系社区群众、沟通社区民意的机关，因此我们的社会力量虽然丰富，但却是一盘散沙状态。

可以说，当下的网络组织发挥了社会相互联系的作用，开始把传统的被禁锢的思想解放出来，特别是博客形式的出现，已经使人们能够把心里话倾诉出来，这成了沟通民意的重要的形式。但仅有这种形式是不够的，还必须把更有效的有形形式组织起来，使人们能够真正发表自己的意见，从而把社会力量开发出来，组织起来，人们在组织起来的过程中也是一个相互学习和借鉴的过程，当然也是一个自我提高的过程，这样学校教育的堡垒自然就会被打破。如果没有社区力量组织起来，学校教育机关永远是与人们生活隔离的，永远也是一个封闭的机关，永远只听从上级机关命令而不知道思考和不能自我反省的机关，这样的机构是误人子弟的，是造成社会资源浪费的根源。

所以，理想教育的载体不是仅存在于学校教育机构中，而是存在于全社会中，存在全社会能够自我反思和有效的组织中，存在于与人们社会生活息息相关的社区生活中，在这样的交流沟通过程中形成关于教育的共识，形成关于教育的决策，使教育变成为人们谋福利的机关，而不是与人们的生活相脱离的机关。

传统的教育观念把学校教育当成唯学术教育的机关，认为学校教育就是传授那些写在书本上的现成的系统知识，只要传授完这些知识似乎一切就万事大吉。而考试制度也强化了这个观念，在这样的考试制度下，德育自然是无法衡量的；体育只要人没有病倒就是健康和良好；美育观念变成了纯粹的子虚乌有；劳动教育变成了多余的，所以完完全全变成了一种畸形的教育。在这种教育中，只有少数人能够受益，这些人自然是天资聪明，自然是反思能力比较强，自然是善于适应学校要求的类型，而对于大多数学生而言，他们只是陪衬，他们只能忍受折磨，因为他们将面临一次次的失败的打击。这些人即使被迫上了大学，也不知道为什么要上大学，因为如果仅仅为了追求比较优厚的物质生活的话，似乎也没有多大的意义。问题的根源是他们根本没有认识自己，也不知道自己究竟喜欢干什么和能够干什么，似乎一切都是被迫使然，因此一切都是没有意义的。

在这里，我们必须大声疾呼：系统知识学习本身并没有意义，只有与生活实际结合起来的知识才是有意义的，这个结合首先是与学生的生活实际结合，与学生个性发展需要的实际结合，没有这个结合过程，一切知识学习都是强迫的、灌输的、不人道的，也是反教育的。

（四）还原教育的本质

教育的本质是进行理性的对话，即是通过说服和激发来促进个体成长，成为他理想中的那个人。因而，仅仅说“教育是育人的活动”就显得非常空洞，因为它并没有具体规定教育进行的方式，那样的话，传统的棍棒教育也是教育了，因为它的目的和结果都是育人，如此，教育概念就无边无缘了，甚至可以说劳动改造也是教育，因为它也是在造就人，当然也是育人了。所以只有将目的规范和手段规范结合起来才是真正的教育，空洞的育人、培养人都不是教育的本质，因为它只是说出了教育的目的，而没有规定教育活动的手段，而教育活动只有建立在说理的基础上，才算是真正的教育。说理就是依据知识，这种知识使人们心悦诚服地接受，而不是强迫地灌输。所以不能达到理解的教育都不能称为真正的教育，而是一种奴性的教育，因为都是被强迫情况下进行的，因此也没有意义，从而也是失败的教育。

传统教育的一个重要的特征就是仅从目的出发，而不管手段如何，当然也不管最终效果如何，只用一个目的的善代表了一切。这其实是一种简单的教育做法，也是棍棒主义的做法，实在不是什么高明的策略。理想的教育当然要建立在平等说理的基础上，建立在知识的基础上。当你要进行说理时，你就不会盛气凌人，你就会平等对待对方，你就必须学会尊重对方，你就不会因为对方的无知而不屑一顾，这时候你必须使用使对方明白的方式来传播你的意见，这才是你的成功，你不能简单地说“你不懂，我不对牛弹琴”就简单了事，这样的做法是简单的、武断的、粗暴的、也是非常专制的做法。

可见，理想的教育是建立民主制度基础上的，即你必须学会进行对话的规则，而不能把自己的意志强加于人，你必须学会尊重对方，这样才是对你自己人格的尊重。正像在法国大革命期间流行的著名启蒙思想家伏尔泰的那句话：“我可能不同意你的观点，但我誓死捍卫你说话的权利”，这才是真正的民主精神。

学会对话，是走向民主社会必须补的一课。学会对话也是学会使用理性的方法进行社会交往。学会理性处理问题，才是教育活动的目的，才是知识教育的真谛，这样，人才能变成理性的人，才能成为运用道德进行自我克制的人，也才能成为懂得包容的人，懂得如何真正构建社会生活的人。

显然，如果简单地说“教育是培养人的”或“素质教育本质就是育人的”，就不能够囊括如此丰富的内涵。这就需要对传统教育进行超越。

第三节　理想教育与美的追求

怎样的教育才是有效的呢？显然只有能够激发学生持久的学习兴趣的教育才可能是最有效的。这种兴趣说到底也是一种终身学习的能力。什么东西才可以使学生具有持久的学习兴趣呢？我们认为唯一的和最终的出路是展示出知识的美来。只有当学生发现获得知识是一种美好的享受时，他们的学习兴趣才能够自然而然地被激发起来。唯有此时，知识学习不再是一种功利追求，而是一种精神追求，因为人们在欣赏知识美的同时也看到人生的美丽，从而也看到人生的意义，也激发了他们对美的追求的动力。所以，真正的教育就应该能够将知识之美或知识的魅力展示出来。

一、知识可以是美的①

（一）为什么大学生不爱学习

关于知识之美是一个大课题，让我们首先从当今许多大学生不爱学习的现状谈起。可以说在目前，能够进入大学的人仍然属于少数，所以他们仍然属于精英群体，他们应该展示出对知识的热爱来。但事实与人们的想象差距甚远，这批经过应试教育培养出来的学生早已对学习不感兴趣了，特别是对仍然采用灌输式的教学方式和考试记忆掌握多少的学习方式不感兴趣了，这就造成了知识与学习者的对立，这成为人们非常关注的一个问题，不少人还在追问当前的大学生究竟是怎么了，而大学生自己对这个问

① 本部分中有部分文字发表在科学网实名博客，收入本章时进行了重大修改。参见王洪才．知识可以是美的［J/OL］．2009－01－09．［2010－01－14］．http：//www.sciencenet.cn/m/user_content.aspx？id＝209296.htm.

题已经作出了回答，即大学生并非对学习不感兴趣，而是对落后的教学方式不感兴趣，对死记硬背的知识不感兴趣，他们渴望在学习中获得美的享受，因此，要求大学教学应该展现出知识的美来。①

“使知识展现出美来”确实是一个很大的命题，当然也是一个真命题，这个命题的提出确实使人感到了大学教育问题的症结所在。根据我在美国大学访学考察经历，我发现美国大学生除少数真的不爱学习外，大多数同学还是非常认真的，包括他们参与讨论和交作业等。这样我就一直在思索：为什么中美大学教育反差这么大？经过仔细分析对比，我发现教育是否结合生活，是否发挥了学生的主动性，教师能否展示出知识的美来是问题的主要症结所在。传统上，我们老师都习惯于把自己所教授的知识自然而然地视为真理，想当然地认为：我教的这些东西都是真理，你们都必须接受。而且这些都是现成的真理，又不用你自己费劲探索就能获得，你可得珍惜啊！

但这个说教对于今天的大学生而言是讲不通的。为什么？因为老师已经站到了一个新平台上来看问题，觉得这个是真理，认为只要接受它就可以省去许多探索之工。但对同学而言，因为他们没有切身的体验，并不认同这些现成的答案。接受这些现成答案，无疑就是死记硬背，这样做对一个日趋成熟的大学生而言并没有什么意思，因为他们看不到这些与自己的生活世界有什么关系。所以他们会说“这哪是什么真理呀？简直是味同嚼蜡！”而真正知识的趣味恰恰就是在探索过程中体验出来，省却了探索过程就等于遮蔽了真理的光环。所以他们认为，“什么真理不真理，跟我没关系！”所以“我才不爱理它呢！”因此他们就不爱学这些硬塞进来的知识。所以老师越是认为是所谓的当然的真理，学生的反感情绪就越大。这似乎正在变成一个课堂教学的公理。

既然如此，就出现了许多学生不爱学习的状况，而其根源确实不在学生，而是出在老师身上。因为老师并没有真正理解知识的奥秘，从而把教学过程也简单化了——把教学关系看成仅仅是知识的予与取的关系了，也

① 有一个大学毕业生发表了一篇反映他对大学生活体验的博文，他表达了对传统的、记忆式教学方式的强烈不满。参见吴宝俊. 你不能怪大学生［J/OL］. 2009－01－05.［2010－01－14］. http：//www. sciencenet. cn/m/user_ content. aspx？ id＝208760. htm.

把学生想象得简单了——把学生当成知识的容器对待了，这么简单地对待学生理所当然要遭到同学的拒绝了，那么这样的老师在教学中碰钉子也是在所难免的。

特别是一些老师进行一些所谓的教学改革，往往是一相情愿的，甚至连自己都不知道究竟为了什么，出发点又是什么，基础是什么，等等，既没有让学生参与其中发表意见，又没有推敲过效果如何就开始了，从而并没有真正把学生当成主体，老师想当然地认为这些都是好的，所以就这么做了，认为学生天生就是没有判断力的，他们只有接受的份，因此也不征求他们的意见。学生对这样的莫名其妙的东西当然也是反感的、拒绝的。

可以看出，我们老师的观念还停留在传统的精英教育时代，认为学生的自主性和接受性都是非常强的，学生也是特别听话的。殊不知现在的学生是非常有个性的，他们是有独立见解的，而且往往是情绪主导型的，他们判断事物往往是从直观出发的，而不是从理智出发的，因此，想再回到从前找到那些非常刻苦地去攻读的学生恐怕就找不到了。

而且许多老师的知识观念也是非常落后的，他们不知道现在已经进入后现代了，不知道知识观已经发生了巨大的变化，过去的一元真理观已经被废弃了，现在是多元的真理观时代。在今天，真理其实是一种协商的结果，而不是单方面的宣称（Scott 1997）。在这个时代，灌输式教育只能蒙混那些尚不知情的、为了考试而考试的中小学学生了。

如果大学教师对这些知识的变化不知道，对学生的心理变化不清楚，要想取得很好的教学效果恐怕就很难了，所以“目前出现比较尴尬的局面的最终原因不在学生而在老师”。当然，如果继续追问，那就追究到管理体制或教育体制问题了，但那就扯得太远了。因为教师是教育活动的直接执行者，在大学里教师还是有很大自主性的，教师基本上可以主导课程该如何教、教什么和教学目标，如果教师自己的观念不改变，那就难怪学生不与之配合了。

（二）审美主义时代来临

21 世纪是一个高度个性化的时代，也是一个审美主义时代。现在学生开始以审美的眼光来看待知识了，他们以是否能够获得直接的愉悦作为检验教学效果的标准，如果我们不能适应这个形势，那么我们就落后了。个性化时代的一个突出标志就是学生的阅读心理是审美主义的，而不是传统的理性主义。这个变化就是教学改革的一个重要信号。

在审美主义时代，人们的行为越来越表征化，受到外在感性的东西影响越来越大，但要找到具有普遍吸引力的东西就越来越困难了。正因为如此，在教学上就需要个性化教学，需要分别对待。如果是进行大班教学，只能是一个模式地进行，那么，这种做法是抹杀个性的。审美主义时代的另一个特征是：每个人的判断都是以能否直接引起个人愉悦的感受为判断标准的，而不是像理性人那样计算实际的功效如何，如果那样计算的话他们的行动就会理智很多。很显然，许多年轻人只要现在感觉高兴就好，而不管最终的结局如何。如果说他这是在及时行乐，恐怕不完全是，应该说这是时代的进步。因为在过去我们太看中最后的结果了，不关心过程，这样的结果就是我们拼命地压抑自己，使我们的一切行动服从我们的理智决定，所谓不冲动、不犯傻就是这个意思。这个情景仅适应资源非常短缺的状态，那时候任何一次机会的获得都是非常昂贵的，换言之，每次机会获得都似乎是恩赐的，好像是自己的幸运，而不是自己努力的一样。如你以高分考进了某个大学，但发现你的政治条件不合格，你可能马上被清退。其实当时每个人都或多或少有这个担心，生怕自己被发现有哪个条件不合格而被清退。这大概能够说明当时机会的昂贵性。

这种情境拿到今天简直就不可思议。因为今天已经是大众化时代了，如果我考上了某大学，但我不满意，我则可以退学，明年我再考，直到我考到我满意的大学为止。这种情况如果放在以前就显得太过奢侈了，也是绝对不能容忍、不可能的事情。大家都知道，那时一上大学就是国家干部，那是标准的精英。在今天，大学生遍地开花，如京沪等地的高考录取率已经达到70%以上，所以现在很少有人真的认为大学生仍然是“天之骄子”，大家只是把进入大学作为进入社会或获得工作岗位的通行证而已。而在改革开放之初，人们确实把能够进入大学者当成是“天之骄子”。所以时代变了，就不能再用老眼光看待新事物了。

（三）读图时代的意味

有的人还将现时代形容为“读图”时代[1]。这大概是多媒体泛滥时代的一个标志。尽管人们对此评价不一，但却代表了一个事实。换言之，就是我们过去所讲的传统的大道理在现在是没用的，已经很少有人去认真地听你说的所谓的什么大道理了，所以你讲课只要自然点、简单点、明白点就行，讲得非常深奥是被反感的。你如果一让他动脑筋，他就说你这个老师是跟他过不去。这也意味着，历史从传统的重理论走向重技术、重操作、重应用的时代，而现在大学基本上还固守着传统的精英主义教条，去进行理论灌输，这样学生便感到压抑。

读图时代的出现，或许在某种程度上是审美主义时代到来的征兆。因为看图画一般是不费力的，也是没有固定答案的，往往任何图画都可能引起你的一点美感来，总会让你感觉是放松的，沉浸其中的，又不会使你的神经感到那么紧张，也不会像读枯燥的理论书籍那样需要高度的集中注意力，去绞尽脑汁进行思索，当然同学也喜欢以图画的方式与你进行对答。如果你用传统的眼光看：这究竟有什么意义？那就不好回答了。而在后现代时代，“高兴就好”。现在许多大学校长虽然不一定懂得什么是后现代，但都知道“大家高兴就好”这个道理。所以也确实很少让大学生感觉不高兴的。现在大学生确实是大学校长的上帝。所以许多大学都出现了大学校长对大学生的关心程度远远超过对大学教授的关心程度。出现这种情况也很自然，因为大学生需要被哄着，他们要是闹出些事端可不得了。而大学教授自然应该明白这个道理，你不想干就可以走人，因此也没有什么好抱怨的。

在这样时代背景下，大学教师的教学风格就应该发生变化，即你不能只说你所讲的知识是对的，是真实的，或者是有用的，你还应该让学生感觉知识是美的。

---

① 关于读图时代的解释可参考百度百科：［2010－01－14］．http：//baike. baidu. com/view/365518. htm.

（四）知识的美来源于生活

其实做到这一点也不难，只要教师能够放弃传统的以真理自居的姿态，就完全可以做到使知识是美的。我们过去做不到，是因为我们太膜拜知识，认为知识是神圣的，是不沾世俗的，所以那时知识只是被供奉的，只能原原本本地传授，不能加进个人注释，这样的话，知识永远是死板的，没有个性的或没有灵性的，当然这样的知识也是不美的。

一旦知识加进了丰富的生活元素，知识的灵性就迸发出来，而这种灵性是可以传递的，是能够感染学生的，而这种灵性事实上才是真正的知识，真正知识并不是过去所认为的死板的教条。所以说，知识只有与人的具体生活经验结合才能变成真正的知识。

这样的知识就变成了可感知的知识，学生才不会感到是陌生的，这样学生才能参与进去，才能得到一种分享的体验，才能享受到一种美感。为什么大师们能够把课程讲得非常活？原因就在于把知识融进了生活，生活与知识已经不可分离，所以知识不再是空壳，不再游离于生活之外，而是实实在在的、融于生活之中的点滴。这就正像胡塞尔所说，我们都被蒙蔽，使知识脱离了生活，而真正的科学知识应该是返回日常生活世界（胡塞尔，1988）。

知识可以是美的，不仅指我们可以把知识还原于生活，而且指知识本来就来自生活。当我们增加了过分的理性解释后，知识就不美了，因为它在经过过度的包装后，就人为地增加了一层帷幕，从而使它的真实性光华受到遮蔽，变成了一种近似虚伪的东西。这些包装，就是经过一系列不必要的阐释，增加了一系列的文化符码，镀上了虚荣的光环，从而使知识失去了它的本性。而我们对知识的阐释更注重这些光环，而不是它的实质，这样就使知识脱离了产生于它的母体，于是就枯萎了。正像人们日常所说的，书本上的知识是死的，只有把它变成生活的知识它才能成为真知识、活知识，才是美的知识。这就是知识之美的展现。

知识的增进和个性的增进是一样的，随着人的真正知识的增进，人的品性也会随之受到陶冶，从而知识变成了品性不可或缺的部分，或者说是知识成就了品性。没有知识，缺乏见识，人的目光必然短浅，人的行动必然野蛮，人的品行自然也难以预期。有了知识，人的行为才有了方圆，才知道进退的方寸，也才知道了自己的真正方位，从而感到世界就是一幅图画，此时世界当然是美的。而这是知识美的展示，是知识的光华显现，没有知识，生命自然就会黯然失色，世界就不再是美的了。

二、知识何以是美的[①]

知识确实可以是美的，但知识何以是美的?

为了避免抽象演绎的出现，现在我只想根据个人经验来谈知识何以是美的。

我觉得知识的美首先表现在令人惊奇上！这个惊奇一下子使你感觉整个世界仿佛是全新的。我记得自己最早对知识感到惊奇的是在一次上生物课时候，那时还是在上高中，我们的老师问大家，你们知道我们手上有多少细菌吗？我们大家都面面相觑。有几个大胆一点的同学说大概有几十个吧？我们的老师没有回答，只是转过身来把显微镜拿过来，让一个同学把手放在镜头底下，然后让我们大家轮流去看。起初大家也不知道自己看什么，只看到一些东西乱动，密密麻麻的，看得还直恶心。看完以后，老师问大家你们看到了什么？这个时候大家争相发表自己的感受，有的说看到了密密麻麻的虫子，有的这么说，有的那么说，大家说法很多，最后老师说，我告诉你们，那就是细菌！啊——！大家一致都惊呼了起来。细菌这么大！这么多啊！怎么我们都没有感觉?!

这就是一种惊奇，是一种新发现后的惊奇，无疑这是知识带来的。

以后大家都非常乐意上生物课，都期望有些新发现。是的，知识真的能够给人带来一种满足的体验，一种非常愉悦的体验。

另一次是在历史课上，仍然是高中时的体验。我的历史老师是“文革”前的大学生，“文革”中当然是被下放劳动改造的，“文革”后很晚才又走上讲台，我很幸运，我是他恢复工作后的第二届学生，他上课有一

① 本部分原发表在科学网博客上，在收入本章时进行了重大修改。参见王洪才. 知识何以是美的［J/OL］. 2009－01－10. ［2010－01－14］. http：//www.sciencenet.cn/m/user_content.aspx? id＝209433.htm.

个习惯，就是从来不带书本，一上课就背着手，在教室里踱来踱去，像讲故事似的把历史上的事件都给串联起来，生动风趣幽默，大家听他的课从来没有觉得累的，也从来没有打瞌睡的，而且大家都盼着每天都有历史课，当然是这个老师上的历史课了，因为大家都太佩服这个老师了，他好像上通天文下晓地理一般，知识面那么广阔，我们都深深被吸引了，陶醉了。我第一次感受到，啊，知识原来可以是这样的啊！由于他的影响，我们班上同学在考大学时报考历史专业的人非常多，而且我也是他最得意的学生之一，因为也不知怎么的，枯燥的历史年代我看一遍就记得差不多了，每次他的提问我都能够顺嘴就回答了，当时老师就当众表扬我说我们班里已经有一个大学生了！要知道在20世纪80年代初上大学可是一个梦想，所以老师的表扬使许多同学向我投来了羡慕的目光。我当时虽然感到甜滋滋的，但仍然是感到很不好意思。顺带说一下，这个老师也是我们当时的班主任。

这就是知识带给我的一种清新舒畅和被激发的感觉，一种崇敬的感觉，当然这也绝对是美感。

还有一个例子就是我高中的语文课。我们的语文课老师是湖南人，其普通话不怎么标准，但是他用他的湖南腔抑扬顿挫地把课文读出来别有一番滋味，讲到得意处，他的头和身躯都出现了轻微的摆动，我们下面的同学们也似乎有默契一般地时而也出现自然的跟着他的节律摆动，似乎有一种音乐的旋律在吸引我们，我们在不知不觉中掌握了大量的语文知识。

在这里，我欣赏到旋律之美。

另一个让我感受比较深刻的例子是我在大学本科时我们的教育史老师，他每次讲课都能够引出一些经典名句来，让我们感到无限的叹服，令我们深思。我至今还记得他讲课说到了什么是历史，他说“过去的事情是历史，但历史的事情并没有都过去”，一下子把我们带入了一个深邃的意境。他还有一句话：“历史就像一面镜子，你站近了看不行，站远了看也不行，你只有站在适当的位置才能看清楚”。太绝了！这在我的大学同班同学中又掀起了一个学习历史的高潮。

看，这就是知识带来的智慧之美！

还有一次是在电视上看杨振宁大师在中央台的学术报告厅栏目中讲

《美与物理学》，其中讲到了中华传统文化对他的科学探索的影响，讲到了他的科学发现和数学表达公式，真的讲出了一种美的意境，他把天文物理讲得是那样有趣。

在这里，我也真正体会到，真正的知识是美的。

所有这些知识，都是生动的、活泼的，没有是被灌输的，都是在一种非常自然状态下进行的，我们不自觉地被吸引，我们都不用刻意地进行意志努力就会自然而然向往，希望自己要探讨它，每次的发现都能够带来一种惊奇感，震撼感，崇敬感，感到知识的魅力真的是无穷的，也只有这时我们才能真正明白，为什么会有那么多人对科学探索如此着迷，原因就在于知识本来就是美的。

是的，高明的老师能够把知识变活，而拙劣的老师使知识成为死板的公式、定律和必须记忆的东西，其根源就在于他们舍却了知识的具体探究过程，只是把知识探究的最后结果来填充头脑，最后把头脑变成了仓库，使学生不能明白其中的究竟，从而使学生的探究火花就这样被熄灭掉了。

所以，我们主张，反对简单的传授式教育要从现在做起，而不能指望别人把一切都做好了自己才开始。

三、知识何以不美①

尽管知识可以是美的，但为什么现在许多知识并不能使人感到它的美呢？

诚如前述，知识的美与否与教师作用的发挥如何紧密相关，特别是与教师的高明与否有关。但教师的能力只是其中的一部分原因，还不是全部原因，那么，究竟还有什么原因使知识不能表现它的美来呢？

直觉地看，除人的自身能力因素外，对知识美影响最深的就是环境了。一句话，环境的喧嚣，导致了教师心情的浮躁和急躁，使许多人已经无法静下心来，从而使他们自己都无法真正去领略知识的美，在如此情景

① 本节部分文字原发表在作者在科学网博客上，在收入本章时有重大修改。参见：王洪才．知识何以不美［J/OL］．2009－01－12．［2010－01－14］http：//www.sciencenet.cn/m/user_content.aspx？id＝209703.

下，教师自然就无心使知识美的光彩放射出来。

当下许多人都染上了急功近利的毛病，因为大家心里都有委屈，不少人心里一直都在骂，在此等心情下，知识不变味才怪。这时候，知识肯定不会有美感的。

在这里我们不得不说现在的管理制度出了问题，教育政策出了问题。特别是现在大学里实行的简单化的计件工作制的考核办法把教师给害苦了，教师已经没有多少心情去管什么美不美了，所以授课也是为了完成指标而已。而现在的政策导向也助长了大学简单的计件工作制的管理办法，教师在无奈的情况下只能自寻平衡了。这样的工作自然就没了激情。当教学活动中没有了激情，知识自然也就失去了光彩，当然就不可能使知识的美展示出来。

人生活在一个客观的大环境里，注定是不能完全排除环境影响的。教师也是人，不是神。俗话说“人在江湖，身不由己”！真的，人的情绪非常怪，并非完全受自己的理智支配，很多时候意志主宰不了行为，因为人的许多行为都是情境使然。

当然在大学里，行政人员也觉得自己非常委屈，此时自然也不会真正尊重教师；做领导的会尊重教师吗？也很难。即使领导有心尊重教师，但却无力真正尊重教师，因为他还有一堆冤枉债呢，还不知道向谁诉苦呢，所以他也没心情尊重教师。现在的学生尊重教师吗？这个就更困难了。即使学生有尊重教师的愿望，不过他们也实在不知道该怎么尊重教师，往往很多时候只能惹得教师心头气更大。

在这样的环境下，教师心情不舒畅，当然其聪明才智、其创造性也就发挥不出来了。绝大多数教师都是凭良心进行教学的，也有的真是为了应付差事的，如此一来，教学就不可能展示出知识的美来，只能让人们觉得知识是个无奈的东西，或仅是一个有用的化妆品而已。

这样，知识就失去了陶冶性情的作用。这时的知识是黯淡无光的。没有光彩，何来美丽？

只有当知识能够照射出人性的光辉时，知识才能显示出它美丽的色彩。知识是人对世界的认识，它是人的思想的折射，它的价值需要人来激发，人如果不能把自身的主动性、创造性潜能激发出来，那么知识的价值也是被禁锢的。

因此，知识可以是美的，但需要激发，需要发现，需要人们有心情去欣赏。在物质主义影响下，一切东西都不再是美的，都变成了虚饰的，都是一个个形容丑陋的躯壳而已。自然，知识也逃不出这个厄运。

知识可以是美的，教师负有神圣的使命，但教师不是最终决定者，教师仅仅是一个小分子而已。教师的行动很大程度上还要依靠环境。

知识可以是美的，需要理解和尊重。只有真正理解了知识的价值，并且真正尊重知识的价值，知识才是美丽无比的，因为知识代表了人的形象。没有理解和尊重，知识也只能像玩偶一样被人把弄，也像一个物件一样可以随时地丢弃。

知识可以是美的，因为知识变成了艺术，变成了智慧，变成了道德的金科玉律，从而成为了生命的一部分。此时知识自然是美的。

第四节　教育希望之所在

一、教育之命运

在科学网博客上我曾提出过一个冒天下之大不韪之嫌的命题，即："教育永远是个失败者?!"①

当然提出这样一个命题似乎有点唐突，但至今仍然没有说服自己改变这一立场，因为这一看法似乎在很大程度上代表了教育的命运。为什么这么说呢？因为如果从历史的角度看就会发现，自古至今人们有许多教育的理想主张，但很少能够变成现实的；再从现实的教育发展状况看就会发现，所有的教育改革总是只能照顾到某一方面，而不能照顾其他方面，总是一个问题还没有解决，另一个问题就又冒了出来；如果再仔细思考一下就会发现，教育永远是被动的，它要么是政治的工具，要么是经济的工具，很少能够自主的。这也是为什么"教育独立说"不能成立的根据。我

① 这个命题作者最先发表在科学网的博客中，在收入本文中经过了修正。参见王洪才. 为什么教育总是失败者［J/OL］. 2009－01－21.［2010－01－14］. http：//www. sciencenet. cn/m/user_ content. aspx？ id＝211083. htm.

们不得不承认，教育如何发展，实质上取决于当局者的意志，取决于人们的觉悟水平，还取决于人们对教育的期望；进一步思考后还可以发现，人们对教育的期望永远都是理想主义的，永远与现实之间存在着很大的距离，所以这似乎也就注定了教育是失败的命运。

古往今来，人们对教育有许多美好的设想，这些设想很多时候也是一种幻想。这说明，人们一直对教育有着无限的寄托，一直有数不清的情结！这种情结在今天表现得尤为明显。

在过去我们曾经狠批过“教育万能论”，但今天许多人仍然在不自觉地重复着这条老路，因为人们把许多美好的愿望都寄托在教育上，这其中包括家长、社会组织和各行各业，当然也包括政府和国家。大家下意识地认为：教育就应该是万能的！一旦人们有什么理想寄托，必然首先要找到教育，认为教育就应该承担实现理想的使命，似乎教育就是万能的。

教育真的是万能的吗？尽管很少人相信它，但许多人真的期望教育就是万能的，也真正地做企图使教育变成万能的事情。何以见得？

看看我们的家长对自己孩子的所抱的期望就知道了——家长永远按照自己的意志来对孩子实施教育；看看我们对学校教育的抱怨就知道了——人们都按照自己的意志来审判教育；看看我们对教育发展的期望就知道了——我们期望所有的学生都能够全面发展，但很少有人知道该怎么做。

我们家长总是希望孩子实现自己的目标，而家长很少去反思一下自己的目标是否客观实际，只是认为既然别人的孩子能够做到，自己的孩子也一定能够做到；我们经常指责学校干了这个事情，而没干那个事情，认为学校是在误人子弟。我们总是认为学校就应该干我们所希望的那些事情，而学校总也做不到；我们总是期望在受过教育之后就应该达到我们所期望的样子，如果达不到就是教育的失职，我们很少去问一下教育究竟应该干什么和能够干什么，总是认为我们期望的就是正确的。

这一切都注定了教育失败的命运。之所以如此，就是因为我们每个人对教育所抱的希望太热切，而教育发展没有我们想象得那么快，所以教育就失败了；由于我们每个人对教育寄托的希望太多，而教育不能承受这些负荷，所以教育就失败了；还由于我们每个人都希望教育就是实现自己目标的工具，而教育达不到这一目的，所以教育就失败了。

而教育究竟是什么，这个问题似乎并不重要。因为没有人真正关心过它！

我们的时代是一个功利化的时代，我们都把眼前的利益统统化作目标，要求它们都要从教育中变化出来，这真有点难为教育，教育因为不能完成这些使命，所以它就失败了。

教育究竟是什么？因为很少有人真正关心它，所以教育就失去了自我，于是它不知道自己的归宿究竟是何处，所以它也只能变成一个无所谓的工具，去不断地重复自己失败的老路。

教育，说到底，它是一个精神之物，你不可能完全用物质的尺度去衡量它，当你使用物质的尺度来衡量它时，它不可能不失败。

教育，它的根本使命在于陶冶人的精神，而当人们只关注它能够带来的物质收获多少的时候，它也只能去重复它的失败的命运。

教育，它是非常注重理想的，而这个理想是内在的，是不能用外在的物质收获多少来衡量的，当你用外在获得多少进行衡量时，那么它就变成粗俗的了，就不再是理想的了，也只能变成一个可有可无的物件了，因为它远没有采取经济的手段来得更直接。此时，就注定了教育不再是教育了，那么，当教育变成非教育的时候，教育自然就失败了。

其实，教育的失败是人的失败的写照。当人陷入了物质主义的漩涡后，教育也就被不自觉地拖入到物质主义泥潭中去，这样教育就不能自拔。它必须通过人的解放而获得解放。

确切地说，人是无法完全规划好自己的。因为人对自己的命运基本上是无知的，那么自然也就无法规划教育。或许正因为如此，也使教育增加了许多创造性的因素。但当人们不断把一些虚妄的目标强加给教育的时候，教育自然就无法承受其负载，这样教育就变得精疲力竭了，那么它只好承认自己的无能，也就是承认自己是一个失败者了。

教育永远都是一个理想主义者，因为它永远都不是现实社会的简单复制品，总是希图勾画出理想社会的美好前景，如果没有美好前景的指引，那么人生就是没有希望的，教育也是没有价值的。当教育承载了太多的美好愿望寄托时它就变得负载沉重。而我们又希望这些美好的愿望立即变成现实，因为我们大家都很心切，都感觉到生命大好时光有限，是等不得教育从长计议的，那么教育也只能进行有限的作为，因为从事教育的工作者也不是什么超人，也不可能去实现那么多的目标，那么它也只能自甘于失败的命运。

那么，实现教育理想就需要理想远大的教育主持者才能完成，如果没有超人的见识，注定自然难以负载教育的使命，自然也难以抵挡世俗利益的诱惑，如此也只能抓住眼前可见的目标，这样功利的短视的教育自然难以完成人们所托付的希望，所以它也只能是失败的。

一个人要完成教育的理想使命需要具有超人的意志，因为他必须具有忍受人们批评的勇气，他必须能够一贯地坚持实行自己的教育主张，他必须能够抵挡世俗的诱惑，他必须敢于在各种打击面前承担责任，这样，他的理想和目标才可能逐步实现。没有这种意志和决心，那么他也只能是失败的。他的失败自然也是教育的失败。

实现教育的理想同样需要具有超人的能力，因为他必须能够在各种利益面前获得一种平衡，这种平衡不是什么人都能够做得到的，因为这是超出一般人能力的。一般人都只能看到自己眼前的利益，所以他的思考就不能脱离自我中心主义藩篱，那么他就不可能做好各种利害关系的平衡工作。那么由这种人主持教育，教育没有不失败的。

当教育完全没有自己的理想的时候，教育就变成了纯粹物质化的东西，那么教育就变成了非教育，而这是教育绝对的失败。

当教育开始具有自己理想的时候，如果它不能审慎地选择自己的前进路径，那么教育仍然是失败的。

当教育已经有了自己的理想，但它不够远大的时候，尽管这样它能够带来短暂的满足，但终究仍然是失败的。

只有当教育有了完全的理想的时候，教育才可能统筹自己的眼前和未来，才能做到有备而无患，才能使自己变成成功的。但这基本上是不可能的，因为人不可能超出自己的思维局限，因为人无法真正认识自己，所以教育仍然不能逃脱失败的命运。

只有当教育完全没有外在目标束缚的时候，完全是它自己的时候，它才真正能从工具的地位中解放出来，它才能变成自己的主人，如此它才有可能取得成功。但在世俗的世界里，这一天永远也不可能到来。所以教育成功只能存在于理想国里。

这大概也许是柏拉图提出的理想国教育的缘起和杜威教育无目的论的根由吧!

失败，难道就是教育的宿命？或者说，人终究是失败的？

二、教育希望之所在[①]

在前面谈了“教育是一个失败者”后，可能使那些对教育抱有热望的人感到泄气，似乎这样就注定了教育是没有希望的，如果真的得出这样的结论或印象的话，那确实是一个误会，因此就必须进一步澄清。不然，就会给人们一个“教育是没有希望的”印象，那样大家就可能对教育不再抱什么希望了，因为无论怎么努力似乎也改变不了教育失败的命运。

事实上，前面所讲的一切都是有条件的，都是在一定情境下发生的，讲的都是人们把自己的不合理的愿望强加于教育后而出现的一系列的后果，因为人们对教育寄予了很多的不合理的幻想的内容，试图使它变成一种全能的教育，最终只能导致使它成为无能，这当然就是一个失败者的命运了。对此我们理所应当地予以拒绝。

这个事实同时也告诉我们：教育的命运其实也是我们人为设置的。既然可以这样设置，那么当然我们也可以改变它了，而关键的问题就在于我们该怎么设计它。也就是说，教育的命运和意义其实是我们自己赋予它的，而关键就在于我们对它的设计和期望是否合理。

现实中的教育已经进入了一种茫然不知所措的地步，因为人们对它的期望太高、太多、太不现实，以至于使它不知道自己究竟是什么，也不知道自己该怎么做，那么其结果是它只能充当人们愿望的玩偶，因此它就是不自主的，不自觉的，没有生命的，也是没有价值的和没有意义的，所以它所做的都是一些无所谓的事情。如果这时我们要责怪教育，那么我们还不如去反思一下自己：是否我们对教育进行了很好的设计？我们是否经常

① 该部分原发表在笔者设在科学网博客上，在收入本节时进行了重大的修改。参见王洪才.论教育的希望［J/OL］. 2009－01－23.［2010－01－14］. http：//www. sciencenet. cn/m/user_ content. aspx？ id＝211367. htm.

对教育想入非非才陷教育于迷茫的地位？因此，我们现在最要紧去做的事情，就是促使教育自觉起来。

教育可以自觉吗？教育又何以自觉？

教育是可以自觉的，教育自觉就在于使教育具有自我反省功能。教育之所以能够自觉就在于它可以有自己的规则，使它能够按照自己的规则行事，而不是听从人们外在的功利目的的驱使，不使自己蜕变为一个驯服的工具。当它自己能够有所坚持的时候，它才是有生命的，否则它始终是没有生命的，只是一个被人拨来弄去的玩偶。

教育究竟有没有自己的规则？或教育究竟有哪些规则？我们说，教育确实是有自己的规则，因为教育不可能一味地服从于人们的意志，它确实也有自己的意志，如果违反它就要受到惩罚。所以教育是有自己的意志和生命的，从而就有它必须坚持的原则。这些原则规定了教育哪些可以为，哪些不可以为，一旦违犯就会造成失调和内部紧张并引起与外部的冲突，如此，才是教育有生命力的表现。如果教育没有一定的规则，怎么都行的话，那么它就是麻木的，是没有生命力的。

遗憾的是，我们的教育越来越失去知觉，不知道自己该怎么走，也不知道该怎么要求自己，似乎它只是一个简单的工具而已，可以任意地拨弄，最后就变成了一个什么都不像的东西或者说什么都好像是的东西，这样的教育就失去了自己的品格，可以任意地听人摆布。

现在如果你要问一下在教育中还有什么不可以做或没有做的，几乎没有人敢给予肯定的回答。似乎在教育中什么都可以做。如果你对这些还感觉有些奇怪，别人则会认为你是少见多怪，不能与时俱进。如此这般，教育就变成了任人摆弄的东西。

实际上，在教育中最重要的规则就是做人的伦理规则，就是要以诚实为本，不能欺诈。但现在如果你真要讲遵守道德承诺时，别人一定会骂你迂腐不开窍；如果你真的讲人要以诚实为本，别人一定会说你死脑筋，愚不可及。一旦教育失去了道德和诚实的法则之后，教育就变成可有可无的了，因为教育所做的事情别的事物都可以做，教育也就变成可以被取代的了，即它就没有独立存在的价值了。

当教育不坚持诚实的规则的时候，人们就失去了对它的信仰和信心，因为不知道究竟该相信什么，不知道还有什么是真的，从而不知道该追求什么。当我们看到考试作弊、评估作假和好大喜功及数字泡沫的时候，我们对教育还能够有什么坚强的信心呢？

当学校领导人或教育管理者当众撒谎或教师当面撒谎的时候，我们再教导学生们请你们不要撒谎，这显得多么空洞无力啊！当学校一心想拉关系、投机钻营、搞创收的时候，再要求学生要堂堂正正做人，这显得多么荒唐和幼稚！

因此，教育不是没有希望，而是因为没有规则；教育不是完全没有规则，而是因为没有人坚决遵守；当规则变成一纸空文的时候，规则的有实际就变成了无。

教育应该是有希望的，没有希望我们的理想就无以寄托；如果教育是没有希望的，我们就无法教导我们的孩子们；如果教育没有了希望，我们的社会就失去了前进的方向。

教育的希望，就在于具有坚定的、坚持的规则，这个规则就是：要尊重真理，要尊重学生个性，一切要以实现学生的个性潜能为中心，教育绝不能压抑学生的个性发展！教育成功的法则就是：发现学生的个性潜能，积极地激发学生个性潜能的发挥，促使学生形成理想的自我发展方向，使之实现自我成长的愿望。

所有这一切都是教育必须始终遵守的规则，是教育实现自我的根本。当然这也要求教育必须尊重现实，必须回归生活！

回归生活，服务于生活需要，也是终身教育赖以生存的基本法则。

第二章

终身教育之哲学意蕴

教育是面向生活的构建，脱离生活的教育就没有生命力。教育要面向生活，就必须回答生活的本质。教育不可能是生活的复制，它是对生活的无限超越，也必然是对生活的反映，是对生活所面临问题的回答。这个回答并不是对生活某一部分的回答，而是对生活问题系统的整体回答，因而这种回答是一种哲学思考。

终身教育只有站在哲学的高度才有价值，不然就无法持久，也不会超出传统教育的巢穴。从哲学角度看教育，教育就是要对人的生命精神负责，要使每个人都成为一个独立的生命体，实现自身的价值。而人生并非一开始就是自觉的、主动的，要成为一个能动的主体需要一个漫长的过程。教育就在这一转变中扮演着决定性角色。从哲学角度看，人的成长过程就是一个选择与被选择的过程，这一过程也是主体意志成熟的过程。终身教育就是要针对人生发展需要进行设计，目的在于促进主体意志成熟，使个体形成一个自我完善的人格，这也代表终身学习能力的形成。

第一节　人生之选择与被选择

一、生命起始于被选择

自由是人生理想，但人在许多时候是不自由的。自由意味着可以自主抉择，不自由只能是被选择。人生的许多重大时刻都是不自主的，当然此时也就无所谓选择了，只能面临被选择。人生概括起来，最重要的事情无非两件，一是生，另一就是死，而这两者基本上都是不可选择的或不能由生命个体选择决定的。对此，人基本上只能听从命运的安排。除此之外，人生还有许多事情都不是由自己选择来决定的。人出生进入社会之后，就必然成为社会的一分子，必然要受到社会规范的约束，从而也就背负起一定的道义责任，而在道义面前你也不可能进行选择，否则就会背上良心的罪责。因为这也是人作为人的义务。

人首先必须面对生的问题，即一个人作为生命体如何更好地生存、成长和发展的问题。人在生存、成长和发展过程中既面临自然选择，也面临社会选择。自然选择代表了身体的成长成熟程度，如果营养不良或遭受疾病侵扰可能就面临性命之忧；社会选择代表了你将被什么样的家庭所接受以及之后接受什么样的教育环境影响等。对于这两者你都不可能进行选择，只能被选择。人在出生后首先面临一个自然生长过程，如必须经过艰难的爬行过程，在经历了爬行过程之后渐渐地学会了独立行走。之后就进入了社会适应阶段，必然要面临各种各样的语言和行为规则训练，要求个体必须适应，此时人也没有多少选择机会。人只有在成年之后才渐渐地具有了许多独立性，可以独立地面对世界了，但此时更多的挑战也就接踵而至了。人在迎接各种挑战的时候会发现自己的能力是非常有限的，可选择的机会也是非常有限的，从而必然要面对许多困苦，这些都构成了人的生存境遇。

人只有在建立了自己的价值法则之后，才能逐渐地改变被选择的命运，才能逐渐地变成价值主体并拥有独立选择的机会，在此之前，人是没有多少真正的自己的选择。人的成长成熟过程基本上是一个接受规训的过程，此时你不可能有什么真正选择。人从幼小开始被成人灌输了许多指令和规范，即使你并不情愿接受。无论你对这些指令和规范感觉多么不自然，但最终你还是慢慢地习惯了它们，一步步地适应了它们，于是这些指令就变成对你具有重要意义的价值符号。这种训练过程就是使一个人对外部规则逐渐由不习惯转变为习惯的过程，因为这些外部价值符号起初对你而言是无意义的，但随着持续的刺激强化，最终你就形成了一种反应模式。刺激强化模式既有奖赏性的，也有惩罚性的，包括口头的、物质的和象征性的等多种方式。在外界刺激不断强化的过程中，你习惯了这些刺激，并且学会了分辨刺激，渐渐地你就把有效动作保留下来，将无效动作剔除出去。在这一学习过程中，你学会了如何辨别各种引起惩戒的信号，并且在惩戒即将发生时采取各种预防手段，此时你开始由被动渐渐趋向主动。这样你就逐渐地成长为一个被社会接纳的人。

长大后你渐渐地认为所有这些似乎是自然的，而且你也会假定这些都对你有利，因为这些是社会流行的规则，甚至是代代相传的，如果你不掌握，你就无法适应社会环境，你就有可能被视为异类对待，遭到排斥和孤立，那时你就会感到莫名的孤独，所以此时此刻你就会对这套规则语言的传授者心存感激，感谢他们对你的教诲，即使在以前你可能存有被处罚的惧怕之心，现在则会因为熟悉这套规则并具有诸多的便利而感到总是值得的。

人只有在真正掌握了这套社会运行的法则之后，才可能真正建立自己的价值法则。可以说，自我价值法则的建立是实现对社会价值法则的代替，它是在对社会价值法则的批判基础上的继承，这些价值法则都是在人生经历无数次考验之后所得到的经验总结，是一套有效应对社会各种挑战的心智行为模式，从而也成为个体行动的指南。当人建立了自己的行为准则之后，才能体验到一种真正的自由和选择权。当然，这也是人生发展达到了较高发展阶段的反映，人只有在这个时候才体验到主体性和尊严。

人生中必然要面临各种各样的考验，各种不同的考验构成了人生发展的不同阶段，这其中既有自然发展规律的作用，也有社会文化法则的作用。人必须直面这些考验或挑战。为了更好地应对这些法则和挑战，才产生了教育。教育是促进人适应生活的工具。

人最终必然面临死亡，这也是不能逃避的，无论人们多么惧怕死亡。古代许多人试图使自己长生不老，但这是徒劳的，因为那样做是违反自然规律的。无论是自然死亡还是意外死亡，都是人的命运，都是无法逃脱的。

所以生与死都是不由自主的，你自己无法决定你的生死。你的出生可能很大程度上是一个偶然事件，因为你不能决定你何时出生，出生在什么地点，出生在什么家庭，与什么样的人为伍，这些你不能进行选择。你所能够做的就是面对和适应，否则一切都是不可能的。

有人说新生儿的第一声啼哭就代表了这种无奈心情。因为他此时是无知的，他并不明白自己要表达什么，甚至完全是一个生理反应，当然这个反应具有许多蕴意。但在没有更好的解释之前也可以接受这种无奈的解释。毕竟这是人们对人生有过的真正体会后才给予的一种解释，所以这种解释是可以被容忍的。

二、人无法选择自己的出身

当你无法选择你的出生之后，你后面受到的教育自然也无法选择，因为你无法选择你的父母，你的命运一切都是被决定的，如果你出生在富裕家庭，你可能得到一种倍加呵护的待遇；如果你出生贫穷之家，你可能不得不面对难以果腹的痛苦。所以你具有什么样的生活从出生这一刻起就已经决定了，因为你必须面对，你必然去体验，你就是在这样的知觉中逐渐长大的。

首先，你无法选择你父母的性格，因为他们的性格也是由他们的生长环境决定的，即使其中有先天带来的因素，但更多的是后天造就的。这样的性格又对你施加影响，你当然无法逃避。你的性格就是在这样的影响下被造就的。

其次，你也无法选择他们对你采取的教养方式，因为他们的生长环境造就了他们具有什么样的举止。他们的行为举止文雅与粗野也是他们在与环境互动过程中形成的，你对此不可能有什么异议，即使以后你能够表达什么异议的时候，想要改变他们的时候已经是非常困难了，即使你可以改变自身，也是在吸引他们的教训基础上进行的。这时虽然他们充当了反面教员，但他们真的使你知道了许多知识，明白了许多人生道理，为此你也得感谢他们。

当然，你不得不感谢他们给了你生命，即使他们可能并不希望你出生，甚至你的出现完全是一个意外的事件，对此他们是无法预料的。即使他们真的希望你出现，但很可能是出于他们自私的目的，如为了克服他们的孤独寂寞，或是为了你以后更好地回报他们，因此，他们是把你当成工具，并非真心期待上苍赐给你以生命。甚至有时你的出现是令他们感到痛苦或羞耻的，从而他们经常把你当成了出气筒，所以你就成了他们虐待的对象。但这一切并非他们的真正意志，而是一种不受自我意志控制的结果，是一种无力左右的表现，从本质上说，他们真的希望你的出现能够为他们带来好运。因而他们在内心还是珍视你的。就此而言，你必须感谢他们给你带来了生命，让你有机会体验人生的滋味，从而使你有机会在他们的基础上超越他们，创造一个更美好的生活。

三、人生是有价值负载的

人从出生来到这个世界后，这一事实就改变既有社会关系状态。作为一个新生命，他开始成为一个家庭的新成员和社会的新成员，之后扮演一定的社会角色，承担起一定社会责任和伦理责任。作为社会的一个新成员，他始终在面对各种各样的期待，这一期待显然首先是来自父母的，可以说，一个人的成长始终带有父母意志的烙印。自然而然，一个人也从父母那里继承了许多东西，不仅包括他们的优点，也包括他们的许多不足，甚至他们先天的疾患和精神上的脆弱。甚而在父母的潜意识中，他们一直试图把你作为实现他们目的的工具，希望成为他们理想的继续。所有这一切，都会成为你成长中终身面临的课题。特别是当你无法实现父母的愿望，无法让他们感到十分满意时，这些期待就会变成你成长的巨大负载。而社会的期待也往往通过父母的期待而折射出来。一个人就是在这些期待和压力状态下成长的。当一个人终于可以独立面对社会时，他也必须直接地面对社会的期待，当然同时还有父母的期待，尽管此时他们的期待已经变得不是最重要的了。这些期待是压力也是动力，在这些期待过程中你也形成了自我期待。接着还要面临家庭的期待、工作环境的期待，等等。

在各种期待中，你经常会面临各种不满的评价，甚至包括严厉的指责和惩罚，在这些不满、指责和惩罚面前，你深深感到一种挫败感，此时你是不可能体验到什么幸福的。唯有此时才促进你对人生意义和价值进行思考，有时你会怀疑为什么要来到人世，质问来到人世究竟目的何在，而且这种思索有时会如影随形地跟随着你，你想摆脱都不可能。因此你是痛苦的，这种痛苦往往体现在思想上，是你自己都无法终止的。

人生当然也有许多快乐的时刻，这些快乐都来自需求的满足，如来自别人施与的爱，来自获得承认，来自成就感，来自对自我的发现，特别是来自自我价值目标的实现。一般而言，人在物质上、生理上的需求相对容易获得满足，而对爱的追求却不会满足，对成功的追求也不会完全满足，对知识、对自己的价值目标追求也没有满足的时候。这些追求往往会带来快乐，但同时也充满了苦痛的体验。

快乐常常会使人没有思想，没有理智，也会使人忘乎所以，但痛苦却使人进行反思，促进人的成熟。人都希望自己能够彻底摆脱痛苦，能够永远幸福、快乐，希望建立一个不变的行为坐标，这一切都是反思的结果。人只有在饱受磨难之后才知道什么是真正的幸福，知道人生究竟该追求什么，才知道自己该如何做人，没有经受心灵磨难过程，人是不可能自觉的。

无疑，人的生命是宝贵的，但这种生命价值只有在受到重视和珍爱之后才能显示出来。如果一个人的生命被视如草芥的话，那么其生命价值也就无所谓宝贵与不宝贵。当你能够享受人世间的温暖和恩爱时，你此时无疑觉得生命是非常重要的，而此建立在一个普遍的前提基础上，即你的生命被视为独特的，没有人把你的生命视为别人的附属物。唯有此时，你的生命才是真正有价值的，不然你的生命就是一个物件，如牲口一样，主人对待牲口平时还是很关爱的，想要杀它的时候有时也表现出一种可怜甚至无奈的心情，但它毕竟是他的一个物件，所以最终它必然是被宰的。

四、发现自我是真正生命的开始

人何时认识到生命价值的独特，人何时才能真正认识到自己作为人的价值，不然人始终是他者的附属物（阿伦特，1999）。只有当人是独立的、自主的时候他才真正具有了人的价值，此时才可能不被作为一个物件看待。这个时刻最初是发生在什么时候呢？大概是在进入资本主义社会之后，因为人类社会发展到资本主义阶段后才感觉到人的普遍意义，此时才正式提出了人权宣言，才提出了自由、平等的社会理想，这是人类历史的一个巨大进步。在此之前，人是有等级的，是不平等的，或者说一个普遍的人的概念还没有真正建立起来。

就个体而言，人即使认识到了自己的理想，但要实现这一理想即成为一个完整人的过程仍然是非常艰辛的，所以人在绝大多数情况下还是以一个不完全人的面目出现。因为人的潜能价值不可能一下子全部实现，它是在不断认识的过程中得到开发的。但可以肯定地说，人的价值体验是从摆脱依赖走向独立开始的，这种独立是以完全独立的人格的实现为归依的。

其实这个独立过程也像婴儿断奶过程一样是痛苦的，因为走向独立的人又时常感到自己是孤单的、无所依靠的。似乎人并不想获得真正独立，但正是这个念头，使人产生了组织社会的需要，人在这个时候既要维持精神上的独立又要保持物质上的联系或物质上的独立和精神上的联系。精神上独立是人格上的独立，物质上的联系是人之间的相互依靠，因为人要完全独立地对付自然事件还有点力不从心，所以还必须进行物质上的相互支持，为此就必须组成一个社团，形成一定的组织，这样才能把大家的力量组织起来。而物质上的独立则是指，人靠自己来养活自己，自己享受自己的劳动成果，而不依赖别人的养活，他知道这是自己获得精神独立的条件。而精神上的联系是指，个体认识到作为人类之间的共同性，认识到相互沟通的必要性，并且通过相互交往印证自己的存在，从而在精神上摆脱那种孤苦无依的感觉。人类就是在这种复杂情感状态中组成了社会，组成了自己参加的社区，从这里获得一种心理的支持，获得一种物质上的救济，这样人类才能维持和延续下去。

第二节　教育的真相

一、教育来自被施与

最初的教育总是由别人施与的，不可能由自己选择。从人一出生的受教育环境到后来的受教育过程，在其中个体基本上是不自觉的，也不可能是自主的，都是由别人来决定的，这个决定者有时是你的父母，有时则是所处的社区，因为你的父母想使你成为实现他们的梦想的人，你的社区想使你成为一个忠诚于社区的人，在此，你是没有什么选择余地的。

没有选择过程就是一个受罚的过程。无论你是反抗的还是逆来顺受的。反抗型的孩子往往是遭到排斥的，因为这是一种反社会化的表现，所以他可能始终是处于一个遭受排斥的过程。这种人的发展方向可能就是无赖和流氓，因为这种人并非不聪明，有时甚至非常聪明，但他们天生就反对教化，他们只适合做反抗者；这种人还容易成为乱世的英雄，因为他们骨子里容易对传统秩序提出反抗，如广为人知的大汉开国皇帝刘邦就是此种类型，如果按照世俗的标准，刘邦属于好吃懒做，吃喝嫖赌，游手好闲之辈，绝不是良民，但他却善于混世，容易在乱世中生存，而没有反抗能力的良民则容易遭受欺凌。

逆来顺受往往是一个聪明人的表现，他们表现出了一种对权威的臣服之心，所以也容易得到肯定。所以他们受教育是一种主动适应的过程，表现为熟练地掌握现有的社会规则，竭力避免遭到惩罚。但这种人也不可能干成什么大事，他们只是顺民而已，这类人可以老老实实做事，虽然在精神上不能完全独立，但在物质上容易获得丰衣足食的待遇。相反，顺来逆受则是一种娇柔的表现，这些常常是纨绔子弟的举动。

一般而言，比较积极的类型就是对社会规则有选择地接受，这种类型常常表现为两重性格，当现实环境比较恶劣的时候表现其温柔顺从的一面，当环境适宜的时候则表现其批评的和改良的一面，这些人一般能够成为社会发展的推动者，因为他们是有所选择的，既不完全肯定，也不是完全否定，而是对社会进行改良，因此是有利于社会进步的。

教育之所以是一个受罚的过程，就是因为你面临的教育环境是无从选择的，只有当你真实地面对它之后才可能感受到它的存在，而且它是一个单向的过程，不是一个双向的过程，所以没有人能够走回头路。受教育过程其实就是人生的一部分，是不可能选择的，即使当你有了意识，有了分辨能力。但这种认识总是建立在你以前接受的基础上的，而你无法改变以前接受的基础，或者说你是不可能再造你自己的，除非你死而复活或再次降生，但这些都是不可能的，因为一旦出现这样的情况，以前的所有状况都自然消失了，而你必须从头开始，所以你仍然进入了不可选择的循环状态中。

不可选择性决定了你必须面对，无论你是反抗还是接受，或是有选择地接受，这一切就是你的命运。在这一点上你是无从选择的。

你所经历的人和事就是对你的教育，无论他们拥有什么德行或恶行，无论他们是有知的还是无知的，你都必须面对。事实上，你就是在与他们的接触过程中受教育的，你要么屈服于他们的意志成为他们的复制品，要么反抗他们，成为他们的冤家对头，要么你有选择地接受他们，与他们进行妥协。显然反抗与屈服都不是上策之选，而只有有选择地接受或与之进行妥协才是对个体发展比较有利的办法。一般人都会选择这种途径来发展和保护自己，这是人的一种本能的表现，并不神秘，在通常情况下，都是对影响你行为的人进行有选择的接受并以此作为自己行为的依据或指导。所以你没有完全地信服他们也是你感到不幸的根源，因为你感觉他们是不可靠的或不可信的，不能够给你带来安全感和享受，还不足以使你效法他们的行为或自动地模仿他们。

人们之间建立任何关系也是如此，只有在有妥协余地的时候才可能发生持续互动的情况。所以在绝大多数情况下，人是可教的，即每个人都有其可接受的方面，如果一个人是完全不可教的话，则是认为他完全没有可接受之处。显然这种情况是非常罕见的。总体上说，人的共性大于差异性，所以总能找到共性的地方，也就找到了可接受的方面，从而找到一种关系维系的基础。

人的智力的卓越之处就在于它的接受性或适应性，对于大多数事物他都能够适应，也就是习惯了它，并能够从中总结出一定规律，慢慢地学会利用它并逐渐地驾驭它。人与自然的接触过程也是这样，人慢慢地摸透了自然的脾性，然后学会对它进行驯服，从而改变了对它的恐惧状态。

人的学习能力在主导方面就表现为一种适应能力，这种能力是人具有耐力的表现，是大脑具有韧性的表现，也是人的自然耐力具有很大的承受能力的表现。人都是先适应它然后才能寻求机会改变它，如果没有基本的适应能力，那么就无从改变它。人适应它的过程也是掌握它的活动规律的过程，此后就是驾驭它的过程，使之能够为自己服务。人基本上是在这一过程中获得知识的。

二、教育促进自我发现

人类先知在掌握知识后怀有一颗善良的心，希望自己的子女或后辈避免这种摸索的痛苦，于是想把自己现成的经验教给他们。这些经验如果以教条的方式传授给后辈则可能成为一种折磨，如果能够使后辈在不觉痛苦的状态下获得这种知识，那就是一种教学艺术。教育学法则就由此而产生。教师必须具有这种萃取知识的能力，并且能够采取一种简化的或还原的方式使后辈了解到这一探索过程，则知识变成了可教的，掌握知识也同时变成了一种乐趣和能力。但是当你传授的知识超过了他们的接受限度时，那么接受这种知识依然是痛苦的。

一个人必须接受教育，这是不可避免的，而接受什么样的教育也是无从选择的，你也是受教育之后才逐渐地被社会接受的，所以是教育使你成为人，当然这是指你成为被社会接受的人而言的。换言之，教育是不希望把你造就成异类或异己，这就是普通教育的目的。

在这个意义上，教育是个同化过程，不是一个真正使你获得独立的过程，而在这个过程中只有你逐渐认识到你自己，你才可能变得独立，你真正变得独立了，说明你就成功了，如果你不能认识到你自己，说明你没有成功，也可以说你是失败的，你的存在是没有真正意义的，因为你证明不了你的独特性，证明不了你存在的价值。所以人的成长过程就在于认识到他自己，这是一个发现自己的过程。理想的教育应该能够认识到这种目的和诉求，使受教育者既接受知识，同时又能够发现自己，而不完全成为一个服从者，或成为一个精神上的依赖者，如果那样，则是教育的失败。

所以教育尽管是一个受罚的过程，但同时也是一个享受的过程，因为在这个过程中他发现了自己，发现了自己的能力，发现了自己与别人的不同，这个发现是令其非常惊讶的。尽管一开始他对自己的这个发现并不自信，但随着时日的增长，他就越来越相信自己的发现，相信自己的认识是对的，相信自己具有发现真理的能力，相信自己能够与超越的世界进行交流，从而获得一种直接的启发和感动，这个时候他又是幸福的，不是完全的磨难。或者说这是一种磨难之后的补偿，这样他就逐渐地选择了自我教育的道路，开始进行独立的知识探索。渐渐地他能够进行自我选择了，当然这是他开始体验到独立之后的事情。一般而言，如果一个人不能获得物质上的独立，也很难获得这种精神上的独立，那么他将永远也无法拥有这个机会，因为他永远无法认识自己的能力，从而无法使自己获得真正的独立。

第三节 个性形成是一个不断历练的过程

一、个性产生于自我教育

完全接受教育是无法形成自己的个性的，而个性的形成过程主要是一个自我教育的过程，即是一个自我指导的过程，或者说是一个主动选择的过程。

人先天都具有一定的禀性，这是个性形成的基础，人都不自觉地受这种禀性的影响。后天个性的形成是对这个禀性改造的结果，如果没有经过改造，这个禀性就可能是固执的，容易与他人形成冲突，从而是一种冲动的表现，而非理性的表现。个性的形成就在于个体行为逐渐理性化，即用理性来控制自己的行为，在心目中使理智居于主导地位，从而能够不断地对自己的冲动本能进行抑制。

人的个性形成过程是一个不断修炼的过程，是一个不断发现行为中不可理喻的部分并不断加以改正的过程，人能够发现自己多少，最后就能够成就多少，因此学习过程或受教育过程自始至终都是一个品性修炼的过程，如果没有这个修炼过程，人生就失去了意义。个体修炼过程也是个体品德形成过程，个体认识到了多少，才能上升多少并指导自己的多少行为，没有这个认识的提高，就不可能形成自己的行为指导原则，也就无法形成自己的品德。道德是个体修养的结果，是对价值感悟后的表现，是对一种真理的认识，是对一种真正有价值东西的承认，是用它来规范自己行动的要求，这不是一种压抑，而是一种自觉，是对善的精神的体悟。没有这一点，道德就是假的，也就成为枷锁，这样，人是不自由的，当然也可能成为个体的品性，更无法体现到个体的品行之中。所以道德是一种认识后的成就，是一种自我规范的结果。在这个意义上，知识是美的，知识是善的，因为知识可以变成一种德行。如果个体没有感觉到这个必要，那么这种认识不是内在的，是外加的，是痛苦的，是不能变成自觉行为的，当然不可能获得美好的体验，也注定不是善的，因为它仅仅是一种自我抑制而已，即使是意志行为，但由于它不是主动行为，不能从中获得快乐，所以是不美的，当然也就违背了善道。

因此，个性成长是一个不断自觉的过程，凡是不自觉的表现都不能称为个性的表现。因此个性部分是对自我善端发现的过程，也是一个自觉提升的过程，并且是使这个善端不断凸显的过程，从而成为人性光辉的部分。所以个性的形成是对个体的所具有创造潜能部分的发现和弘扬，使之成为自我努力的方向和追求目标的过程，人不能发现自己的善性也就无法形成自己的个性。所以个性的形成是个体德行彰显的结果，是一种与外部世界沟通后的结果，是被世界接纳后的状态，是符合社会大道的趋势。所以个性形成也就是个体德行的形成。

二、世界上没有完全相同的个性

每个人的天性不同，所以个性形成方式也不同。因此世界上没有完全相同的个性。个性代表了一种独特的认识方式，这种认识方式是无法重复的，因此每个人眼中都有一个独特的世界，每个人都对这个世界赋予了自己的意义体系，打上了自己的价值符号印记，形成了自己的价值系统。在这个意义上说，每个人都是不可能被完全理解的，都只能被理解其中的一部分，最不可理解的部分当然是个体天生的自然禀性，这种禀性是无法被知觉的，因此后来的被改造过程也是不可触摸的，人们只能接触到其行为外显的部分。但由于所反映的外部世界是共同的，所以人与人之间相互交流和理解还是可能的，而且每个人都是以别人的感知方式作为参照的，都是基于别人的认识之后的认识，这也是能够相互交流的基础。因而，只要相互之间具有共同的认识对象和可传递性知识存在，那么就有相互交流的可能性。何况，人都是在一定环境下成长起来的，都是受教育的结果，因此，进行交流和相互理解的基础始终是存在的，但这一切都不妨碍每个人独特的理解方式，并成为一个非常独特的人。

个性形成过程是痛苦的，每一次收获往往都是一次失败后的反思体验。失败对人的影响往往是最深刻的，没有经过失败而直接体验到成功的人几乎是不存在的，人都是在失败中获得启示，只不过有的人容易从别人的经验中获得启示，有的人则必须事事亲历一下，当然，完全依靠自己亲历的人的学习过程就非常缓慢，其获得的教益当然也比较少，甚至可以说他们对事物的知觉过程是不敏感的，这种不敏感也导致了他们的学习过程比较漫长，领悟能力较差，而且一种东西即使在认识之后也不容易巩固。这不是个人意愿问题，而是个体的天性问题，后天努力虽然具有改造的作用，但改造效果常常是不理想的。

但个性的独特就在于每个人都具有自己感知最灵敏的方面，这一点是别人不可比拟的。教育过程最重要的部分就在于发现这一特长，从而使一个人成为一个非常独特的人，一个别人无法替代的人。教育也在于提供这种环境，使个体的这种潜能有得到发挥的机会，如果没有这个发挥的机会，他隐藏在天性中的能力也是无法被发现的。所以在今天，人们提倡多样化的教育环境的目的就在于使人们的潜能更容易获得表现的机会。一个人如果能够发现其潜能并获得一个施展的机会，这就是对他的个性的最大的尊重，也是对他的最高奖赏。相反，一元化的环境和氛围容易埋没个体的天性，因为它不能提供个性潜能发挥的机会，就可能造成更多的失败者。从这个意义上说，多元智力说（Gardner 1993）① 是一次历史性的突破。

所以，教育的根本目的就在于造就个性，就在于使他能够发现他的个性潜能，就在于使他认识到自己个性潜能的独特价值，就在于能够激发每

① 多元智力理论（theory of multiple intelligence）是由美国哈佛大学发展心理学家加德纳（Howard Gardner）教授于1983年在《智力结构》一书中提出的一种智力理论，加德纳认为："智力是在某种社会或文化环境的价值标准下，个体用以解决自己遇到的真正难题或生产及创造出有效产品所需要的能力。"传统智力观则以语言能力和逻辑—数理能力为核心，多元智力观认为每个人都拥有几种相对独立而又彼此不等的智力成分，如言语—语言智力、逻辑—数理智力、视觉—空间智力、音乐—节奏智力、身体—运动智力、人际交往智力、自我反省智力。他在1998年和1999年又增加了自然观察者智力和存在智力两种。多元智力理论的提出为人的个性化发展提供了一个新的视角。

个人为实现自己的潜能价值而不断努力，从而成为一个主动的、自觉的和有所作为的人。所以教育是一个道德实现的过程，是一个充分开发每个人善端的过程，从而也是一个使社会多样多彩与和谐的过程。

第四节 人生的挫折与成功

一、人生必然遭遇挫折

每个人都必然要面临挫折的境遇，这是无法避免的，因为他必须要适应外部的标准和判断，不可能按照自己的意志进行。因此人的成长过程首先是外部环境的适应过程，而且是顺应外部标准和要求的过程，即使他也在不断地反抗，但他的反抗总归要失败的，因而他也在不断地遭受着失败体验的过程。

这一反抗过程基本上是本能性的，因为人的天性就是自由的，不乐意服从外部指挥，而是要以自我意志为中心。但在这一点上社会是不会妥协的，总是给他施加压力，一般都使用软硬兼施的手段，直到最后他妥协为止。聪明者知道这一法则，所以在稍微的反抗之后很快就适应了，知道了一定要顺应，这样才能使自己获得最大的好处。而不聪明者总是反抗、失败、再反抗、再失败，然后才有所改进，有的人则完全是本能行为，从而属于屡教不改类型，当然，这种人是极少的。对于这种人，周围的人都会觉得头疼，即使家长和老师用尽了心机也可能无济于事。

一般而言，接受教育的过程既是个体不断遭受挫折的过程，同时也是不断提高个体忍耐力的过程，当然也是考验个体承受力的过程。往往那些通过考验的孩子是智力卓越者，不能通过考验的孩子往往是心理脆弱者，而且也是智力发育上的迟缓者，即使是实际智力并不差，但其社会智力发育就显得比较差，从而成为适应不良者，所以在有同样刺激的状况下，他们更容易受到打击，而对于其他孩子则不构成威胁。

遭受挫折过程其实就是迫使一个人调整自己行为的过程，如果他不能及时地调整行为，后续的打击就会接踵而至。所以这是一个心理磨炼与行为训练高度一致的过程，如果行为改变跟不上心理承受力的改变，那么也会出现行为不协调问题或其他心理问题，因为所有行为问题都在心理上有一定程度的投射，所以不可能有完全脱离心理活动的行为，否则就是不自主的行为，那样则是更可怕的行为。

学习过程，也就是一个接受外部标准的过程，并且在接受过程中把这种标准自觉地转化为内部行为的标准，这样才能出现一种顺应的状况，所以真正的认识，就是一种心理行为模式得到改善的过程。如果心理行为模式没有改善，则说明他还没有达到真正认识的程度，或说明有的人自以为认识了但并没有达到真正认识的程度。

其实对外部标准的每一次接受都会推动自己本能反应模式的改进，使它更加精细化。如果完全不能接受某些标准的话，或许只能说明个体本能中没有这种原型，所以对这种外部刺激没有识别能力，从而对外部刺激是非常迟钝的或麻木的，如果内部存在这种原型，那么在外界刺激的作用下它就会产生主动识别功能，从而在内部产生分化，并在持续的强化刺激下而进行巩固。当然，有时当刺激弱化之后某些已经形成的反应模式也会出现退化甚至出现向原先状态回复的趋向，但不可能完全回复到原先状态。这可以说是“刺激—反应”定律的作用结果。当然不同个体之间的反应强度是不同的，这就构成了个体差异。

教育活动当然应该尊重这种差异，不要强求不同个体反应程度是严格一致的，因为这是一种无视个体差异的表现。个体反应的差异表现在无论是内在的心智模式还是外在的行为模式上都有很大差距，当然有些差距是容易观察的，有些则是不容易观察的。

二、教育与顺应

有没有外部施教完全按照受教者个体意志进行的？一般来说是不会有的，但也不能完全排除。对于那些非常溺爱子女的家庭，家长对子女的要求容易产生完全顺从的情况。一旦出现这种情况则经常伴随着灾难性的后果。此时教育就不再是教育了，因为教育都是从外部施与的，不可能完全听从被施与者意见，毕竟他们还没有多少知觉，也缺乏良好的判断标准，良好标准的形成也必然是受教育者主体与外部标准有效互动的结果，而一味满足子女的要求就很难说是一种非常有效的互动，因为这表现为外部标准的缺失，从而没有形成真正的互动。互动是两种或多种不同行为模式相互碰撞之后出现的磨合状态。教育活动本身就是一个互动过程，是外部施与一种行为而得到内部回应的过程，没有外部施与或内部的回应都是无效的教育行为。有了内部回应，就说明对内部心理行为模式产生了改变，由此对个体的意志而言是一个磨难过程，从心理行为模式而言则是一个修炼的过程。在这一点上，真正的人的成长过程是不可能躲避这一环节的。

教育不可能只是对内部意志的简单顺从，它必然表现为对内部意志的某些自然属性进行抑制，从而促进内在理智的发育，促进行为理性的产生，即对自我行为后果产生一种预见能力，这个过程实际上就是接纳外部判断标准的过程，从社会学角度而言当然也就是受教化的过程。一般而言，内在意志力越是坚强的人越能够克制自己的冲动，越能够抑制自己的本能行为，使自己的本能行为接受外部标准的审判，而意志力差的人则会在这个时候出现迷惘的表现，不知道究竟该听从自己的意志还是服从外部的标准。

也正是在自我意志与外部标准进行互动过程中，个体的良心或潜能本质才开始逐渐呈现，它开始对外部标准和自我意志体验进行综合审判，它使得个体行为不仅是理性的，而且是理智的，使个体行为服从内在善的要求，既不简单听从主观意志的指挥，也不简单地服从外部标准。尽管有时服从外在标准会获得更大报偿，但个体的内在良心标准不允许自我这么做，因为这样做会带来更深刻的苦痛，即良心的不安。这是自我意志与外在意志或外在标准博弈后产生的一个更高层次的主宰，即超我——一个理想化的自我，它代表个体的某种价值观的形成。原初的自我意志则是一种本能冲动，是个体原始欲望的表现。外在标准经常转化为个体的理性标准，与个体能够获得外在奖赏有直接关系。①

这意味着，没有经受过外部打击，个体理智就不可能发展成熟。人是在接受外界打击和锤炼过程中逐渐地学会辨别行为方位，从中汲取教训，

---

① 如果对应于弗洛伊德的本我—自我—超我概念系统，那么原初的自我意志相当于本我，代表原始欲望；理性标准相当于自我，是个体理性思考力的表现；而超我的含义基本上是一致的，代表一个理想化的自我。如果用柯尔伯格的道德发展理论来讲，本我阶段相当于前习俗水平，自我阶段相当于习俗水平，而超我相当于后习俗水平。

但这只是人的理性形成的条件，还不足以形成人的理智，而理智行为的形成是靠个体自我反思和对自我善端的发现，即发现了一种超我的存在，发现它能够使自己心理获得安宁，这种享受比简单的外界刺激更具有持久的激励效果。人的个性的形成就是建立在这种良心发现的基础上的。

至于人的良心如何发现，这是一个非常复杂的心理过程，这个过程实际上也是自我提升的过程，是个体把自我还原成一个普遍的“我”或“大我”的过程，是一个人由单个“个体”向“类”的方向迈进，也是个体对单纯理性的克服。以“类”的方式进行思考，就使个体具有了一个真正人的概念，他就不再只是用“我”字来思维了，这一思考过程是对具体个体的杂质的克服过程，也可以说是走向一个纯粹的人的过程。当然这个过程是相当痛苦的，因为这意味着对自己的物质利益的限制，对自己欲望的压抑，对外在诱惑的拒绝。但最终个体又是幸福的，因为他认识到一个新我的出现，这个新我使自己的视野更开阔，更解放，心理更宁静，从而使自己能够更好地拒绝外界的诱惑，这样就把个体内在光辉的一面照射了出来。这一光辉就是人性的光辉。

三、教育与个性潜能激发

教育的目的就是要激发个体的内在潜能，使个体能够照亮自己的人生路，也就是要形成个体独特的个性禀赋，使自己形成一个自立的人，一个主动的人，一个能够为自己确立行动方向和行动目标的人，并且在自己的行动过程中获得内在激励的人，即他的行为动力不再依赖于外部评价，而是依靠自己独立的评价，那么这就是教育的完善或成功。

人只有在历尽各种经验和困苦特别是痛苦思维的历练之后才能获得这种彻悟，这种状态也是心灵解放的表现。可以说，一个人在自己的见识真正提高之前，是很难辨清眼前的迷雾与诱惑的，人在经历磨炼的过程中一般都能获得一定的领悟，但很难达到一种彻悟的境界，因为在这种彻悟之后就必然要使自己的心智永恒如一，能够做到一尘不染，这显然是难上加难。事实上，每个人的成长过程都是一个终身修炼的过程，不允许有丝毫停止，因为每个人眼前不断地出现新的变幻形象，很难立即辨别其真伪状态，也很难进行行动抉择。随着世界变化速度加快，事物变得越来越复杂，那么这种辨别的难度就越来越大，所以个体的心智状态必须进行不断地修炼和提升，这样才能使自我达到一个永远保持活力的状态，否则就可能被桎梏，会陷于传统的条条框框来看待世界，就会落后于时代，从而就会使自己的判断失准，那么自己行为也就很难走向至善。当然，这与自我成长的目标是相悖的，因此必须要加以克服的。

故而，个体修为不仅是心灵不断提升的过程，而且也是心灵不断接受磨难训练的过程，可以说，这个过程没有一个终点，但在这个过程中个体的品性修养不断提高，也就使得个体的行为越来越接近于普遍的标准，也就越来越走在了康庄大道上，个体在行动上就会越来越自如，如孔子所讲达到一种“从心不逾距”的程度，这当然是个体修为的最高境界，也是人的理想人格走向完善的境界。

第三章

终身教育之生活回归

终身教育就是一种服务于生活需要的教育，它服务于人的完满个性的形成，目的在于促进人更好地成长与发展。因此终身教育体系的构建，首先必须针对人生面对的主要问题进行，因为人只有在很好地解决了这些问题之后才能健康地成长和发展。人生面临的问题众多，有些问题可以靠个体摸索得到答案，有些问题则必须靠个体自己摸索才能获得答案，有些问题则是个体无法胜任的，有些问题虽然个体能够胜任但要费相当的时日，这些问题就需要教育提供适当的帮助，这样才能促进个体顺利成长并最终使社会受益。因而终身教育体系的设计必须从人生面临的根本问题出发，把握人生的每个关键环节，从而使教育成为真正服务于生活需要的教育，这样就实现了终身教育的使命。

第一节　人生理想与幻影

人生在乐观主义者看来是五彩斑斓、绚丽多彩的，而在悲观主义者看来则是一场磨难。一个人采取什么样的看法在很大程度上取决于他个人的人生境遇和对人生的理解。其实人生是变化的，既有绚丽多彩的时刻，也必然有经历磨难的季节。但人的命运是不同的，有的人可能遇到的坎坷更多一些，有的人则幸运很多，可能没有遭受比较大的人生磨难。可以肯定地说，一个人完全不经历磨难是不可能的。同样，一个人完全没有幸福的时光也是不现实的。很多时候，幸福与否直接取决于人的主观体验。也即幸福与否与人的认识方式直接相关。换言之，如果人对各种体验的感受方式不同，其最后的结论自然就会差异悬殊。

不可否认，人幸福与否与个人的人生目标追求能否实现直接相连。当个人目标获得实现时，他的体验通常都是积极的，否则他就会感到非常痛苦。很难想象，当一个人认识到自己的人生目标难以实现时他仍然会保持一种乐观的心境。这样，人生目标合理与否就是关键。当一个人欲望太炽烈时，其追求的目标往往超出了自己的能力范围，他必然会遭受打击，久而久之，人的心态就会扭曲，当然也得不到什么幸福。如果人没有什么追求，当然也不会有什么挫折，他的生活也很难说是幸福的。这提示人们，人生中存在许多目标，但其中大多是不切实际的。但人们经常受这些目标诱惑而产生一些不切实际的幻觉，往往当我们看到了别人的成功，就想当然地认为自己也一定成功，从而忘记了自我是谁，这样的人生就容易遭受挫折。

渴望成功，这是人的本性，因为成功意味着快乐，意味着获得，谁都不愿意遭受失败的挫折，因为那是不快乐的。但失败和挫折是不可避免的，人往往是在经历无数失败后才一步步走向成功的。人们成功的秘诀就在于能够认清自我，不能想当然地把自己虚幻成别的人，因为这样尽管能够激发一时的热情，但这种幻觉终将被现实击破。人如果能够从别人成功处得到启发，看到自己与别人的差距，并采取切实的步骤进行弥补和努力，这样才可能走向成功。但人在成长过程中，不可避免地要产生许多幻想，而且这些幻想能够使自己兴奋。所幸，多数情况下人是比较清醒的，能够认识到这是不切实际的，但也有不少时候人并不清醒，于是幻觉就发生了作用，并且真心真意地为实现那个目标而努力，甚至还会把它当作自己的秘密，不敢透露给别人，生怕别人窃取了自己的秘密，因为这个秘密太重要了，也太令人兴奋了，幻想一旦这个目标实现，自己就彻底成功了。这样就进入了幻境。

人在一开始并不认为自己的目标是一种幻觉。只有在经过历次考验之后才认识到自己真正是谁，这样才逐渐地变得清醒了，而人的成长就是从认识自我开始的。

人生目标的确立是一件非常困难的事情。很多时候人只能确立一些短期的目标，很难建立长期目标。传统的远大理想教育在今天而言是失败的，因为这是一种精英情结在作祟，它容易将人带入虚幻状态。许多人的精神失常，都与这些目标过大、过于空洞有关。所以传统的理想主义教育应该反省自己了。从现实看，人往往难以确立自己的真正目标，因为社会发展变化太快，许多眼下看似比较现实的目标可能快到实现的时候就变得不现实了，因为人在这个变化剧烈的社会中变得越来越渺小了，对周围的现实越来越不具有控制力了，人只有不断地变化自己才能适应，幻想制订一个一成不变的计划近于痴人说梦。所以，如果不善于调整自己的理想目标，就往往使人生陷于虚幻之中，这自然会导致人生充满惆怅。

人生如戏，戏如人生。许多理想目标仅是过眼烟云，并不具有现实意义，人生如果过于执著就会陷入迷幻之中。人很多时候很难分清理想与现实的距离，常常把自己虚幻成别人，似乎有一种精灵附体，大脑失去了作用，不能主宰自己，这样人生就出现了幻觉。人在为自我确立目标时，常常自认为是合理的，应该能够实现的，其实并没有估计到变化的因素和人生中的不可比因素，这样目标实现就遥遥无期，最后变成了一种人生折磨。

第二节 生命历程与教育阶段

一、启蒙教育：意识觉醒与道德启蒙

人生必然要遭遇许多关口①，这种关口既包括自然选择，也包括社会选择，还包括自我选择，所有这些选择都与教育存在一定的关系，如果教育能够提供及时合理的引导帮助，就可能使人在经历这些关口时变得顺利很多，从而也就能体验到更多的幸福感。反之，如果得不到具体的合理的指导和帮助，就会使人生步履蹒跚，从而充满许多不确定性。自然而然，这样就容易使人生增加许多灰色体验。对于人生而言，每一关都非常重要。而且人生不可能出现跳跃，只有脚踏实地，才能一步步走出人生幻影，使人生过得充实、愉快而有价值。

（一）人之降生——呵护生命教育

人生面临的第一关自然是降生关，这是人生的起点。作为一个个体生命而言，降生只能是一个自然选择过程，完全不可能具有自己的意志，而且社会选择对他而言也是一个无知之幕②（罗尔斯，1988），这里所考验的只是他的生命力是否顽强。随着现代医疗科技的发展，人一般都能够顺利降生到人间，无论是采取自然生产方式，还是人工助产方式。对于一个新生命体而言，降生似乎只是个瞬间的过程，但对于孕育新生命的母亲而言这却是一个严峻的考验，尽管其中也伴随着无限的期望，而阵痛是不可避免的。作为一个生命体，能否顺利降生并健康存活，直接关系到母亲的营养状况、身体健康情况和心情调节方式以及文化教养程度等。显然，母亲

---

① 关口，在这里意味着对人的发展具有重大意义，如果顺利通过则人能够健康成长，顺利适应社会，不然就会出现生理的或心理的病态乃至精神的疾病。

② 无知之幕（Veil of ignorance），是借用罗尔斯《正义论》的概念，在这里是个体对未来社会是完全无知的意思。罗尔斯认为，为了达到正义原则，人们必须处于“无知之幕”背后，即不应该知道任何影响他作出特殊选择的东西，包括：1. 每个人的社会地位、阶级出身、天生资质、理智能力等；2. 每个人自己关于善的观念、合理的生活计划以及心理特征等；3. 每个人存在于其中的社会之政治和经济状况，以及这个社会所能达到的文明程度和文化水平等。

的工作和生活环境等因素也会对新生命产生直接的或间接的影响。总体而言，如果孕妇能够保持适当的营养、休息、活动和心理调整，一般都能够使孩子顺利降生。

按照存在主义观点，人的降生就是一个被抛的过程。因为人不可能选择自己的家世，不可能选择自己的母亲，也不可能选择自己的生长环境，对于他将面对的一切都是无知的。甚至也不知道自己的降临是否合乎时宜，当然也不知道自己能否应付这个新的世界。可以说，他是贸然地来到了这个世界。无论如何，他的来临，宣布一个独立的生命活动开始了。

平心而论，一个人能够顺利降生人世也是一种缘分所致，这首先是他父母缘分的继续，因为没有父母的缘分当然就没有他自己。为了他能够顺利来到这个世界，他父母自然也经历一番周折和苦痛。他们一般都经历爱情和婚姻的考验后才来决定是否要这个孩子及思考为什么要这个孩子，然后要考虑这个孩子的到来可能带来什么，最后还要考虑该怎么对待这个孩子。当然也有不负责任的父母，他的到来只是他们之间的一个偶然事件而已。甚至可能出现他一出生就被送与别人的境况，可能一直到生命最后都不知道自己父母是谁。这种情况当然不仅存在于西方社会，在中国也有，只是在中西方受到不同的关注。

对于合法出生的婴儿，他的出生应该是他父母可以预见的一个结果。如果他的父母是负责任的，就应该在计划他到来之前接受一定的教育，包括基本生育知识教育，也包括如何抚养婴孩的教育，为此，他们就应该进入家长学校接受比较系统的教育。

一般说来，这种教育可以通过比较正规的方式进行，也可以通过相对自发的方式进行，现在组织的婚育学校是一个比较正规的方式，它能够保证未来家长接受到一定程度的教育。但仅有这种教育显然是不够的，还必须配合其他方式的教育，如参加有育儿经验的爸爸妈妈进行亲身经验的教育，这种教育更能够增加感性经验。当然未来家长的父母也是进行这一教育的合格的候选人，但由于涉及个人亲身经历，在教育过程中难免会出现不理性行为，而且由于时间的久远，一些经验已经模糊甚至已经过时，这就要求更新经验，要求具有直接现实经验的年轻父母来做一些具体指导工作。

对于未来父母的教育工作，一般由所在社区进行组织比较适宜。而进行这种教育组织，既可以通过公益的自愿者的形式，也可以通过适当付费的方式。当然我们主张应该以公益的方式为主，但究竟采取什么样的方式以具体的环境和形势来决定，而不必进行统一的要求。可以说，进行人力资源的开发和组织，应该是未来社区管理和社区自组织活动的重要内容。

敬重生命是每一个公民的社会责任，对于未来父母而言必须具有对新生命高度负责的精神，对他的来临倍加呵护。新生命的到来是庄严和神圣的，他意味着使命和责任，任何父母都不应该作为儿戏对待这个事件。新生命的降临自然也是社区生活的一件大事，因为他将是社区的一名新成员，社区应该为他的成长承担责任，因此也有责任为年轻父母提供帮助和指导，这也是良好社区建设的一个重要组成部分。

敬重生命也是每个公民终身需要面临的课题。敬重生命是为了善待生命，是为了尊重生命的意义和价值，是为了在彼此的生命联系中发现自我的生命价值。生命是人类意义活动的开始，没有生命无疑就没有一切。因此，对生命的关爱是每一个人的责任，不仅是对自己生命的关爱，也包括对他人生命的关爱。而且教育活动的意义也是从尊重生命开始，学习的意义也是为了探索生命的意义。可以说，人生意义是包含在生命意义之中的。

尽管敬重生命是每一个公民的责任，但有效的生命教育的最佳时刻是从即将成为人之父母的年轻人开始，因为他们开始承担孕育生命的责任，要担当抚育生命的责任，要把新生命作为一个生命主体看待，而不是作为一个新奇物或玩偶看待。因此，对未来爸爸妈妈的教育绝对不限于只是一些卫生常识或营养健康的教育内容，还包含着丰富的社会内涵。可以肯定地说，年轻父母是否接受过生命意义的教育其效果是截然不同的，因为这涉及对生命的态度问题，不仅是自然本能的问题。抚育新生命具有深刻的社会责任内涵在其中，是全社会的事情，整个社会都必须予以高度的重视。每一次新生命的诞生都是进行社会和谐教育的一次契机，社会和谐教育就应该从尊重新生命开始，而不能等社会发展出现了问题后才去弥补。

因而对年轻父母进行教育也是社会教育的一部分，它并非纯粹个人的私事，每个社区应当承担施教的义务，这也是社会关爱生命的具体表现。

所以，敬重生命教育的意义深远，这种教育不能完全建立在自愿的基础上，应该成为一种社会氛围。而每个个体都应该主动寻求接受这种教育的机会，这是一个负责任公民的基本表现。而组织这种教育是未来社区组织的一个重要活动项目，因为在一个共同生活的社区里，这些教育资源是非常丰富的。

（二）语言学习——社会文化教育

一般而言，新生儿在出生三个月以后就开始了语言符号学习，这一学习过程是一个生命体从自然的个体向社会的个体过渡的重要形式。人的语言符号学习过程漫长，学习内容由浅入深，由简单到复杂，由分散到系统，这一学习活动伴随人的终生。因为人生的一切重要活动都与语言符号息息相关，语言符号不仅是文化的重要载体，而且也是生命价值的重要载体，人的所有有价值的活动都是通过语言符号进行表达的。如果没有掌握必要的语言符号，就失去了领悟人生真谛的一条根本途径，如此，人生就失去了其绝大部分的精彩意义。因此，语言学习关是人生旅途中非常重要的一关，学习语言，掌握语言，领会语言符号中的深意，熟练地运用语言符号进行表达与交流，这是人终身需要面对的课题。人只要来到这个世界，就必然要与这个世界进行交流，为了有效地传达信息，就必须学会使用语言。

婴孩最初使用的是本能语言——哭诉，这种语言慢慢地就不再奏效了，因为这种语言仅能表达简单的基本生理本能需要，无法表达越来越开放的、富有生活内涵的意义，于是就必须习得具有丰富内涵的社会语言——一定文化环境下的语言。确切地说，人不能只有哭诉，哭诉只是人最无奈时候的表现，人需要表达对世界的独特体验和感知，而这些则依靠复杂的语言文化符号来表达。人的成长过程一刻也不能离开语言文化符号的学习，包括从最初的模仿各种语音语调，到形成各种表情动作，到后来逐渐地对各种指令作出习惯性的反应等，一直到最后运用语言符号进行著书立说等，这些都包含了语言文化符号学习的内容。人在学习语言符号过程中，促进了自我意识的产生和发展，并促进了独立意志的发展与成熟。

科学研究早已证明，语言发展水平常常能够代表儿童的智力发育程度和心理发展水平，所以它不仅是一个人身体发育是否健康的指标，而且也是衡量智力发育程度的指标。一般而言，不同的人在语言发展方面存在着快慢差别，但并没有非常明显的差异。个别语言能力发展缓慢可能表示存在一定智力的问题，有的时候也存在例外。例如爱因斯坦说话就比较晚，也经常被人们当成智力发育迟缓对待，但事实证明爱因斯坦的大脑是非常发达的，具有超常的智力，他在科学上的成就就说明了这一点。

现在人们普遍认为，后天营养和环境刺激对辅助儿童语言功能发展还是很有帮助的，如让婴儿听一些音乐，或让婴儿听一些别的比较适合的录音资料，特别是多与儿童进行情感交流，还有妈妈给孩子讲一些故事，以及给孩子唱摇篮曲等，都能够促进孩子的智力发展和语言功能的发展。可以这样认为，如果儿童在一个欢喜的氛围下就容易成长，他的智力发展和语言功能发展就相对快一些。外在的环境是非常重要的。

中国在这方面有大量的家庭教育的成功经验，因为中国家庭对子女的教育从来是不吝惜的。但最怕的是出现一些拔苗助长的行为，这样做对孩子发展事实上是不利的。幸好婴儿在这个时期具有比较好的自我保护机能，能够对外来的过度刺激产生自发的抵制，从而减少了由外部带来的不良刺激的影响。但这不能阻止有些刺激常常是过度的，而过度刺激确实对儿童的生理机能发育会产生不良影响。

在这段时间里，对孩子的营养搭配也非常重要。我们生活在一个充满污染的环境里，而且许多产品质量很不可靠，这样在解决儿童营养卫生方面还需要格外的注意。

这一切都意味着家长学校担当着重要的教育任务。家长学校也应该开设在社区，这样不仅方便成功的家长做讲座和交流，而且还可以使更多的居民接受到文化教育的熏陶。社区要定期请一些营养专家和教育专家做一些讲座、辅导和咨询活动，从而指导人们进行科学育儿。当然这个时节要谨防商业骗子乘机来推销各种伪劣产品，从而造成难以预料的后果。

进行家长教育同样是一个公益的事业，社区有能力挖掘各种资源来满足社区教育需求。可以肯定地说，社区的每个人都会以能够为社区发展作出贡献为荣的，人都希望获得别人的尊重，提供这些咨询服务就是提高自身威望的有效途径。

（三）独立行走——自由意志教育

人生开始时如动物一样首先是学习爬行，谁也没有觉得这有什么不妥，这似乎与人是从动物进化来的有关。因此即使再聪明的人，谁都不是一开始就会站立行走，也是经历了一个长期爬行训练的学习过程。为此他需要进行一系列的生理准备，包括四肢的运用和感觉器官之间的协调，还有四肢肌肉力量的发达以及平衡感觉的协调等。这显然与后天的营养环境有关，也与个体的先天遗传素质有关。

相对而言，学习行走要比语言学习容易得多，因为它基本上是儿童自身力量的展现，是生理正常需要得到满足后的自然发展结果。但这一学习具有重要的意义，因为这标志着开始了真正的生活，这是从自然人向社会人转变的开始。当人能够独立行走后，他的活动范围就大大扩展了，从而他的视野也就拓宽了，从此之后，人的记忆的信息储存量开始大增，开始为以后的生活学习打下广阔的基础。

儿童在学习行走时免不了要跌倒摔跤，摔跤后让他自己爬起来也是对他进行意志的训练。作为父母不必在儿童跌倒后急于去扶起他，要争取让他自己重新站起来，这确实在一定程度上能够锻炼儿童忍受挫折的能力。可以说，挫折教育和意志训练应该贯彻在生活的点滴之处，独立意识应该从小培养起。当然在这个阶段特别需要对儿童行为的监护，避免出现什么意外情况，因为儿童在爬行探索中是没有多少危险意识的。

独立行走，对于人生而言具有标志性意义。人只有在学会独立行走后，才可能实现身体上的独立，进而实现心理上的独立，才能最终成为一个自主的人。人注定要过独立意义的生活，如此就必须自己探索，就必须行走很远的路，人生意义的获得在很大程度上与所走的里程有关。人生路上必然遭遇曲折多变，必定充满不少困惑磨难，也必然要经历险滩和误区，人只有在经历了各种曲折之后才能真正成熟长大，才能真正领略大千世界的精彩奥妙，才能真正体会人生的精华，才能真正获得人生的旨趣。

（四）理智启蒙——文化礼俗教育

人对外界事物的认识是受外界影响的结果，人无法不学而知。当然，人具有学习的潜能，但必须提供适宜的条件，这些潜能才能变成现实。启蒙教育就是通过提供适宜的刺激来激活人所具有的各种天赋潜能的过程，目的在于形成儿童对世界的正确认识模式。启蒙教育必须依据儿童的各种官能成熟程度进行，必须采取相适宜的手段，重点在于形成儿童良好的行为习惯，即通过刺激强化原理来告诉儿童哪些行为是允许的、正确的和受到鼓励的，哪些行为则是不允许的、不正确的或将受到惩罚的。因此，启蒙教育不仅是智力启蒙，而且首先是道德启蒙。可以说，人的认识能力的发展就是从最初区别“好”与“坏”开始的，“好”的行为则被强化和保留并成为习惯，“坏”的行为则被禁止并成为警戒，所以，这是一个文化习得的过程。一般而言，这一过程是漫长的，因为文化是一种复杂的行为模式，很难一下子被领悟，人们在不断的实践中逐渐体会到文化的内涵。其中，不同个体的学习能力差异很大，有的人领悟能力强，有的人则领悟能力差，在行动上也经常出现主动的和被动的两种情况。可以说，文化学习能力反映了一个人的社会适应能力。

启蒙教育的关键就在于长辈或外界所传输的符号信息是否全面或正确。受个体文化水平限制，长辈或外界所传输的符号信息常常会出错，时常会传输一些虚假的符号信息，从而会导致儿童形成不正确的反应模式。甚至外界所传递的符号信息之间经常发生冲突，这样会导致儿童内在心理冲突乃至形成多重人格。例如对于同一种行为，在有的情境下受到鼓励，而在有的情境下被禁止，即使是同一情境下的行为有时得到某一方支持，而遭到另一方的反对。由于对同一行为得到不同的态度反应，这样就容易导致儿童信息编码困难，从而形成内在冲突和焦虑，如此就不利于形成健康人格。

一般说来，儿童起初对外界刺激的分辨能力是比较低的，如果外界或长辈在传递符号信息时没有注意到这一点，就不利于儿童形成比较稳定的反应模式，甚至会形成反应误差，当然这种误差越大，对个体未来发展越不利。可以说，对外界信号刺激反应不足和反应过度都是一种缺陷，因为都意味着个体内部存在着对外界信息的误读机制，如果对外界的精细信息收集不足，就会遗漏掉一些更重要的信息；如果对外界信息反应过度，则会导致偏执的反应模式。比较普遍的情况就是由于对信息收集不足，从而遗漏掉一些重要的信息，致使个体不能对外界的刺激作出有效的回应。

在儿童的基本行为模式形成过程中，家庭教育背景扮演了非常重要的角色，因为家长就承担着对外界信息的最初解释功能或者引导分辨功能。但这个引导不是代替，如果解释过度也就容易变成无效信息，而不进行解释则会遗漏信息，恰当的解释则需要结合个体的成长发育条件进行，而要准确把握这一点并不容易。一般而言，出现解释滞后的问题比较突出，即家长经常不能适时进行教育和指导。出现这种原因往往是因为家长对孩子关注不足或思想麻痹所致，因为许多家长认为孩子太小，理解能力还很差，所以不需要给儿童讲解利害关系，有时是因为家长忙于自己的事务，没有发现儿童行为中可能出现的问题。当然，还有的家长并不胜任对儿童的教育责任，这与家长自身的认识能力有关。

通常情况下，给予儿童适度的注意和引导是最利于儿童的健康成长的，因为此时需要鼓励儿童进行探索，过多的关注会限制他们的探索。如果关注不足，就不能及时发现儿童在自己探索中所出现的问题。由于社会生活条件越来越好，儿童往往受到了过多的关注，这样家长常常灌输了过度的信息，从而忽视了儿童发展真正需要的东西。所以自作聪明的家长最耽误孩子，因为他们常常认为自己一切都是对的，希望把自己的成功经验一下子都传授给孩子，从而超越了孩子的接受能力。

可以说，启蒙教育就是要使儿童能够建立起对外界刺激的主动反应模式，能够辨别有效刺激信息和无效刺激信号，形成比较恰当的反应模式，进而形成比较稳定的行为习惯。在启蒙教育中，智力启蒙和道德启蒙通常都是合一的，即在教会儿童一定的知识时往往附带地传授一些基本的礼仪规范，进行态度训练，培养儿童形成一定的情感反应。所有这些教育，都必然要与儿童的愉悦体验结合在一起，如果不能根据儿童的自然反应进行调整，则教育往往是无效的。正是因为儿童具有这些基本的反应倾向性，才使启蒙教育具有了现实的基础。

启蒙教育重点不是要灌输许多知识，而在于形成一定的良好习惯，特别是对世界独立探索的兴趣。现在启蒙教育出现的严重弊端就是灌输了太多的知识内容，从而束缚了儿童对世界的自由探索，也阻碍了儿童兴趣的发展，这成为儿童创造力发展的杀手。目前儿童启蒙教育受到了社会的高度关注，但多数家庭都存在着盲目灌输的弊端，对儿童形成良好的行为习惯并没有给予足够的重视，这是需要引起高度重视的。我们主张，在早期教育阶段，只能对儿童进行适量的知识教育，而且由专业人员指导进行则更为适宜。所以，幼儿园提供的较正规的早期教育比家庭教育优越，因为幼儿园的工作人员大多都受过专门的训练，懂得更多的幼儿教育常识，能够进行比较恰当的、适时的指导。特别是幼儿园所提供的群体活动氛围，对培养儿童的自制力非常重要。一般说来，儿童在与玩伴的游戏中能够更有效地学习道德规则，从而有利于矫正儿童出现的一些不良行为习惯。

当儿童达到接受学校教育的年龄时，启蒙教育责任开始转向学校，那么建立一种正常的师生关系就显得尤为重要。所谓正常的师生关系是指，既不能对教师产生依赖心理，也不能不信任教师，对教师的言行进行有批判地接受，而不是不加辨别地全盘接受。一般而言，对教师表现出极大的尊重是必需的，如果对教师表现出反抗或蔑视一般是难以得到宽容的，常常会得到教师的排斥性反应。当然，教师的责任心此时是第一位的。为此我们呼唤大批的具有高尚师德的教师出现，改进现在出现的一些不负责任的、简单的训教方式，为培养儿童健康的人格打下扎实基础。

启蒙教育看似是一个简单的问题，其实并不简单。我们知道，一个人要形成稳定的道德态度往往要到成年之后，因为它与个体的阅历和经验成熟具有直接的关系。在此之前，一个人经常会面临着强烈的内心的道德冲突，因为要真正把握道德原则并不是件容易的事情，如何将道德原则灵活地运用于不同的情境下则更是一件困难的事情。如果一个人的知识水平和社会阅历不足，其道德认识水平也不可能得到相应的提高。特别是随着社会发展速度的加快，传统的道德认识模式经常面临着挑战，这就需要不断更新个体的道德认识水平，从而才能适应时代发展要求。这样道德启蒙就不再是早期教育的事情，而变成一个终身学习的话题。只不过实施道德启蒙的主体开始由外在转向内在，即主要靠自我反思来完成。如果从一个人必须不断地协调与社会的关系和不断地改善与周围环境的关系而言，那么全社会都有进行这种启蒙教育的责任，因为一个健康的社会舆论氛围对个体的修为水平提高的作用至关重要。

二、学校教育：社会化过程

（五）师生关系——尊师爱生教育

人生不可能无师。在一个人的成长过程中，老师的作用是巨大的，老师的人品、学问和作风会对学生产生全方位的影响，学生的个性特征也在潜移默化中受到老师的熏陶。许多实例表明，一个人之所以能够成功往往与老师在他人生关键时刻的教导和帮助有密切关系。在现代社会中，人们向上流动的主要通道就是学校教育，所以学业的成功与否直接影响着人们未来的事业能否成功。正是由于教育具有如此大的功效，因而人们今天分外重视教育机会，特别珍视自己的受教育权利。在当今世界，教育机会公平问题仍然是各国政府的中心议题，因为它直接关系着一个国家的安全、稳定和发展潜力。对于个体而言，是否受到良好的教育，直接影响到一个人能否获得幸福生活。如果一个人没有受到良好教育，则始终是一大缺憾，即使他最后通过自我奋斗是成功的，但仍难以弥补失去良好教育的缺憾，因为良好的教育能使人领略生命的精彩。而良好教育的关键就取决于能否建立一种良好的师生关系。

良好的师生关系的特征是学生尊敬老师，老师爱护学生，师生之间是一种教学相长的关系。良好的师生关系的基础是：教师兢兢业业，“学为人师，行为世范”。这意味着教师具有良好的职业素质，具有高尚的人品修养，能够成为学生行为上的示范和学业上的向导。学生在教师的教诲下如沐春风，热爱知识，热爱学习，团结互助，形成了一个良好的学习风气，大家能够互砥互砺，共同进步。这样，师生之间就形成了一种非常融洽的关系。

可以说师生关系是否融洽直接决定着一个人学业的成功与失败。很多时候，学生因为喜欢某位老师才喜欢某门课，同样也是因为不喜欢某位老师进而就不喜欢他所教的课。当然，我们并不希望出现后种情况，因为这种情况是一种不理智的表现，但这客观地说明教师的影响力是巨大的。由于我们无法期望所有的学生行为都是非常理智的，也无法要求所有教师都具有迷人的人格魅力，因而我们只能要求师生双方共同努力来培育良好的关系，因为这无论对实现教师的成就感或对学生的学业成功都是非常重要的。

毫无疑问，在建立良好的师生关系过程中，教师的作用是主导性的。尽管我们倡导师生之间建立平等的关系，但事实上很难建立一种完全的平等的关系，这也是教师所处的客观地位决定的。因为教师不仅具有传统文化资源上的优势，而且具有知识、阅历等智能方面的优势，甚至还具有体能上的优势，同时他还对学生的班级地位具有决定性的影响。所以，试图建立完全平等的师生关系是不切实际的。我们只能倡导建立平等的人格关系，做到相互尊重，反对传统的等级观念。特别是对于未成年人法律上还作了专门的规定，以保障他们的权益不受到侵害，这也表明师生之间不可能拥有完全平等的关系。

但教师的主导地位并不表明学生在建立良好的师生关系过程中是无所作为的。现实生活中可以发现，那些懂礼貌的学生更容易得到教师的喜欢，而不守纪律、行为粗蛮无礼的学生则较难得到老师的喜欢。很多时候，学生的家庭教育环境直接决定了学生与老师之间的关系状态。在良好的家庭环境中，学生在智力发育上比较快，而且在行为礼仪上的训练比较多，从而更懂得管束自己和尊重老师，这样就容易与老师建立良好的关系。很难设想一个老师会喜欢学习成绩不佳而不懂礼貌的学生，尽管这在道义上是禁止的。从道义上讲，教师必须爱所有的学生，无论他们的行为表现如何，但真能够做到这一点的老师确实是少之又少。这意味着社会关系是一个建构的过程，而并不服从于一种命令性的规定。换言之，社会关系是受双方或多方面影响，并不由某单一因素决定。

现在家庭教育的缺陷也为建立和谐的师生关系制造了障碍。由于当前中国家庭大部分都是独生子女，家长一般对子女呵护有加，而严格要求则严重不足，这使不少学生经常表现出“娇骄”二气和自我中心倾向，当然这种气质很难讨老师的欢心。对于许多老师而言，传统文化的影响还很深，他们仍然比较喜欢顺从的、听话的学生，不太喜欢个性倔强的学生，当然更不喜欢有自私倾向的学生。而且由于现在老师工作压力普遍较大，从而他们在教育学生的过程中也经常表现得缺乏耐心，时常采取一些简单化的做法，故而也容易招惹学生的反感。在这种情况下，容易造成双方的情绪冲突，甚至还会引起肢体冲突，这样就严重损害了教师形象，破坏了师生关系的和谐。师生关系不好常会引发一些恶性事件，在这些事件中，多数情况下学生都成为权益受侵害者。很难说在这样的情况下学生还会热爱学习。

不管怎么说，学生在建立良好的师生关系过程中也负有责任，尽管是次要的。其中，他们是否尊敬老师是一个关键因素，他们学习是否勤奋是另一个重要因素，当然他们首先应该是诚实的。基本上没有教师喜欢不懂礼貌的学生，也没有老师喜欢学习不认真的学生，更讨厌说谎话的学生。老师的日常说教也集中在懂礼貌和要认真学习上，而且特别强调做人要诚实。如果学生表现出关心集体和帮助他人，就更容易获得教师的喜欢。所有这些良好品质的形成与家庭教育有密切关系，也与教师的行为表率有关，特别是与教师进行有计划的培养有关。一般说来，教师会尽力尽责地教导学生，但如果学生根本无法配合，也难以完全责怪教师。在专业化越来越强的今天，我们无法要求教师为学生的一切负责，因为教师权能毕竟都是有限的，这就要求社会其他机构和学校一起承担责任，共同促进师生关系的和谐。自然，这就变成了一个教育与教育合作的问题，也是终身教育体系建设中的重要内容之一。

（六）知识学习——科学文化教育

当一个人进入学校后，就开始面对正式的学习任务。学校是专门化的教育机构，它不仅担负培养理想公民的责任，而且还担负有培养合格人才的责任，要实现该目标，它需要通过科学文化知识的传授来激发个体成长和发展，最终达到社会的理想目标要求。对于个体而言，如何更好地掌握科学文化知识，形成较高的道德情操，具备从事社会具体工作所需要的专门知识技能，是他在学校教育中所面对的核心课题。而且这一课题一旦开始就将伴随着人整个生命历程，因为人必须要适应社会变化，总是要回答社会提出的问题，总希望能够贡献于社会，为此就必须进行终身学习。因此，学习科学文化知识是终身教育的核心内容，贯穿于终身教育活动全过程。

人在进入学校之后，所接受的教育内容与先前的启蒙教育相比有着一个根本的变化。入学之前，教育目的主要在于培养儿童具有一些基本的行为习惯，同时培养一些基本的道德判断能力，掌握一些基本的学习技能，而且这些活动主要是通过游戏来进行的。在进入学校后，将面临着一些正式的学习任务，他的身份也从普通幼儿转变为学生，从小学生、中学生，一直到大学生，乃至成为研究生。这时所面对的直接课题就是掌握现代科学技术知识和先进文化知识，为将来正式步入社会做好准备。不仅如此，这一阶段对他的道德素质水平提出了更高要求，同时还要求他的身体素质、心理素质以及劳动技能素质和审美素质等均有同步提高。可以看出，进入学校后，个体所面临的学习任务是繁重的。在其中，个体首先面临的是如何学会学习的问题。学会学习包括形成良好的学习习惯，掌握基本的学习要领，还包括培养良好的身体素质和心理素质，特别是培养个体具有坚强的意志力，即具有克服学习困难的勇气和毅力，也即要形成有效的学习态度，没有这几点，学习也不可能成功。

当然，学习成功还需要许多因素配合，如学校课程安排比较合理，各种制度设计能够以人为本，教师能够进行有效的指导，学校里倡导启发式的教学方法等。我们知道，传统的灌输式的教学方式往往不利于培养学生具有有效的学习能力，也不能培养学生具有良好的学习习惯，尽管它可能对培养学生学习的意志力方面是有作用的，但却是以压抑个体的创造性潜能发挥为代价的，因此是不值得提倡的。而且传统学校教育应试目的太强，不利于培养学生良好的学习品质，因为其关注点集中在形成学生的应试能力上，从而不利于学生的身体、人格与智力品质的健康协调发展。如前所述，克服这种单纯追求升学率的弊端是当前学校教育改革面对的最直接的和最急迫的课题。

人在进入学校后，所面临的最直接的任务就是掌握系统的科学文化知识。这些系统的科学文化知识往往被精编为教材，作为培养一个人成为社会公民所必须具备的文化知识素养的构成部分进行传授。学校将各种必须掌握的知识编制成课程体系，通过课堂教学和课外活动等形式传递给学生，并鼓励学生发现和发展自己的兴趣爱好和特长。学校还使用考试手段来督促学生学习，并且还制订了具体的奖罚措施。尽管这些出发点都是好的，但在具体执行中往往发生异化，即把应试当成了目标，而学生的兴趣特长变成了附属品，特别是课外活动环节变得无足轻重。在课程体系里出现了主科和副科，并出现单纯重视主科而轻视副科的现象，从而违背了人的全面协调发展的规律。当然这些都是应试教育所造成的直接恶果。

当前学校教育面临的最核心的问题是：如何使学生成为学习的主人，而不是成为学习的奴隶；如何培养学生的学习能力，而不是单纯地记住某些书本知识；如何培养学生灵活运用知识的能力，而不是单纯地获得应试的技能。所以，培养学习能力最为关键，因为学校教育就是为形成人的终身学习能力而打基础的教育。不可否认，培养学生学习能力也是通过具体的知识学习过程获得的，如果脱离了具体的知识学习，也不可能培养起真正的学习能力来。

因为人总是要面临不断出现的新困难与新问题，他必须积极地面对并尝试进行解决，从而也必须不断地学习新东西。人的学习首先是对语言文化符号的学习，这一学习从咿呀学语就已经开始了，可以说这一学习是终身性的，因为语言文化知识不仅内涵异常丰富，而且还在随着时代变化发生流变，同时它还是其他各种知识的载体，换言之，一切形式的知识都是通过语言文化符号的形式表达出来的。所以，无论人们学习什么样的知识，首先必须从基本的语言符号学习开始。特别是在很多时候人们不仅需要掌握本民族语言，而且还需要掌握国际上的一些通用语言，从而适应全球化社会生活的需要。因此语言文化学习是终身学习面临的第一个课题。其次，人的学习是关于外界事物本身属性的学习。此即了解事物自身所具有的属性和变化特征，了解它们对人的生活有什么样的影响，当知道这些基本常识后，才好处理与它的关系。这些知识一方面构成自然科学的探索对象，另一方面也构成日常生活的常识。随着科学技术的发展，这方面的知识越来越多，从而构成终身学习的重要课题之一。再次，是关于人际关系知识的学习。人际关系知识是哲学社会科学等诸多学科门类探讨的对象，同时也是终身学习的课题，因为这方面知识不仅浩瀚无垠，而且变化发展得最快，最具有不确定性，受政治经济文化社会环境影响最大。最后，是关于自我知识的学习。这一学习过程不仅是终身性的，而且是最为复杂的。因为人要真正认识自己是最困难的时期，所以从古希腊开始人们就把“认识你自己”作为智慧铭言警喻世人，苏格拉底就是在该铭言的启发下成为一个颇具传奇色彩的大哲学家的。特别需要注意的是，自我知识学习经常与自我反思联系在一起，常常在各种知识学习中扮演着重要的角色，是一种元知识性质的学习。可以说，自我知识学习是学会学习中的最重要内容，是终身学习需要探究的课题。

总体而言，人的学习活动不外乎这四个方面，而且这四个方面的学习是不能截然分割的。所有这些学习活动都与个体的理性思维发展水平具有紧密的联系，因为这些学习活动一方面依赖于理性思维的发展程度，另一方面又促进理性思维的发展。人对事物的理性认识，一般都是从认识事物本身所具有的功能开始的。直观地感受事物存在的状态虽然是有意义的，但不是根本性的，只有进入对事物属性的认识，才是进入了对事物本质的认识，即认识到了它可能对人产生的作用和反应以及人将与之建立的关系。人的认识就是从一个事物的认识和它的符号表达及对它应持有的态度开始的，当它对人有利时就接近它，当它对人不利时就疏远它，从而逐步地确立了具有稳定性的反应模式。渐渐地人把外在事物进行了归类，一般是按照有利和不利进行归类的，这样就变成划分事物的两极，也即人们所说的好与坏或善与恶。对能够与人建立良好关系的事物，人就会产生一种喜悦的情感，反之就产生一种憎恶的感受。所以人类学习常常与情感发展联系在一起，显然这种学习首先是依据于本能的反应模式，然后经过了学习分化和强化过程，逐渐建立了新的反应模式。人类的审美判断能力也是这样发展起来的。

人在学习过程中，就需要善于分辨表面是美好的而实质是不利的东西，正如许多鲜花是毒草一样，其毒性常常是非常大的，尽管其外表是非常吸引人的，容易产生诱惑力，人需要具有高度的分辨能力，自觉抵挡它的诱惑，并自觉保持对它的警惕。这样，人类的情感就会进一步分化，不仅有了善与恶的分别，而且有了美与丑的分别和真与假的分别，这些都是人的最基本判断能力的构成要素。人的学习潜能就在于善于辨别这些外在事物，并给予它们一定的记号，逐渐地组成自己的知识体系，使自己趋向于美好的、真实的和善良的事物，而远离那些丑陋的、虚伪的、邪恶的东西。人的学习过程就是使这些价值符号不断精细化的过程，使自身储存的信息密码越来越多、越来越完善和越来越具有自动反应的功能，这样就逐渐地形成了对事物的认识能力和指导自己修为的能力。

学习是一个自觉主动的行为过程，因为在学习过程中最需要保持的是勤奋和敏感的心理状态，最反对的是惰怠和麻痹的情感状态。因为外部世界变化无常，随时都有新的信息输入，随时都需要进行辨别并对它作出反应，随时都需要确立自己的方位，因此“学不可以已”。换言之，学习一刻也不能停止，一旦停止就是退化的表现。这意味着，学习必须具有坚强的意志和持之以恒的耐力。所以，学习过程也是意志力培养的过程。

一个人要获得学习成功，首先需要建设好自身的体能素质，因为学习活动需要消耗大量的体能，必须有一个充足的能量供应。体能训练也是重要的学习内容，它是训练自我对外在世界的本能反应能力和对事物变化所造成压力的承受能力以及对恶劣环境的抵抗能力，这是人在与自然界进行搏斗过程中留下来的一种机能，目的在于使人对外界事物变化能够反应敏捷迅速，能够在危机充分展现之前制胜于它。

当然在学习中最重要的学习内容是对自我的主导能力的学习，即要形成一种理智的学习态度。这就是要有意识地控制自己的行为习惯，使自己经常保持在一个不断进取的学习状态中，克服学习中所产生的消极情绪反应，抑制自己错误的习惯性的行为方式，不断地改进自己的行为模式，改善自我对事物的反应状态。可以说，知识学习一经开始就没有结束。

（七）青春困惑——理智情感教育

青春期是人生的一个重要发展期，同时也是一个迷惘期。人生许多重要观念都是在这个时期出现并对人的成长方向产生重要影响的。这时期人开始挣脱外部控制，开始倾听内心声音，尽管此时内心声音经常是不稳定的、不明确的，但已经出现了明显的自主意识。在这一时期，人们的心情变化多端、起伏不定，常常表现出自制力非常差，容易冲动，似乎受到许多莫名因素的控制，也会不自觉地产生自艾自怜的心理和叛逆心理，因此这又是一个心理冲突非常剧烈的时期。这一时期人开始对异性敏感起来，因而常常对异性的相貌、打扮、举止表现出浓厚的兴趣。在这一时期，也最容易受青春偶像影视剧的影响，开始有追星的举动。此时，人会不自觉地表现出对自己所感兴趣的异性表现出爱慕心理来，并假想她或他就是自己未来理想的爱人。当然，关于理想的对象往往是不确定的，常常因环境变化而变化。只有少数青少年出现了比较稳定的关注对象，并表现出炽热的追求，因而也就容易堕入情网。特别是当这种情感是单向的时候，往往会造成很大的痛苦，从而也对自己的学业和生活各方面造成严重不利的影响。其中也有个别青春期男女产生了相互爱恋的情愫，并为此投入大量的精力和金钱，从而荒废了学业。只有极少数学生能够理智处理双方感情并促进学业。一般而言，这种青春期的爱恋关系与中国传统文化是存在激烈冲突的，因而常常受到父母的谴责和禁止，从而也经常上演出一幕幕冲突的悲剧。当然，在青春期上演的悲剧中，一般以单相思者居多。我们认为，如果仅仅出现朦朦胧胧的异性需求而没有被情所困的话，则属于比较健康的类型即比较理智的类型。在中国，传统文化是相对保守的，基本上都不鼓励青春期恋爱关系，都坚持这时乃是知识学习的关键期，如果个人在情感问题上投入太多就会严重地影响学习生活。但青春期的青少年往往很难把握好这个尺度，常常会出现一些偏激的或偏执的行为，所以目前中学教育一般是以限制青少年恋爱为主要策略，还没有走上有效的引导之路。这一关在很大程度上还是教育的一个盲区。

处在青春期的青少年其情绪常常极不稳定，容易失去理智控制，经常会出现有学生因一相情愿而陷入情网不能自拔，而进入这种状态后，人往往变得非常固执，难以接受别人的理智劝导并容易出现极端行为。因而，如果陷入其中的个体不能及时挣脱这种困惑则可能严重威胁到其心理健康。人在此时的情绪往往极不稳定，行为举止容易变得怪异和偏激，常常“一叶障目，不见泰山”。特别是人到情深处甚至会产生心志迷离的状态，常常会对外界的其他刺激变得异常麻木，甚至会出现以身殉情的状况。古今中外许多文人骚客都用大量笔墨来形容相思之苦，所以青春期对个体发展成长的挑战性非常大。

在传统教育方式中，青春期教育是一个严重的薄弱环节。传统文化又对青春期教育讳莫如深，从而错过了教育的关键期，往往是在出现严重问题后采取一些事后补救措施，这样效果当然很差。所以要促进青少年健康成长，必须关注青春期青少年心理发展变化，进行有针对性的教育疏导工作，并加强心理咨询和辅导，帮助他们顺利度过青春期考验。

在进行青春期教育活动中，单凭家庭的或学校的或社会某方面的力量都不能完全胜任，必须把各方面力量统筹起来，建设一个安全的教育网络。在教育过程中尤其要注意打破对性的神秘化态度，要把生理学的、解剖学的、心理学的、卫生学的和教育学的知识融为一体进行教育，使人们对性的认识达到一个客观的理性的态度，从而使青少年在遇到相应的问题时能够寻找到有效的救助途径。

青春期教育的一个突出重点是性教育，这是一个人走向成熟必然经历的课题。当然性教育并不仅是青春期教育的任务。其实一旦人的性心理开始发展，那么它就变成了终身教育的课题。人需要了解更多的两性方面知识，要努力打破关于性文化的禁忌，矫正传统教育中的失误，建立一个良好的教育氛围，从而使人们对性有一个科学的认识，形成一个科学的态度来对待它。可以说，性教育是终身教育重要的课题，性知识是终身学习的重要内容。

可以说，无论是什么样的文化环境或是什么样的时代背景，青春期都是人生发展的关键期，也是教育的危险期，随着信息化时代的到来，这个危险就越来越大，因为这个时期人容易冲动，判断力差，容易受到外界信息的引导，所以加强引导和增强青少年的判断力尤其重要。在这个时期教育任务的重心是训练其理智思维能力，使其学会负责，具有一种独立承担的意识，自觉地把自己作为成熟的主体看待。故而，青春期也是独立人格培养的关键期。

（八）升学难题——人生目标教育

生活在现代社会，几乎没有人可以不接受学校教育，因此不可避免地要经历升学关。有人说，之所以有升学关，是因为教育机会稀缺，如果教育机会充分了，就可以不用考试而升学了，似乎升学关自然而然就不存在了。这种说法俨然成理，但事实上是行不通的。因为知识学习是有台阶的，所以教育自身也是有层级的，那么知识学习必须从基础开始，之后一步步升入到较高层级。在这一过程中，需要发挥学习者个体的主动性和能动性，同时也需要建立一定的督促和检查制度，升学考试就是一个重要的检查督促机制。可以说，如果没有一定的考试考核检查制度，则很难保证高一级的教育机构有效地运转。如果在任何教育阶段都需要大量的补习教育活动的话，则教育运行基本是无效的。所以，要使教育制度有效地运行，一定的考试形式是不能缺少的。

所谓升学关，就是指要升入高一级学校接受教育，就必须通过一定的入学资格考试，检查其是否达到了接受相应教育所需要的准备状态。由于传统教育方式的影响，使许多人并没有形成真正的学习兴趣，但在父母和家长及社会的期望下仍然非常努力地学习，并为升入高一级学校做准备。正是这个升学的需要，常常把教育活动异化了，即升学变成了教育的目标，而获得真正知识，促进人的身心健康不再是教育的目标了，那么教育活动的目标追求就不再是如何提高教学艺术了，而是变成了如何应付考试了。这样的学习就不再有自由和快乐，而是变成了一种苦役。这就是现今仍在被人们挞伐的应试教育现状。

面对人们对应试教育的挞伐，有的人提出了取消升学考试的主张，并且该主张部分地变成了教育政策，如已经在“小升初”中实施。实事求是地说，这种实施的效果并不理想，因为不可能完全取消考试，人们最终还是要面临升学考试，所以没有人敢放松对学生的要求，家长是如此，学校也是如此，而且考试也确实是促进学生学习的重要手段和检查教师工作成效的一个手段。所以即使名义上取消了“小升初”考试，而变相的“小升初”考试到处存在。这种考试方式就是对家长运气、关系和经济地位的考核，因为一个人仅仅可以凭借居住地就可以升入一个好的学校，显然是太不公平了，人们为了反对这种不公平的制度设计，于是通过其他途径来进入好的学校，这就是通过挪动居住地、通过体制外招生或进入私立学校的途径来达到进入好学校、享受优质教育的目的。可以这样说，“小升初”考试的取消意味着教育制度进入了一个粗暴的时代，或者说教育进入了一个无序时代，因为取代传统的智力竞争的是金钱、社会地位和社会关系的竞争，从而使竞争更加残酷。

我们认为，即便是以后都实行了取消入学考试而普遍实行自然升学制度，也会面临升入什么样学校的问题，而不同学校之间的差别是永远难以消失的，因为无论采取什么样的教育制度，都不可能消除学校之间存在的差异，所以人必须面临入学选择。当然在完全无法选择的情况下也就不选择了，那就只好听从外部的安排了。如果稍有选择机会的话则仍然会面临选择的痛苦。这种痛苦不仅是家长要面对的，而且主要是学生本人必须面对的。而这一关考验持续的时间非常长，人生几乎四分之一的时间都是在升学关中度过的。人生面临着多次的升学需求和选择考验，很多时候这种选择从进入幼儿园就开始了，然后到选择哪一所小学，之后是小学升入初中，初中升入高中，高中再入大学，甚至还有大学升入研究生，等等。人在很多时候即使自己已经很努力了，而且也有自己的明确想法，但却难以实现理想目标，因为理想的学校总是那么少，不可能满足每个人的愿望。这种竞争的激烈和残酷的现实是一种痛苦煎熬，而且当你即使已经进入了理想的学校但并不知道这些学校是否一定适合你时也是一种痛苦，你也知道自己的选择是没有十分把握的，而且对自己以后的前进方向也是没有一定之见的，也即对自己未来究竟会成为谁也是说不好的事情，这就是升学关所面临的选择的痛苦。

在目前，升学关中最大的也是最难熬的就是升大学这一关了。也可以说先前的许多升学关口就是为冲击这一大关做准备的。因为优质教育资源永远是有限的，而谁能够获得这些资源基本上是不确定的，因为你并不清楚你所面临的竞争对手究竟是谁，而且你所要经历的考试战场也不是你完全能够预料的，这个时候即使你再焦虑不安也无计可施。

在挑战大学入学关时，你不仅面临着选择学校的痛苦，而且还面临选择专业的痛苦，因为你实际上并不知道你以后应该从事什么样的职业。在现行的教育体制下，教育与社会生活是分离的，人们并不知道各种不同专业的具体含义，往往人们只是跟着流行趋势走，并没有什么自己的兴趣爱好。所以对于许多即将升入大学的人而言，似乎一切专业好像都无所谓，一切选择好像都又关系重大，因为许多时候你不知道究竟为谁学习，不知道自己究竟喜欢什么，不知道自己将来究竟能够干什么或喜欢干什么，各种职业对你而言都是无意义的，甚至你都惧怕各种职业，因为你惧怕其中的竞争，惧怕其中的人情险诈和陷阱重重。一切都使你感到是可疑的，没有确定的把握，因此迫切需要别人来保护，至于最终自己从事什么工作都无所谓了。这是大学选择时普遍面临的境遇。而且在中国，选择大学专业基本上是一次性的，即使你不喜欢，一旦你选择了，你就得硬着头皮撑下去。这自然会增加选择的压力和选择的神秘感。而这些完全是制度造成的，也是完全可以改变的，终身教育体系的设计应该能够打破这种符号性的区隔，撕下这层神秘的面纱。

目前在学校教育中非常缺乏这一方面的教育和辅导，可以说许多人对自己的未来完全是不清楚的，也对未来的职业生涯没有清晰的认识，而学校教育内容基本是脱离这些生活需要的，所以学生的学习基本上是没有方向感的，因而也是没有价值感的，只是在升学驱力下进行的简单的作为。学校教育活动没有以学生的发展为中心，而是以知识传授、完成教学任务计划为目标，这样，学校、教师和学生都变成了学习的奴仆。所以，在终身教育体系设计中应该努力打破这种以知识为中心的教学观和升学观，树立以学生发展为中心的教育观，要建立多重的教育辅导和心理辅导机构，为学生人生规划设计提供帮助和支持。目前该方面的研究和相应的人才异常缺乏，在师范教育培训中只重视了学科型人才培训，而忽视了教育辅导人才的培训。在未来终身教育体系设计中应该突出教育的服务功能，而不是单纯的知识传授功能。

可以说，升学关其实考验的是个人兴趣，考验个体是否具有明确的学习目标，同时也是测量个体对未来是否有所准备，如果没有真正的学习兴趣，也不可能有真正的学习目标，当然也不可能有真正的学习动力。学习兴趣与学习能力培养又直接地联系在一起，缺乏学习兴趣就很难培养起学习能力来，这对教育而言是非常可怕的。

三、成人教育：成为一个合格的公民

（九）爱情宣言——奉献忠诚教育

人在克服青春期的萌动之后，逐渐地对男女关系有了一个新的认识，从而也就使男女关系具有了新的意义，这时男女关系不再是男女之间的简单相悦，而是增加许多理智的思考，最终一点就是从一种单向思维变成了双向的思维，即不再是简单地表达自己的喜爱之情，而是从长期的共同生活角度来看能否为对方负责了。因此，爱情是一种复杂的社会情感，是恋爱的一方向另一方的郑重承诺，常常是主动的一方向所追求另一方的承诺，即自己能够付出什么，或为对方贡献什么。这个承诺自然也是首先建立在双方相悦的基础上。如果没有两相情悦，就谈不上什么承诺不承诺。

爱情既是人生中最美好的事物之一，也是世界上最复杂的事物之一，还没有人能够给爱情一个简单公式或公理可以到处套用，世界上如果有一百对恋人他们就有一百种相爱的理由，在这里没有什么必然的关系。人们可以发现有日久生情的，也发现确实存在一见钟情的；既有两小无猜的爱情，也有患难之中建立的感情，可以说爱情没有统一模式。

不管是什么样的爱情发生，都必须以双方的接触和了解为基础，无论是面对面的接触还是通过一定渠道的精神接触。没有任何接触就很难发生感情。真正感情一般是建立在相互欣赏和相互吸引的基础上，没有这一过程做基础就不可能产生什么爱情。爱情说到底就是要保持双方的良好感觉，并且这种相互喜悦的关系能够为彼此的生活增加动力。一旦这种感觉不再是双方的而变成只是一方的时候，则爱情关系就不能持续了。

爱情关是人生中非常重要的关口，当然也是最为令人困惑的一关，许多人都难以冲出这一关口，在这一关口栽倒，为什么？因为这一关涉及的问题最多，有个人的、社会的、生理的、心理的、智力的和非智力的等多种影响要素。

在现实越来越开放的社会里，男女之间的接触机会增多，从而人们相互认识的机会增多，但这并不是表示人们就更容易寻找到合适的或比较理想的爱情，因为爱情是一个非常特殊而复杂的东西，它不像一种商品可以任意去挑拣，也不是你认为具有某种条件就可以，因为爱情是双方的事情，不是由某一方面决定的。可以说，在其他许多问题上都可以由自己决定，而爱情最难以由个人单方面决定。

恋爱关系的建立最关键的是具备两情相悦。但两情相悦是一种非常奇特的审美体验，它不完全是由理性来决定的，因此它就很难以预料，这样就增加了爱情发展的不确定性和曲折性，从而也使它具有一定的神秘色彩，许多人在苦苦追求后对理想爱情表示失望，于是寄托于某种缘分，所以最终对爱情的态度就是跟着感觉走。

人们发现有时爱的来临很突然，有时消失得也很迅速。很多时候，人的行为与自己的感受状态直接相关，当人们情绪高昂的时候，可能觉得一切都是美好的，而当人在失意的时候则发现什么都是不美的，很可能还会产生一种憎恨的心情。通常，真正的爱情关系必须建立在一个良好的心理基础上，只有当人能够欣赏美的时候才可能产生爱情。

爱情首先必须建立在一种相互爱慕的心理基础上。爱慕的基础是分享，当一个人产生内心喜悦并且希望异性朋友与自己分享这种喜悦时就容易产生爱情的火花。人的喜悦的产生往往是自己的成功处或最得意处，希望得到别人的欣赏，如果他的成功真的能够感动别人，那么别人就会对他的成功产生一种由衷的钦佩和敬慕的心情，因为你的成功是你的优良品格的展现，是你具有独特气质的展示，这无形中增加了别人对你的好感和信赖感，甚至产生了将终生托付给你的愿望。这种难以名状的情感很可能进一步发展为爱情。

爱情最初显然是具有理想色彩的，因为它往往只是人生某些侧面的反映。但在现实生活中，每个人都有自己的优点和缺点，处于恋爱中的人往往看不到对方的缺点，只看到他或她的优点，所以产生了相互爱慕的心情，并且还对未来产生一种牧歌式的幻觉。可是当人们的生活回到现实中来的时候，则发现对方也不是什么神仙，也存在其他人身上的缺点，而且都奇怪为什么当初没有注意到。爱情发展到这一步就进入了一个比较理智的阶段。

人们经过理智的抉择后最终决定仍然是爱对方的时候，爱情就开始升华了，这已经超出了原来的朦胧的爱慕阶段，而开始进入为了实现一个共同目标而相互促进的阶段。共同的理想目标能够激发彼此的潜能，而彼此都能够感受到由此产生的巨大的前进动力，从中两个人的品格也得到了提升，此时可以说已经建立了比较稳固的信任基础。

在这个阶段，共同制订的近期或中长期的目标能否逐渐接近是对双方爱情的考验，如果所确定的目标根本就不可能实现，则可能瓦解双方信任的基础；如果这种情况出现，在爱情关系中处于被动的一方可能就会产生退却心理，因为感到难以承受现实生活的残酷。于是原来的浪漫爱情色彩就逐渐褪色，也就失去了对爱的信心和兴趣。这个阶段的考验是决定性的，可以说这是一个容易产生悲欢离合的时刻。

真正经过了爱情的考验后，爱情开始有了结晶，于是就开始向婚姻的殿堂迈进。因为随着目标的实现，原来对人生的顾虑也就不存在了，而且在这个共同努力过程中都重新发现了对方，发现对方身上还有一种更具有内涵的魅力，这使双方都认为自己找到了知己，都愿意把自己交给对方，双方觉得最幸福的事情就是两个人能够在一起生活，其他的困难险阻都可以克服，或者说再没有什么比保持两个人的相互信任的关系更重要了。

当人真正进入谈论婚姻的阶段之后，人生就达到了另一阶段，就开始了工作和事业方面新的追求，此时，家庭就变成了个体在拼搏进取后停靠的港湾。可以说，由爱情到婚姻是人生的重要质变，这也为处理二人关系带来了新课题，更需要二人继续努力共同探索，不断地深化爱情的内涵，从而使家庭变成一个温馨世界，成为二人在事业上成功进取的动力源。

（十）朋友期望——信任互助教育

人生而孤独，人需要交流，人需要信任，因此就需要朋友。朋友不仅指能够在自己遇到危难时提供力所能及的物质帮助和经济支持的人，而且是能够为自己提供心理支持和心灵慰藉，特别是在日常生活中能够交流生活感悟和体会，并进行及时的提醒和开导的人，从而使生活增加无穷的乐趣。因此，在生活中没有朋友是一件很可怜的事情。因此，朋友就是指志同道合，有共同的志趣追求，能够相互理解、宽容并在危难时刻提供心理建议的人，这是人在成长过程中所不可或缺的。但在世俗社会里，真正的朋友越来越少，而酒肉朋友多而无益。

孔子讲过益者三友：友直、友谅、友多闻。此即谓三种朋友对自己发展是有利的，即朋友能够坦诚相见，相互体谅和博闻多知。“友直”指真正朋友就应该能够非常直接地交流，不必藏私或隐瞒，当自己有问题时能够直言不讳地指出来，免得自己在邪路上陷得越来越深。“友谅”指朋友之间当然应该相互体谅，不能强人所难。“友多闻”指博闻多识才能对人有所帮助，一个孤陋寡闻的人对别人往往是没有帮助的，因为他无法为别人提供建议和参考，甚至还会因为见识低劣而将别人引入到误区。

朋友之间不可避免要进行交往，只有在交往过程中才能增进了解加深友谊。如果朋友间经常没有联络，那么日久之后关系可能会渐渐疏远。当然，真正朋友是天长地久的，并不在于时间和空间的距离，因为真正的朋友是建立在相互尊重、信赖的基础上，所以也不会因联系的稀少而疏远。但朋友情谊是在不断交往中加强的。

朋友之间能够尽力提供帮助是理所应当的事情。任何人都有危难时刻，此时也是最需要朋友帮助的时刻，俗话讲“患难见真情”。如果没有危难考验可能并不能发现朋友的重要，也不能体会朋友的真正内涵，而在此时才知道有了朋友你不会孤独，你才有了从逆境中奋起的力量，你才能够比较快地振作起来，重新有一番作为。

朋友间始终需要相互尊重，不能丧失彼此独立的人格。如果不能保持自己独立人格的话，这样的朋友就会变成一种江湖义气，就会出现不辨是非的情况，这就不再是真正意义上的朋友了。尽管朋友之间不应该计较钱财等物件，但朋友之间的相互体谅和相互帮助还是要量力而行，尽量不要出现孟子所说的“解衣以活友，落井以救人”的情况，所以，对待朋友也不能以牺牲自己为代价，如果以这种方式要求对方，就不是本着相互体谅的道理了，而是把朋友当成相互利用的资本或条件了。所谓“君子之交淡如水”，“小人之交甜如蜜”，就是指朋友交往的精神意义要大于物质上的利益。

所以，真正的朋友相处就应该以正直、体谅、相互包容和能够提供建议作为原则，而不以谋取物质利益为出发点，这样的话朋友之间才能起到相互促进、相互砥砺的作用，成为真正的志同道合者。“物以类聚，人以群分”，交什么样的朋友就代表你是什么样的人。

可以说，朋友之道是一个日久弥新的课题，朋友相处就如精心培育花朵，需要不断地浇水施肥，其中相互学习是朋友相处中永恒的话题，只有不断地发现对方的优点并不断地激励自己的行为，才能使友谊之花永不凋谢。特别在未来的学习型社会建设中，朋友之间的相互帮助对建立一个良好的学习氛围有着非常重要作用，这有助于使更多的人成为学习型个人。

（十一）婚姻联盟——合作分担教育

人人都盼望能够有一个非常美满的婚姻，能够找到自己理想的眷属，人们经常赞颂“两小无猜，青梅竹马”长大成为相敬如宾的夫妻的人，这种生活当然是令人羡慕的，自然也被传诵为人间佳话，但人世间真正能够达成如此境界的却很少，因为事实上不少夫妻都是凑合型的。许多人在结婚之前并不认识对方，或彼此了解甚少，至于什么样的脾气禀性则无从琢磨。即使先前认识，但并没有经历过共同生活的考验，一旦结婚之后，双方原来并不彰显的缺点就统统地暴露出来，这样经常会为一些琐事拌嘴吵闹，原来的意中人逐渐变得形同陌路。之所以如此，就是因为缺乏共同生活的考验，没有建立牢固的感情基础，匆忙的结合就导致了感情不合局面的出现。但考虑到双方老人的情感，特别是幼小孩子的情感，两个感情已经破裂的人仍然勉强地维系在一起。在当前，随着社会变革的加速，人们生活压力和心理压力的加剧，传统的伦理关系纽带正面临着断裂危险，人在物质生活越来越舒适的情况下其心理承受能力却大为降低，从而人们在抵御婚姻风险方面的能力也大为下降，这样就产生了大量的事实上死亡的婚姻。

婚姻难题的出现其实就是由两性世界之间的理解困难所致，也是人与人之间的相互理解困难所致。说到底，如何处理夫妻之间的关系，与两个人的教养程度有直接的关系。如果双方都懂得人与人之间的相处之道，往往关系能够处理得很好。但由于双方都不懂得尊重与宽容之道，或者一方蛮横不通情理，就会造成感情纷扰，弄得家无宁日。

夫妻之间相处之道最重要的是相互尊重、理解和包容，而相互尊重是最根本的。相互尊重本是人与人相处最基本的原则，但人在结婚之后开始变得亲密无间时就会把尊重弃置一边，认为相互尊重反而是一种客套或容易造成生分，结果使得双方经常在无意间伤害了对方。在争执过程中双方都认为应该从自己的立场考虑，都认为自己的主张代表双方的最大利益，而双方又不太懂得沟通的策略，这样就容易出现隔阂和误解，而且这样的隔阂和误解还会随着时间推移而加深。当双方不能相互理解时，自然而然，对彼此存在的缺点和错误就无法再包容了，这样，任何细小的事件都会成为双方关系紧张和冲突的导火索，如此就会出现争执不断或处于冷战状态。当一方认识到根本无法沟通理解、无法调和的时候，就已经宣布了婚姻事实上的死亡。所以，许多看似比较和谐的家庭，可能出现一夜间解体的情况。这种情况在外人看来难以理解，而只有身在其中的人才知道究竟为什么。感情本身是无法相强的，一旦失去就不可能重新获得。并非如人们所愿，感情裂痕会随着时间推移而弥合。除非双方都能够主动检讨自己，都愿意改进自己的行为，否则家庭紧张状况就不可能消除。这种紧张关系对家庭的每一个成员都有极大的伤害，这种煎熬可比作人间地狱。所以，当双方对和好已不再抱有希望时，似乎离婚是一个更明智的选择。但中国文化传统是“劝合不劝离”，如果能够促成婚姻则是功德无量，相反则是造孽，民间有“宁拆十座坟，不毁一桩媒”之说。

男女之间感情的事非常复杂，无论结合或是分离都对人的生活产生很大影响，这不是一个简单的选择问题，而是一个非常复杂的甚至是痛苦的抉择过程，其间人们所考虑的因素非常多，谁都不敢将此视作儿戏。即使在西方，尽管其受到性解放运动的冲击，但人们仍然把结婚和离婚当作人生中最重要的事情而审慎决定，没有人愿意轻率地作出决定。许多时候，夫妻之间关系如同博弈，只有一方能够完全牵制住对方的时候，婚姻才能保持稳定和长久，如果双方都不能牵制对方，则婚姻迟早是一个破裂的结局。因此一个家庭必须有一个中心，没有这个中心存在，分离是迟早的事情。

所以夫妻之间建立共同的志趣爱好非常重要，这样生活就有一个重心，就有一个共同的奋斗目标。如果双方根本没有相同的地方，则他们之间持久稳定的关系就很难维系。其实，一个婚姻模式，就是一个生活方式模式，这个模式在建立家庭之初基本上就已确立，如果要改变这个模式，必须双方共同作出努力进行调适，否则就会打破双方感情的基础。所以，如果双方尊重这个生活方式的话那么婚姻就能够存在，否则婚姻就处于风险中。

人们普遍相信，夫妻之间保持和美关系的根本之道就在于保持双方人格的基本独立，即每一方都不要过分地依赖对方或对对方有过高的期望，因为这种依赖或过高期望常常是一种无形压力和矛盾根源。我们知道，希望越大则失望越大，失望容易导致怨言和情绪积郁，就容易给双方心理投下阴影，进而影响到双方的感情发展。所以要保持一种和谐的夫妻关系，就需要在保持双方人格独立基础上建立一个畅通的交流渠道，如果缺乏这个交流渠道，人格独立也容易造成隔阂，日久必然产生分歧，从而产生感情裂痕。不管怎么说，相互理解最重要。

如流行歌曲中所唱："相爱容易相处却难"①。实事求是地讲，每个人都有自己的优点，因而都具有吸引人的地方。只不过有的优点是内在的，有的优点是外在的，这种外在的和内在的优点在每个人身上的分布并不均衡。人常常容易被外在的优点所吸引，从而就会产生爱慕之情。人很难马上发现一个人内在的美，因为这种美是含蓄的，常常需要时间才能发现。而发现这种美才是爱的真正目的。但人们在表达自己的爱之前往往是看不到这种内在的美的，只是被一些外表的美所迷惑。所以人们常常说爱情是盲目的，是没有什么理由的。但相处起来则真正需要这种内在的美来维持，如果不具有这种内在的美，则维持起来就非常困难。这就是为什么人们经常只能爱一时，而难以爱一世的原因。正是因为缺乏这种内在美的支撑，才使人感觉爱情具有酸甜苦辣的滋味。对这些滋味究竟该采取什么样的态度才是最好的呢？如果把感情建设当成一个终身课题对待，那么就可能使婚姻逐步进入平静的港湾。

感情建设确实是一个需要终身面对的课题，它一经开始就没有结束，它是伴随人的终生的。建设一个良好的感情关系，对一个人保持身心健康是非常重要的。在感情建设中，首先，需要培养一个健康的心态。健康的心态是指结婚不要出于功利的目的，不要把对方当成自己的工具，这样就不容易抱太高的期望，也不会由此而失望；要尊重对方，把对方当成目的，要设身处地替对方着想，这也是人格独立的条件。事实上，往往是因为双方不能以平常心对待对方才产生了日后的怨怼心理，这也为婚姻生活种下了不和谐的祸根。

其次，无论在婚姻生活中出现了什么样的情况，人都需要保持理智和镇静，不能头脑一发热就说出伤害对方感情的话或作出不理智的行动。但要保持一个理智和平静的心态，就需要为婚姻设计一个长远的奋斗目标。我们知道，在婚姻生活中，不仅需要激情，而且更需要理智引导，即必须对婚姻生活作出合理规划，不要设计根本达不到的目标，这样夫妻双方就能够在共同的目标牵引下具有较高的生活激情，就会不注意一些无谓的琐

① 这里取流行歌手蔡幸娟"相爱容易相处难"的歌词，参见：http：//video.baidu.com/v?ct=301989888&rn=20&pn=0&db=0&s=8&word=%CF%E0%B0%AE%C8%DD%D2%D7%CF%E0%B4%A6%C4%D1&fr=ala0.

碎小事带来的困扰。如果生活没有长远规划，则生活必然会被眼前的琐碎小事所困扰。

再次，要学会控制生活的节奏，将日常生活安排得丰富多彩，使生活富有情调，增加婚姻生活的润滑剂。单调的重复常常给人带来厌倦，丰富多彩的生活能够转移人的注意力，缓解日常生活的压力，从而能够排解一些不良情绪。享受生活，主要是从人的身心健康角度而言，还不单纯是一个物质享受问题。人的物质享受是有限度的，特别是当人没有心情欣赏的时候，即使再丰富的物质生活也会失去它的意义。安排生活节奏，增加生活趣味，能够丰富人的精神生活，这对于人的生活而言，一样要大于纯粹物质享受的价值。

最后，学会沟通是一个永恒的主题。沟通的目的是为了了解，是为了理解，是为了排解双方存在的心理障碍和问题。因为现代社会生活的节奏越来越快，人们的情绪不满常常容易积郁起来，这样就会影响到人的心情，影响到人的兴致，并且影响到人际关系，如果缺乏一个及时的调节机制，就会导致人际关系紧张，甚至会导致家庭危机。作为夫妻双方，都有责任及时发现对方在情绪上的不适迹象，从而及时采取一些舒缓措施，避免产生情绪积郁，最后在家庭生活中掀起波澜。

人们经常犯的一个错误就是认为结婚后没必要太重视对方的情绪反应，没必要像谈恋爱那样卿卿我我，认为双方之间的做法自然就会获得理解，因而不需要进行细致沟通，于是就疏忽了感情的进一步培养。这样就容易引起婚姻生活的疲劳和倦怠，从而也为日后婚姻危机埋下了不满种子。

因此，成功度过婚姻关挑战的关键仍然是学习，是不断的学习，要学习如何经常保持健康的心态和理智的生活方式，并且要不断地丰富生活内涵，特别是要学会沟通，这样才能使婚姻生活健康而和谐，从而使生活和事业充满充沛的精力、体力，为社会多作贡献。

（十二）邻里和睦——和谐环境教育

人在结婚成家之后或在开始独立生活之后必然要找到一个比较固定的住所，这样就必然要遇到一定的邻里关系。人不可能完全独处，即使你选择生活在深山老林，也必然有邻居，这些邻居可能就是自然界的鸟兽虫鱼。你一旦选择居住下来，你就必须与之保持和谐的关系，如果终日处于战争状态，那么你的身心就会处于高度紧张乃至极度的恐惧状态中，那样人就失去了生活的乐趣。所以，人一般都要选择在一个比较安全的环境里，他不希望自己生活受到侵扰，更不希望自己生活在恐怖的氛围中。如果一个人的生存环境极不安全，他就很难能够照顾到什么长远和未来发展。

而邻里关系相处确实是一门艺术。在当代中国，人们越来越喜欢生活在大都市中，因为大都市有比较便利的生活设施，有比较可靠的卫生医疗保健条件，特别是子女受教育的条件。与此同时，人们也就选择了忙碌的工作生活，这样的生活使人很难把心静下来，很难有心情享受生活乐趣，也很难与别人分享自己的工作和生活感受体验。于是大家都生活在非常繁忙的空间里，平时就关起门在自己的斗室里不怎么与外界进行交往，以致连邻里姓字名谁都不清楚，这样的都市生活实际上是一种精神的监狱，因为人们不交往，精神和情感得不到共鸣，人们也难以求证真正的自我，所以无法辨识生活的真正意义。现在人们之间的交往越来越表面化，大都是一种点头之交，没有什么真正情感交流，所以这样的生活是不和谐的。而且一旦发生什么危机情况，相互之间都难以施以援手。人生无常，没有人能够完全自给自足，能够保证自己全部的生活都是平平安安。即使你有非常要好的朋友，在遇到紧急情况时可以通知他们，但毕竟还有一个距离限制，此时如果有一个好邻居在旁边就能给你以帮助。

其实，人们能够居住在一起就是一种缘分，因为大家都有一个共同的目标，即都希望生活在一个友善的环境中，为此就需要每个人都要付出努力来建构一个良好的关系。而且每个人都有相互需要的地方，也都有提供相互帮助的可能。这种相互帮助、共同合作正是学习型社会所提倡的相互促进关系，因为学习资源的丰富有赖于每个人的努力。

事实上，在每个家庭、每个人身上都孕育着一种提供协助的潜能，如果开发出来则不仅是对社区而且也是对社会发展的贡献。一旦将这种潜能开发出来，不仅可以帮助许多人打发无聊的时间，而且还能够使每个人进一步发现自己的价值，同时还使每个人在为别人的服务中享受人生的快乐，这样的人生就过得无比地有意义。

邻居相处之道与日常人们交友之道是一样的，其要诀仍然是相互尊重、相互体谅。每个人可能职业不同，成长环境不同，因而生活习惯也不同，这些不同也可能造成相互理解的困难。但如果你是个有心人，你就会发现这些不同会使你感到大千世界的精彩纷呈，让你感到生活的奇妙无穷，这样你就会享受人生。如果你能够欣赏不同，说明你能够尊重差异，说明你具有一个宽广的胸怀。当然，人无完人，每个人都会有这样或那样的缺点和毛病，所以在邻里相处时就要注意个人行为的影响，不要把自己的便利建立在别人的不便基础上。毕竟大家生活在一个共同的空间内，你自己的行为会对别人产生影响。如果你注意到这一点，说明你是比较善于体谅别人的。

在邻里相处中，千万不要试图把自己封闭起来，不要认为别人都是敌人，不要认为自己是最聪明的，不要想当然地认为自己的认识是最正确的，如果有了这样的意识，就会阻碍你与别人进行正常交流与沟通。其实，每个人的心理发展水平基本上是一样的，特别是在社会问题的认识上都有大致相同的看法，因为人要独立生活，都必然会考虑到一些基本问题，也必然有一些共同或相似的想法，而且都希望进行交流而不希望把自己封闭起来，因为那样就等于将自我禁闭起来，也就享受不到世界的自由与欢畅。如果人能够主动解放自己，那么他所遇到的就不再是苦难，而是欢乐和幸福。

处理好与邻里关系，可以体现出一个人的性格、风格、品质和精神境界。世界上的事情没有完全不可能的，只在于我们的努力程度够不够。在人生中，许多事情是可以选择的，但有的时候你却难以选择，如果你一味地强调自我意志，你就会使自己的精神负担太大，此时你似乎就没有什么幸福而言。当你真的无法选择或不能选择或不愿意再继续选择的时候，就要试图去适应它，从而使自己过得快乐一点。

其实邻里关系的处理从儿童时期就已经开始了，我们知道，一个人有没有共同玩伴在很大程度上依赖于有没有一个良好的邻里关系。对儿童进行的启蒙教育很多时候也是为了处理好与他人的关系，也经常从与伙伴关系处理中得到启示。那些有经验的家长会教给儿童一些基本规则，让儿童知道哪些行为是应该的，哪些行为是不应该的。可以说，这些交往规则直接影响着儿童以后的行为。儿童之间能否友好相处，很大程度上反映了家长是否具有处理邻里关系的能力。因而，是否具有邻里相处的能力，是作为一个公民的基本生活能力。我们也知道，往往在邻里的相处中人们能够交到一些好朋友。

在现代社会，人们的流动性增强了，从而使人们不再依赖于特定的生活环境，这在一定程度上导致了邻里关系的疏远。特别是现代人越来越强调自己的私人空间，这就增加了人们之间的距离感，也变成了邻里相处中的一个新的课题。但是，没有人希望自己生活的环境里邻里关系紧张，都希望自己有一个和谐的邻里关系，不论自己的社会地位如何。所以，如何与周围相处，如何建立一个和谐的邻里关系仍然是一个持久的话题，当然也是全面建设小康社会必然要探讨的课题，也是终身教育要面对的课题。

四、职业教育：做一个具有创造价值的人

（十三）职业选择——志趣务实教育

每个人必然从事一定的职业活动，因为只有从事职业才能为个体谋得生活和发展所需要的资源。但选择一个什么样的工作确实是颇费心思的。其实人在中小学学习期间就已经面临着职业选择问题了，但这个时候常常是朦胧的，当人学习到一定阶段后不想继续求学而要独立谋生时，就必然要进入一定的职业。那么究竟该选择什么样的职业呢？

人要选择一个适合自己的职业并不容易，因为这首先需要对自己的兴趣爱好比较了解，其次还要知道各种工作岗位需要什么样的人才，再次还要了解自己的专长究竟是什么，最后还要了解自己对职业的最大期望是什么。如果一个人具备了独立思考能力，那么对自己就比较了解，就会知道哪些是自己喜欢的，哪些是自己所不喜欢的，从而也知道自己的奋斗目标。但传统教育的失败就在于不能使人清楚地了解自己，尽管人们都掌握了许多书本知识，但并不知道自己的兴趣爱好和特长究竟是什么，而且对于社会需要什么也是一无所知，所以一旦开始寻找工作就显得非常盲目，当然对自己的未来究竟该如何发展也心中无数，甚至还出现了不少人惧怕

找工作而宁愿躲在学校里的现象。可以说目前大学生就业困难在相当程度上与大学生对自我了解很少有直接关系。如果不能了解自己，也就很难了解工作需要了。

如果一个人在求学期间就已经有了比较清晰的职业目标，那么他的学习过程就能够与未来的工作需要紧密地联系起来，从而他在进入职业之前就能够进行比较充分的准备。因为他知道自己的兴趣爱好和潜力所在，所以他在学习过程中目标性非常强，学习效率自然就非常高，最后在求职过程中也是容易成功的。但对绝大多数人而言，这往往是不现实的，很多人直到毕业也不知道自己究竟为什么学，不知道自己学了之后究竟能够干什么。

在目前，很多人在学校学习期间似乎有了自己的兴趣，但常常是表面的，而且是脱离实际的。这仍然是自我认识不足所致。这意味着，当一个人感觉自己对某方面具有兴趣时一定要想法去实践它，以检验这个兴趣是否是真正的。如果没有具体的检验过程，兴趣往往停留在表面，也就缺乏了具体的努力方向。

其实，人的兴趣本身也是在发展变化的。很多时候，人的兴趣的产生都与具体条件联系在一起，当适宜的条件存在时，这种兴趣能够维持，但当这个条件不存在时，兴趣也就消失了或转变为其他兴趣了。由于人们实践的范围比较狭窄，人们很难知道自己的真正兴趣和特长是什么。在实践中也发现，很多人的兴趣都是在具体从事某件工作过程中发生的，是因为自己从事某件工作的成功激发了他的兴趣，从而激励他继续从事下去。除非有特殊的目标，没有人会在屡试屡败的工作中持续下来。因为即使他自己不选择退出，也会被淘汰出局。

现实生活中，人们最终选择什么样的工作与自我保护意识有关。人都有自尊，都需要别人的尊重，都希望自己是成功的，因此一般倾向于选择从事自己喜欢的并且能够胜任的工作。没有人愿意选择自己根本不喜欢的工作，当然也不会选择自己根本无法胜任的工作。那么工作的挑战性就不能太强，如果挑战性太强则会使自己的心理处于不安全的状态。这就是一种自我保护意识。事实上，任何工作都有一定的难度和挑战性，越是具有挑战性的，则要求其专业训练程度越高，其风险与报酬一般是成正比的。

很多时候工作的挑战性与人们的实际认知之间是存在很大反差的。但不管怎么说，挑战性越强的工作对个体的才智要求越高，对个体的自信心要求就越强，当然个体的自我价值感就越大。而没有挑战性的工作可以说是没有技术含量的工作，因而也很难体现出自尊来。

一旦人们选择了某种工作，便立即面临职业的挑战。职业挑战一般来自两方面，一是来自技术技能‘硬’的挑战，这要求个体必须掌握这样的技能，否则就面临下岗的危险。另一个是来自职业环境‘软’的挑战，这要求个体必须掌握一定的人际关系技巧，否则就面临被孤立的尴尬局面。正如许多人所料，工作中遇到的最大的挑战往往不是来自‘硬’的方面，而是来自人际关系‘软’的方面。这也是中国人最为困惑的问题。因为中国人性格比较内向，不善于与人交流，同时也不善于订立规则，即使有规则也不善于执行，所以合作性比较差。在一个团队里，要么自以为是，要么被动服从，缺乏平等合作的素质。在这种背景下，人们很难建立起信任机制来，经常唯权力是从，而这种现象也将人们的注意力引向灰色地带，常常导致人格危机。

在这样的文化背景下，坚持自我是需要付出很大代价的。因此坚持自我是需要很大勇气的。一旦你开始坚持自我，就会发现阻力重重。在现实面前，你也必须学会为人处世的艺术，这样才可能使你在一个复杂的环境下较好地保持自我。在职场生活中必然有合作也有竞争。一般而言，在职场上过分突出自我是不可取的。一个人在职场中要善于辨别自己的方位，一方面要争取更多的支持，最大程度发挥自己的才能，另一方面也不要争强好胜，四面树敌。在复杂的职场环境中，首先要学会保护自己，然后才是根据自己的情况量力而行。当然，职场活动的一个基本准则就是要以团体利益为重，一个只顾自己的人是会被彻底孤立的。

这告诉人们，不存在完全理想的职场环境，任何职场都有自己的文化逻辑，它们并不遵循严格的因果关系的逻辑，个体对这种逻辑只能先适应，然后寻机慢慢改造。在职场里，每个人都有自己固定的角色，所以自己必须用心体会角色规则，而不能完全依照自己的喜好。一个成功的职业人必定要首先善于处理与周围同事的关系，个人与整体的关系，不能把自我放在中心的地位。人只有先适应环境，然后才可能改造环境。进入职业，首先就是要适应一个特殊的文化氛围，如果根本无法适应的话，只能重新选择自己的职业。人对工作的选择，很多时候就是对一种文化氛围的选择。

所以，当一个人选择了合适的职业时，他就容易在从事职业的过程中施展自己的聪明才智，实现自己的价值。职业成功是人立身之本，人是通过一定的职业活动而赢得了尊重和声望。而且当从事自己所喜爱的工作时，工作就会变成一种享受。当然在目前，职业在很大程度上还仅仅是谋生手段，还无法变成一种享受。但随着社会发展变化，人就可能越来越多地从事符合其兴趣愿望的职业，这样人们就能够越来越多地体会到职业的乐趣。

（十四）事业追求——理想信念教育

任何人都不想无所作为，都希望证明自己的价值，这是人的自尊的需要。对于工作，更是希望能够有所作为，所以你就会把自己的绝大部分精力投入进去，当然你也希望通过自己的努力而获得赏识和提升，即获得公平报偿。之所以如此，是因为你认为自己的努力都是正义的、正当的，理所应当得到肯定的，而且认为你的上司特别是你的最高上司应该能够注意到的，因为你认为他应该最关心事业的成败，因而他应该比较公平地对待每个人的努力程度。而且这种期待普遍被认为是很正常的。但在很多时候你发觉你的期待是错的，有时即使他已经注意到你的努力了，但为了保持微妙平衡关系他并没有对你的努力给予肯定；有时也许你太专注工作，而忽视了人际交往，或者因为你太埋头于自己认为重要的工作了，而忽视更为重要的方面，从而达不到他的期望要求。或者是因为你的工作并不能给他带来实际的利益，也可能是因为你不会讨好他，所以对你的努力他仍然会视而不见；有时尽管他表面上对你的努力是肯定的，但实际上并不真的欣赏你，因为你感受到自己得不到重用，这在职务提升方面表现得最为明显。有时虽然你作为一个好职员的价值得到了肯定，但你仍然感到并不公平。如何克服这个愤愤不平之心就是对一个人自我素质的挑战。

事实上，这不仅是对一个人的心理素质的挑战，更是对一个人的意志品质的挑战。如何才能克服这种心理上的不良情绪反应呢？我们认为，只有当一个人对工作树立更超越的目标时，才能建立起健康的心理平衡体系。换言之，只有当你认识到你所有的努力都是应当的而并非为了外在报偿时，你就会对一切泰然处之。实事求是地说，这需要一种境界，因为人经常会不自觉地与他人进行比较，会比较各自的努力程度和得到的报偿程度。那时无论你采取什么样的尺度，你始终都会感觉到是不公平的，认为上司的眼光是有偏颇的。但社会现实总是无情的，绝不会完全按照你的意愿进行，无论你的心态是客观的还是主观的，你必须学会承认现实。更有甚者，如果你的直接主管在专业上与你是竞争关系，这时你的处境就更艰难了。当你的努力和才能表现超过了他，你还可能遭到他的嫉恨和暗算，为此你必须还得有所提防或小心谨慎才能避免跌跟头。

但不管是从事什么样的工作，你必须最后问一声自己你是否真的喜欢它，如果真的喜欢这个工作，受点委屈也就无所谓，如果真的不喜欢这个工作，那么当你受到不公平待遇时正是你离开的理由。对于一个人而言，找到自己喜欢的工作的确非常重要，因为这样你可以从工作过程中获得快乐，找到你自身的价值来，而不需要外在的赏赐。而且你的努力和积累总不会白费的，因为你的能力和素质就是在这个过程中积累起来的。无论何时，你都应该相信，是金子总要发光的。当你具有充足资本时，你完全可以找到自己比较理想的工作和职业。为此，你要相信你的工作经历对你的人生积累是具有非常意义的。

还有一种情况是，即使你暂时并不喜欢这一工作，但你确实又没有别的什么特殊技能，这个时候你没有什么选择，你唯一要做的就是将这个工作做得最好，在做的过程中培养自己的能力和信心，形成自己的专长。很多时候，你在这个不知不觉的过程中，兴趣培养了起来，能力和素质也得到了提高，而且还提高了自己的声望。这些报偿比物质报偿和职位提升更具有价值。因为当一个人认识到自己的不足时，一般都会在行为上比较谦虚谨慎，而且会把相当的精力投入到人际关系中，这样你就能够获得一个比较稳定的发展环境。事实上，建立一个和谐的人际关系是第一位的，如果不能建立一个良好的人际关系，你的所有价值体验可能就是消极的。在现实中，许多人都是通过良好的人际关系来弥补自己在工作能力和业务专长方面的不足的。

这告诉我们，每个人的发展都应该是均衡的发展，都不应该只注意某些方面，只有协调的发展才能实现比较持久的发展。所以，作为进入职场的每个人，都不仅要注意到自己业务方面的发展情况，还要注意与各个方面处理好关系。

在事业追求的道路上，一项非常重要的工作就是要获得与外界交流的机会，绝不能把自己封闭起来，否则自己的视野就会变得越来越狭窄，就会不了解外部世界的变化，最后就不知道自己究竟处在什么地位。一个人只有清晰地意识到自己的位置才是比较明智的。应该说，一个人要想在事业上有所成就，他不仅需要学科的或专业的眼光，而且还要有社会眼光、国家眼光乃至世界眼光，唯有此时你才能在行动方位上把握住自己，就会比较恰当地选择自己的行为策略，才会使自己处于不败的地位。

在事业发展的道路上，人不仅要学会和谐相处，而且还要学会合作和竞争。绝不能把世界设想为一个完全不变的静止状态，而且也不要相信人之间都会和平相处，一定要相信人们之间必然存在着利益之争，并且最终要依靠自己的实力说话，相信任何发展机会都是赢得的。如果把全部希望都寄托在别人恩典的基础上则是非常愚蠢的，而且在任何时候都不要设想你的努力能够获得百分之百的报偿。所以即使是你非常努力，你也未必能够获得理想的报酬水平，如果能够达到平均水平，那时你就应当知足了，否则就会徒生怨气并妨碍自己的心理平衡，并使得自己感到无所适从，最后也会搞得天怒人怨。在生活中要学会把握这样的尺度：只要你没有受到特别的冷遇就应知足了，千万不要期望获得额外的优厚的待遇，除非你有非常超人的本领，也即只有当你确实是天才，你才有资本抱怨，否则就不能有待价而沽的思想，必须学会老老实实地做人、踏踏实实地做事，这样才能保证你不被边缘化。

无论在职业中还是在生活的其他方面，都要学会建立正确的期待，这种期待不仅指对别人，而且首先是对自己，即不要自我期望太高，也不要让周围对你期望太高。对别人期待太高会产生懒惰和依赖的思想，而对自己期望太高则会使自己产生许多不切实际的想法，这样不仅会给自己招来许多晦气，还会使自己的视界出现迷雾，从而不利于自己认识到当前目标和未来目标的关系，错把未来目标当作当下目标，结果不仅会使自己精疲力竭，而且还会经常出现疏漏，这是一个人在做人过程中特别要注意的。当对自己不产生过高的期待时，别人也就不会对你产生过高的期待。往往是由于过高地标榜自己，才导致了别人的过高期待。一旦别人对你产生了过高的期待，而你又无法达到别人的期望时，不仅会使别人对你产生失望，而且你也会对自己产生失望，这将严重威胁到个人的自信心，因此需要竭力避免。所以做人一定要做到心理平衡，把自己作为常人看待，不要把自己当作特殊人看待。

可以说，每个人在实现自己的理想目标时没有一帆风顺的，总是要遇到这样或那样的挫折，为此就必须有一个平常心，要能够经受住各种挫折的考验，这样才有望接近自己的理想目标，也才能获得一种满意的价值体验。我们说，这是一个意志力学习的过程，它也是一个不可能停止的过程，是一个需要终身学习的过程，而且是一个人自我教育的核心内容。

（十五）职位职责——敬业奉献教育

现实中，每个人都最终必然要获得一个比较稳定的社会地位，这个社会地位一般都与工作岗位紧密地联系在一起，无论这个工作岗位是有偿的、还是无偿的，是出于你的自愿或你并不真心情愿，你在这个岗位上的表现如何会直接影响到社会对你的评价，特别是周围人对你的评价。这种评价对你的社会形象、你的自我价值认同都会产生直接的影响，这要求你必须非常注意自己所扮演的角色。为此你需要了解岗位的工作职责，熟悉岗位的各种要求，并从严要求自己，特别是不能懈怠自己，必须做好工作中应做的每件事情，这样就不容易让别人挑出瑕疵来。而且这也是保证心理平静和心理平衡的基础。如果你自己心里有愧的话，那么受到了处罚则没有人会同情你。

工作岗位是一个重要的社会角色，不可能不接受社会评判，因为社会上的各种职位都是相互联系、相互影响的，都是社会大系统中的一个环节，任何一个环节的纰漏都会影响到其他环节的运行。所以每个人必须对工作要求尽力做到精益求精，不能有半点麻痹大意。可能是因为你一点小疏忽而酿成一个大事故甚至大灾难，因为现在的社会是高度联系在一起的，社会运行中的风险程度提高，所以稍有不慎，就可能造成大的灾难。

这要求每个人必须小心谨慎，必须敬业，这样才能对社会的和谐稳定作出贡献。做到这一点，不仅为了避免别人的批评，也不是为了展示自己，而是对自己的良心负责，是对自己人格的尊重。这样人才具有了一个美好的心灵，整个社会也才会变得美好。

一个人要扮演好自己的岗位角色，首先必须妥善地处理好与上司的关系。实事求是地说，做好这一点并不容易的。因为并非所有上司都是容易相处的、体贴下属的，也并非任何上司都是非常负责任的，所以如何扮演好自己的角色是一个不小的挑战。一般说来，当工作职责划分得越清晰，你对自己的岗位职责越明晰并且又获得上司认可，此时你就越容易做好自己的分内工作，也不容易与上司产生摩擦。反之，就容易造成与上司之间摩擦，结果往往你要么成为上司的替罪羊，要么你的功劳被上司抢去。不管怎样，都会对你产生不利影响。此时，如果没有危及个人的根本利益，那么你应该要表现得大度一些，因为你不能设想每个上司都是那些深明大义、心胸开阔的人，要设想到你的上司可能就是十足的小人，所以你在做任何事情时都应该小心谨慎，避免当危机出现时自己仍然不知缘由。当然，在你的根本利益受到侵害时你就不能再唯唯诺诺了，必须采取适当步骤来捍卫自己的利益。

在工作岗位上另一个需要处理的重要关系就是同事关系。同事之间往往存在竞争，但更多的机会是合作，因为任何工作如果没有相互协调的话就不可能完成。也常常是在与同事进行相互合作的过程中建立起很深的情感来，这就是友谊。这种友谊经常是很自然的、真实的，这是因为大家工作性质相近，经常接触，大家彼此熟悉，从而能够相互帮助，特别能够及时地传输信息，并在自己工作出现疏漏时能够及时地提醒，从而使自己避免出现更大失误。所以良好的同事关系是人生最重要的关系之一。切记要用心培养这种关系，而不能滥用这种关系。因为即使在同事交往之间关系也远近不同，因为志趣相投，关系就容易亲近一点，而趣味差异甚大就常常形同陌路。不管怎样，在同事之间需要保持一定的距离感和善意，既不能过分亲密，也不能明显疏远，应该在相互尊重的基础上做到相互支持的融洽程度。

一个人要成功地应答职位的挑战，最关键的一点就是要敬业，要把岗位职责的每一个要求都做到完美的程度。不仅如此，他还要在做好自己岗位职责的同时思考自己工作岗位与别的工作岗位之间是一个什么样的联系，思考一下什么是本工作岗位最关键和最有价值的东西，从而进一步思考如何在自己工作中真正地体现这个价值来，进而使自己获得更多的成就感。可以说，当你能够体会该工作岗位的真正价值时，你的工作将转变为你的事业，因为你能够从工作本身中获得报偿，而不再是单单依靠外在的工资和奖金的报酬了。显然，这不是通过工作技能的提高就能够达到的，而是一种思维方式的提升，是生活哲学的重要组成部分。如果达到了这一步，那么你在做任何事情时将是心中有数、进退有据的，知道如何反思自己和进一步规范自己，并懂得如何向别人学习，如何丰富提高自己，从而使职业生活变成人生的享受，而不再仅仅是做好某项工作。

当人敬业的时候，才能真正体会到工作是有价值和有意义的，这样，自己的心里也是非常踏实的。事实上，社会角色扮演从幼儿园的游戏活动就开始了，只不过工作岗位是一个更严肃、更正式的社会角色，因为它直接承担着一定的社会职能，影响着社会系统的运转，所以千万不可疏忽大意。这要求人对自己的工作岗位必须有责任心，不能敷衍塞责。可以说责任心的培养是一个长期的或终身的事情，这要求我们必须培养耐心细致的工作作风，绝不可马虎大意，胡乱应付了事，因为那样做是极端不负责任的。所以，责任意识的培养，高度负责的精神的培养，既是终身教育的课题，也是终身学习的任务。

五、家庭教育：传统文化与先进文化的融合

（十六）子女教养——民主习惯教育

现在年轻人思想越来越解放，一些人开始选择“丁克家庭”模式，即夫妻两口人过日子，不要第三口。出现这种情况的原因是多样的，但其中的一个重要原因是他们认为生活节奏快压力大，没有时间照顾孩子，如果照顾孩子则对自己的牺牲太大。在价值取向越来越多元化的今天，这种现象越来越能够获得人们的理解。尽管社会上还存在不少争议，但作为一种生活方式的选择，属私生活范畴，是个人的权利，即使父母也不能过分

干涉。

而当夫妻选择生育孩子的时候，那么夫妻生活就增加了新的元素，它不仅为家庭增加了欢乐，同时也带来了一系列的烦恼，而且意味着必须为孩子健康成长承担责任，否则就会成为严重的社会问题。所以教育子女是每个为人父母者应尽的责任，无论他或她的准备是否充分。此时此刻，他或她都需要你认真反思一下自己的成功与失败的经验，把成功的经验传授给孩子，同时也把失败的教训提示给孩子，希望孩子尽快地成长起来。

教育子女的根本任务就是要教会他们如何做人。做人是一门很大的学问，没有人敢说自己是非常成功的。但一个人如果不知道如何做人的话则是非常失败的。学会做人就要了解做人的基本原则并身体力行。而不会做人就是不知道做人的基本道理，在行为方式中常常惹得别人十分反感，也给自己的亲人招来无限的麻烦。

做人的基础首先是学会尊重人。学会尊重是一切礼仪的基础，只有学会尊重他人才知道如何尊重自己，才能知道自尊的含义。因为不知道尊重别人的人其实是不知道尊重自己的。为此就要求为孩子传授人类交往的基本礼仪知识，使孩子从小就知道做人的基本原则。当一个人知道如何接人待物时，他就懂得了该如何尊重人。

对孩子进行礼仪知识教育不是仅仅停留在口头说教，而是要落实在行为上。所以教育孩子的最好办法就是以身作则，为孩子做好示范。如果自己做不到的话就不可能要求孩子去做，因为那样的家长是没有威信的，是强迫性的，是没有真正效果的，甚至还有负面作用。而且即使家长自己能够做到，也不要简单地命令孩子去做，而是要学会引导孩子去做。因为从成人的角度和从孩子角度看问题是不一样的。所以，对孩子教育要采取启发式而非强迫式。必须指出，父母的教养程度直接影响到对孩子的教育成功的程度。没有完全不可教的孩子，只有没有耐心教和不善于教及不懂得如何教的父母。

教育孩子要趁早，不能等孩子一些坏习惯和毛病形成之后再进行，那样不仅费时费力，而且也难以奏效，还常常容易引起亲子之间的紧张关系。

在做人教育中，第二位重要的是培养孩子具有坚强的意志品质。意志品质培养的根本途径就在于使孩子树立自己的理想目标，从而使孩子具有不达到目标决不罢休的决心。这一过程能够培养孩子的计划能力、实践能力、耐心和细心等品质。在培养过程中，首先要善于发现孩子的兴趣目标，然后鼓励孩子实现自己的兴趣目标，进而鼓励孩子要把每件自己愿意做的事情做好，同时告诫孩子要避免朝三暮四，那样会一事无成。当孩子还没有明确目标的时候，要鼓励孩子多进行尝试，在尝试过程中发现自己的兴趣所在。必要时家长要求教于专家，避免自以为是耽误孩子的前程。

在对孩子的教育过程中一定要避免急躁情绪，避免给孩子施加高压，因为这样不仅不能激发孩子的自觉主动性，而且容易使孩子产生畸形心理，从而形成一种偏执型的人格，这种人格特质容易导致人际关系紧张，成为生活不幸之源。

在家庭教育中，最成功的教育方式是进行民主精神熏陶。这意味着家长在处理亲子关系上要尽可能地以平等和相互尊重的心态来对待，避免对孩子采取简单粗暴的、命令的方式进行教育。在发生问题时要学会进行讨论和商议，培养一种平等对话的民主气氛，从而使孩子养成一个良好的心态。这种讨论方式不仅能够激发孩子的主体意识，而且在无形中也能够获得更多的知识，同时还能够养成一个积极参与和自我反思的好习惯，这对日后参与社会生活将受益无穷。

对子女进行民主精神熏陶，其实质就是尊重他的独立人格，尊重他的平等发言权利，避免使其形成专制的态度。家庭是社会的细胞，一旦在家里形成了民主习惯，就会不自觉把这种习惯带到社会上去。当然，许多坏习惯也是如此，这也是家庭教育重要性的原因所在。

（十七）夫妻对话——和谐平等教育

什么样的夫妻关系是最理想的？恐怕现在很难有人能够给出一个标准答案来，因为组成家庭关系的双方的条件资质差距可谓千差万别，无法用一个公式来概括。无论什么样的家庭组合方式，其中心目的只有两个字：和谐！如果家庭关系不和谐，那么所有的其他东西都谈不上。所以当夫妻关系不能和谐时，家庭关系就会出现破裂。

夫妻关系的处理是一门非常高超的艺术，需要夫妻双方的用心和投入，维护这种关系不能寄托于某一方，如果那样就失去了平衡，且这种不平衡的关系也不会维持长久。要建立和谐的夫妻关系，就需要夫妻双方齐心合力，需要互敬互谅，需要相互体贴。在其中没有绝对的主动和被动，如果出现这样的情况，那么夫妻关系就出现了危机，因为这已经不是平等关系了，而是主仆关系了。主动的一方就是事实上的主人，而被动的一方就是家庭中的奴隶，不管是否真的承认。可以说，一旦出现了这样的情况，夫妻关系就已经变质。

人们一致同意，如果夫妻关系不和谐，则对双方个体的生活影响都是非常深远的，不仅妨碍个体的事业成就，而且影响到子女的健康成长，还影响到其他社会关系，因为其他社会关系都是依据正常的家庭关系而建立的。中国传统上是一个家族本位的社会，到现在家庭关系仍然是人们生活的中心。如果家庭关系不正常，就会影响到方方面面的关系。

但几乎没有一个家庭的夫妻关系是建立在地位完全平等的基础上，因为每个人的发展条件不一样，对生活的追求不一样，即便能够寻找到共同之处，但在对事物的看法上也不可能一致。如果有任何一方顽固地坚持自己的主张，另一方又不能完全顺从的话，矛盾就会产生。在夫妻的共同生活中，如果一方认为自己付出得太多，或认为没有得到公平对待，就意味着不平衡关系出现了，那么整个和谐基础就不存在了。因为夫妻各自的工作条件是没办法替代的，也没办法进行包办的，一个人可以尽自己的能力帮助对方，但不能保证一定能够达到对方的满意，也不能保证自己所有的帮助都是有效果的。所以一旦一方对另一方寄予特殊的愿望，那么就容易产生夫妻关系的不平衡，也就容易产生裂痕。在社会变革时期，家庭关系是非常脆弱的，那么夫妻关系就容易出现危机，因为大家都没有一个明确的处理夫妻关系的参照模式，任何一方的固执都会使夫妻关系出现危机。

在家庭生活中，引起矛盾的不单纯只有一些大事件，可能生活中一些琐碎小事更容易伤感情，因为大家都对小事采取无所谓、不怎么谨慎的态度，在表达方式上就非常直接，从而引起冲撞，如果一方对这些冲撞计较了，就容易产生疙瘩。如果不善于进行及时交流沟通的话，在这些小事上也会积怨。当然在一些重大问题上出现严重分歧时，也容易导致夫妻关系僵化。所以，如何不断地去消除裂痕，维持一种和谐关系，则是一门相当高超的艺术。

可以说，对于建立什么样的家庭关系氛围，每个人都有自己的设计，有的是刻意为之，有的则是顺其自然。但不管什么样的家庭设计，关键在于家庭成员的角色合适。一般来说，合理的家庭成员角色应是互补的，不能把某种责任完全推给对方，而是要按照个人的能力承担相应的份额。所以在家庭里采取平均主义做法并不恰当，因为这是一种机械式的分割，不是一种合作主义做法，这样还容易引起相互攀比，滋生矛盾。事实上，每个人能力各有差异，千万不要试图找到一种平均主义公式。夫妻双方当然以相互体谅为前提，并且能够以协定的方式进行，都不要使用命令的方式来推行自己的主张。

在家庭出现一些矛盾时，双方都要勇于承担自己的责任，要做好自我批评，不要相互指责，都要真心地站在对方的角度考虑问题，多反思自己的不足。在家庭中扮演主导责任的一方尤其要善于反思自己的不足，多做自我批评，这样才能获得和谐。

夫妻之间进行交流沟通是必要的。没有交流和沟通就会产生隔阂，尤其是在外部压力不断增大的时候，必须善于寻找交流的机会，特别要善于创造机会进行交流。对于相互之间关切的问题要体贴和关怀，不要太在意对方的缺点，要有一种幽默感，学会使气氛放松。

当然，完全没有矛盾的家庭是不存在的，但有了矛盾怎么处理是个关键。很多时候不是矛盾不可处理或不可解决，而是处理方式不合适，从而使矛盾恶化。当然如果双方成见太深无法消除，分离可能也是不得已的选择。

在当今世界，随着社会变化节奏的加快，家庭关系也面临着很大危机。因为工作和生活压力加大，使个体情绪的控制越来越困难，都希望在家庭中找到一个缓解的机会，如果双方对这种情形不理解，就容易滋生一些矛盾来，进而出现夫妻关系失控的状态。事实上，环境变化也会对人的情感产生影响，人们对事物的观点和看法也会发生变化并产生分歧，所以造成矛盾的因子到处存在。如果一方出现了失去理智的行为，则很难避免发生矛盾和争执。当没有根本利益冲突时，自然应该以和为原则。如果出现了巨大利益分歧，分离也是一种促进和谐的办法。不管如何，经常争吵或进行冷战都是不和谐的表现，所以避免不和谐要么进行主动协调，要么采取隔离措施。所以不一定勉强维持夫妻关系就是好的。

可以说，世界上最难处理的关系之一就是两性关系，其中以夫妻关系最为困难。夫妻关系处理既不能没有理性，又不能完全理性，人需要时时保持一种理智状态。对此，没有一个范本可以模仿，因为人生活的状态千差万别，没有完全一致的规则可以遵循。

针对夫妻关系容易出现的问题，我们认为，促进家庭和谐的根本策略就是参与终身学习。当然在这里终身学习内涵是广义的，包括生活各个方面的学习，其中就包括夫妻关系协调课题。我们知道，家庭并不是一个封闭的系统，它以一定的方式与社会大系统进行联系。社会是一个互动的大系统，每个人都以不同方式与大系统进行交往，也必然要不断地调整自我，使自己与社会大系统协调一致。如果夫妻双方都意识到要与社会大系统保持一个和谐的关系时，就会主动地开放自我，这样夫妻双方也随着彼此自我的开放而得到和谐。当双方都具有开放的心态时，其追求也会变得高远起来，就会不断地反省自我和提升自我，就会主动地去寻求双方达成和谐的策略，也就会从彼此的分歧中解放出来。所以，开放自我是建立和谐夫妻关系的根本策略。

在当今社会，由于生活节奏的加快，即使夫妻之间也难以进行有效的交流沟通，这容易导致双方情绪积郁起来并引发家庭危机。如果能够进行及时的心理疏导和心理干预就有助于缓解甚至消除危机。在此，如果双方都有自己稳定的社会交往圈，心理郁积就容易得到排解。但个人交往圈往往其同质性比较强，对问题的解决方式容易产生惯性思维，从而不容易改进解决问题的策略。所以，比较有效的解决方式是开放自己的交往圈，增加交往的异质性，从而使个体在思考问题时得到广泛的参照，特别是能够听到批评性的意见，这样就能够使个体在思考问题时得到一个理智的思考框架。

我们认为，建设一个学习型社区是促进家庭关系和谐的最佳选择，因为这里人们交往的异质性可以使自己在思考问题时能够得到广泛的参照，避免产生个人交往圈的局限。当夫妻双方都具有学习提高的愿望，都希望改善自身的状况时，就能够在学习型社区中获得帮助。当一个人融入社区后，经常与周围社区成员进行交流，就会不断地获得自我发展的参照，就会促进自我不断反省和提高。现实生活事例告诉我们，人越是孤僻，则越容易产生情感的死结，越容易造成夫妻关系紧张。总体而言，生活封闭和个性孤僻是造成夫妻关系疏离的主要原因，无法交流才使矛盾越积越深，最终到了不可化解的地步。如果每个人都有自己健康的、丰富的社会生活，则不容易产生不和谐的因素。

（十八）孝敬父母——感恩回报教育

显然在家庭关系里不单纯是夫妻之间的事情，还涉及与老一辈亲情关系的处理问题，特别是处理与父母关系的问题。人生必有父母，孝敬和赡养老人是子女的基本义务。尽管现在老人在经济生活上越来越能够自立，不需要子女的赡养，但适当地表达子女的孝敬之心则是人之常情，这也特别有助于改善家庭气氛。

家庭中比较难以处理的是夫妻双方对待彼此父母的态度不同的问题。一般而言，丈夫对待双方父母的态度能够比较一致，困难的是妻子对待双方父母较难一致，为此经常会出现一些意见和不和。而处理这等关系是一个微妙的艺术，因为这些关系处理不当不仅会影响到夫妻感情、家庭和睦，而且也会对生活学习和工作产生相当大的影响。

一般而言，三代同堂就容易引起许多矛盾。尽管现在父母都会在经济上接济儿女，特别是还能够照顾下一代，但由于客观存在的代沟问题而经常会出现一些争执。虽然许多时候都是一些琐碎问题，但久而久之也会伤害感情，也会酿成矛盾。当然避免出现矛盾的重要策略是小家庭独立另过。这样做的好处之一是减少了接触，也就减少了产生摩擦的机会，好处之二是独立另过也能够培养小家庭的独立生活能力，并从中体会到为人父母的艰辛。当然这种分家另过的方式并不符合传统中国大家庭的其乐融融的景象，但与现代家庭发展趋势比较一致。相对而言，独立另过更有利于年轻人事业的发展，更有利于培养其独立思维习惯，不然他们会把巨大精力投入到微妙的家庭关系的处理中，而这些关系的处理是颇伤神费力的。

当然这样做的不好之处就是容易疏远与父母的关系，因为老人难以享受到亲情和天伦之乐，特别是不能克服他们的孤独感及表达他们对隔代人的喜爱之情。中国的父母一般都喜欢尽自己的绵薄之力为自己的子女做一点事情，特别是为帮助子女抚养下一代作些贡献，他们认为自己的经验更有利教育孩子，避免在教育孩子上走弯路。所有这些想法都是人之常情，但这样做的一个不好之处是给老人增加了过重的负担。另一方面，老人都会有一种溺爱心理，在教育方法上常常不当，容易形成教育方式上的分歧。而年轻人如果把教养责任完全推给老人的话，不仅自己得不到实际的锻炼，同时也没有尽到自己的养育责任，而且还会疏远自己与子女的感情，特别是当孩子教育中发生了问题时，家长常常又不能准确地把握孩子发生问题的症结根源，因此这种方式并不利于孩子的心理健康。

独立另过还会面临其他的情景。一般而言父母都有舐犊之情，都希望把自己的人生处世经验传递给自己的子女，从而希望能够帮助他们克服人生中的障碍，使他们能够尽快获得人生成功的感受。但如果过多地依赖父母的意见将不利于获得独立的经验，甚至在许多大事上不能独立处理，也就表现为没有主见的情况。

而独立另过的话，子女就可以慢慢地摆脱对父母的情感依赖，在处理问题时也会渐渐地独立起来，而且从中找到自信，从而会增加自己的判断能力，并在独立判断过程中提高自己的判断技巧。可以说没有人天生就善于决断，人都是从经验反思中学习的。但父母经常不放心，担心他不成熟，试图什么都替他拿主意，这样的结果反而使他永远不能独立判断。甚至当子女试图独立判断时还会与父母意见相左，形成分歧，徒增一些无谓的烦恼。

特别是年轻人与老年人的生活趣味不同，生活方式不同，价值判断标准也不同，这些都容易产生龃龉。如年轻人对新事物的接受能力比较强，而老年人往往大都看不惯，甚至在饮食和穿衣等琐碎事情也很难获得一致意见，在其他消费方面的分歧就更大。如果家庭中存在民主气氛的话，情况还好些，而在中国传统家庭里，这种民主气氛是稀薄的，这样就容易引起纷争。所以为了避免两代人之间的意见分歧和家庭出现纷争，还是年轻人独立另过得好。

处理家庭关系是一个非常微妙的艺术，处理得好自然能够促进亲情关系，增加家里的和睦气氛，并且能够带来经济上的便利，如果处理得不好则容易带来紧张空气，徒然带来情感世界的困扰，容易妨碍工作和学习，使家庭处于一种不和谐的气氛中。

无论如何，每个人都要过家庭关，也必然要过父母关，即必须处理好与父母之间的关系问题，既不能与父母关系产生疏远感或不尽赡养之道，又不能对父母产生依赖感和增加父母的心理负担和经济负担。

从实质上说，父母关就是要教育子女如何学会感恩报恩。传统的伦理教育往往强调父母给了子女生命，从而也取得了对子女的决定权，而子女则有义务遵从父母的意志，所谓顺者为孝。现代社会更强调独立自主，反对把子女从属于父母，因为这样不利于培养独立人格。但传统文化中的孝敬父母的美德仍然需要继续发扬，但要注意更新孝敬父母的方式方法。作为子女应该体会到父母含辛茹苦地把自己养育成人的不易，所以要尊重和孝敬父母，特别要多懂一点老人的心理，恰当地处理好与老人的关系，尽可能地满足他们的心愿，这也是社会和谐所必需的。

六、继续教育：使人生趋向完善

（十九）持续进修——反思完善教育

“业精于勤荒于嬉”。每个人在职业发展过程中都会面临着不断提高职业技能、职业修养的要求，这不仅是因为每个人所接受的专业知识和职业技能培训是有限的，而且还因为人们在最初学习知识和技能的时候其目的性不是非常明确，或者说因为没有遇到真正实际的问题，所以对知识体验不深刻。当一个人真正进入工作岗位后，才发现所学的知识是有限的，才感到实践问题是广阔无垠的，而且是不断翻新的。这一切在理论上都没有现成答案，都要求自己根据实践情境进行探索，特别是要借鉴别人的探索经验。很多时候，人们在思考问题时会受限于一定的情境，只有当进入新情境后，才可能茅塞顿开。这种新情境常常是因为与有关同行及相应专家交流后产生的。现在的 MBA 教育在很大程度上就是获得一个交流的情境。所以，进修教育不单是系统地学习新知识，也包括与同行专家进行经验交流和探讨。

无论是哪种情况都说明，我们所学到的知识总是非常有限的，而且都受到具体的时间地点的局限，当经过一定的时间后或在进入新的环境后，这些知识自然就会发生老化，如不及时更新，就会变得陈旧和老化，就不能适应不断变化的工作环境要求。这意味着，每个人在工作岗位上时刻都要有一种不断提升自我的意识，只有不断地提升自我素质才能适应时代发展变化的要求。

在进修关，一个人首先要学会开放自己，其要诀是不能把自己过去的经验当成老本，特别是把所谓的成功经验当成一个刻板的模式。许多人习惯于按照自己过去的老办法办事，误认为一次成功就代表永远成功，没有看到每一次成功都有其局限性，都取决于特定的环境，从而没有认识到环境总是在发展变化的，过去的经验模式未必就适用于当前形势。为此，每个人都必须学会检讨自己，要认识到自己过去的认识是不全面的，认识到一切成功都存在着偶然性因素，认识到可能还有更好的办法和自己没有关注到的方面。在这种批判性的反思过程中，一个人的思想就能够得到解放，解决问题的思路就能够获得突破。

进修不仅指有针对性地去学习新知识、新技能，而且也包括对新技术和知识的发展趋势进行扫描和跟踪，还包括对自己的实践经验进行反思总结，从而发现自己存在的问题。一个人如果能够系统地学习一些新知识或新技能当然是一件幸事，但这样的机会一般是非常少的。人们都是根据工作的实际需要去有针对性地补充一些新知识和新技能，很多时候就是参加经验交流会，因为这样往往更具有实效，更容易了解同行的进步，更准确地把握自己工作中存在的问题，从而去更有针对性地学习，如此效益就是非常高的。

在进修中，主动权掌握在个人手中，一个人只有在知道自己真正需要什么的时候，其学习效果才会好，如果不知道自己需要什么，那么效果是不可想象的，因为这样的学习是盲目的。因而，进修主要是自己业余进行的，是自己在发现问题后主动寻求答案的一种学习方式，而不是由专门的老师进行系统地传授。当然，如果自己有了明确的问题，并且找到了相应的专家学者去求教，这样就可以大大节省自己摸索的时间，提高学习的效率。但由于在工作中出现的问题都是具体的问题，很少能够上升到学理的层次，因而获得指导的机会并不多，更有效的办法是与同事一起探讨，或参加部门组织的技术攻关小组进行学习，在这样的氛围下，个体的进步就会更快些。

但无论是哪种情形的进修，在进修中主动把握与同行交流的机会是非常重要的。因为不同行业在不同环境下对问题的感知方式是不一样的，从而可以创造出各具特色的工作方法和经验，如此，同行之间进行交流就容易收到相互借鉴的效果。一般而言，如果在交流过程中再配以实地参观和有专家点评的组织研讨，效果就会更好。此外，参加学术交流或专题讲座也都是进修的一种渠道。在媒体非常发达的今天，获得专业书籍，阅读专业的期刊，浏览比较专业的网站都是个体进修的有效渠道。

专业提高的原则就是要主动出击，不能坐等。要知道，进修学习主要是自己的事情，而不是别人的事情，虽然有关组织负有一定责任，但根本责任仍在自己，如果自己不能有效地去寻找并抓住机会提高自己，那样进修提高就没有希望。

可以说，进修首先是进行自我反思，发现自己存在的问题与不足，因为进修是有目的的学习，而不是泛泛地学习一般知识，更不是为了获得一个文凭，尽管文凭很重要，但不应作为学习的主要目的。与此同时，工作单位应该为每个员工提供充分的和及时的进修条件，这样个体在心情愉悦的情况下更容易学到更多的新的具有实效的知识技能，从而能够学成之后很好地报效单位。当然，在目前人们的终身教育观念还没有完全成长起来的情况下，通过立法的途径来规定学习者与所在工作机构之间的责任关系是非常必要的。可以说，立法保障也是终身教育体系建设的重要环节。

（二十）成就体验——卓越自省教育

人渴望成功，因为成功是人的价值体验的根本来源。所以成就感是每个人都需要的，无论学习还是工作或是生活的其他方面，人人都希望自己是成功的。但任何成功都是建立在理想与现实的符合程度以及自己的实际努力程度上的。如果自己的理想是空洞的、脱离实际的，就很难成功。当然如果你努力不够的话，即使有可能也不会变成现实。所以成功与个人的认识能力、意志努力程度和选择的方法是否合适都有直接的关系，说到底仍然是认识和行动的关系问题。

可以说，任何成绩的取得都是在回答实践中存在的实际问题的过程中体现其价值的，无论理论研究还是从事实际的具体工作抑或读书学习，其最终目的都是为了解决实际问题，而不能解决实际问题的想法或理论是空想或假理论，不能解决实际困难的工作方法就是无效的工作方法，不能回答实际问题的学习就是死记硬背。所以成就的实际意义就是指在推进事物发展和解决实际存在的困难的过程中所起到的真实作用。

自然而然，衡量成就获得的大小应该以实际问题解决的程度作为标准。当然其前提就是所把握的问题是真实存在的，而不是自己凭空杜撰的。当这个问题真实存在时，那么你的钻研探讨才具有实际价值。而且你不能指望由别人来实践和验证你所提出的想法或理论或工作思路或工作方法，你一定要认识到既然提出理论或方法的人是你，那么负责实践或去检验的人也必然是你，因为别人很难完全把握你的意思，其根源在于思想是不可复制的。如果你能够认识到这一点，那么你就不会有偷懒的心理，也不会产生理论或思想天生就是优越的心理，而是坚持一步一个脚印地走“从实践中来到实践中去”的道路，从而使理论和方法设计永远是符合实际的，而不使它们之间有丝毫的脱离。

所以，对于每个人追求的任何目标而言，都既要有一个完善的合理的解释方式，即一个比较成熟的理论说法，也要有比较现实的实践操作方案，即自己不仅是这个方案的设计人，而且还要亲自地操作它并在操作过程中进一步发展和完善它。

此外，每个人在确定自己的钻研方向上应该相对集中和具体，而不应太过宽泛而无从下手，因为每个人的时间和精力都有限，如果问题过分宽泛就不可能钻研得太深，那么就难以对现实中的实践问题把握得太准，最后就难以对症下药，当然就不会有助于状况的改善。

所以，一个人如果想较快地取得成绩，获得成就感，关键一点就是要善于学习，不仅要善于自我反思，而且要向他人学习，特别是向有经验的人虚心求教，这样你往往能够在别人的经验教训的基础上获益。这里的他人既包括你的同事、朋友，也包括一些你不熟悉的人。成功的经验往往有一些共性特征，而失败的教训却千差万别。根据这些经验教训并对照自己的实践体会，你就会找到自己的优势和不足，从而在行动方式上取长补短，进而就会使自己前进的步伐更快一些。

可以说，成就关考验的是个体自我认知能力，即一个人是否真正了解自己，如果一个人不能真正了解自己，那么他的目标和努力方向可能就是错误的，在这种情况下要获得成功的报偿自然就非常困难了。所以，认识自己是成功的第一步。

当人真的成功了，其价值也获得了社会的认可，个人的名誉和利益也会接踵而至，此时人特别需要有一个冷静的头脑，因为人不可能永远生活在自己的功劳簿上，应该继续发挥更大的作用，并且要把成功作为新的开始。所以，人在成功后仍然需要勤奋努力，谦虚谨慎，戒骄戒躁，使自己的探索更进一步。人在成功后切忌自高自大，得意忘形，自吹自擂，如此，就距离失败不远了。就此而言，成功教育是一个终身学习的话题，应该渗透在教育活动的每一个环节，而且应该成为每个人每时每刻自我反思的主题。

（二十一）灾难威胁——风险规避教育

“天有不测风云，人有旦夕祸福”，许多人生事故都是难以预料的。所以人生变化无常，谁也不可能完全预知自己将会遇到什么，即使你再谨慎，你也难免会犯错，也难以避免一些难以预料的事情发生。因为社会变化是复杂多样的，人的生活环境也是多变的，虽然人在一定程度上能够影响环境，但毕竟这种影响力是有限的。而人毕竟要受环境的影响，而环境的影响很多时候是无法预料的，有时这些影响是灾难性的。

在现代社会，由于生态平衡被破坏，来自自然的威胁并没有减少，同时来自人为的灾祸也与日俱增。可以说，人处处都在危险中，你真的不知道何时灾难会向你袭来。即使你已经有了很好的自我保护意识，你也无意给别人造成不便，但你仍然可能成为被伤害的对象。因为随着现代化技术的发达，人与人之间的空间距离缩短了，从而相互影响的几率增加了，人不知道什么时候就陷入了麻烦之中。所以现代社会是一个高风险社会，即使一个遥远的、微不足道的事件可能会对你造成致命的伤害。在现代社会中，个体的正向作用常常是非常渺小的，而个体的破坏作用却往往是巨大的，从而许多人在不知不觉中成为了受害人和牺牲品。可以说，在今天，没有人能够完全保护自己，当然也没有人能够完全主宰自己的命运。

教会人们学会积极预防灾难应该是教育必须做的一件事。无论是父母还是学校教师，或是社会的任何个体都需要有一种安全防范意识。对个体而言需要了解各方面可能造成危害的因素和应对这些危害的常识，从心理上提高自己的安全意识。因为有些灾难虽然是毁灭性的，但也是可以躲避的，如果你有充分的思想准备，就可能逃脱灾难的威胁。在生活中，必须具有识别危机的基本能力，避免在危机来临之际束手无策。但怎么去应对突然来临的危机，确实考验个人的意志承受力，考验个体对生活本质的认识。

灾难的种类繁多，也因人而异。有些灾难是不可抗力造成的，是无法避免的，有些则是人为的，是可以避免的。人要学会在不可抗力的灾难面前学会自救，学会寻求帮助，而在人为的灾难面前积极寻找应对之机，寻找促进事物转化的时机，要相信一切都不是绝对的，一切都有变化的可能。这样人就避免了消极等待心理，从而为减小灾难影响创造了机会。

当灾难真的降临，而我们没有选择的余地和退缩的可能时，我们只能泰然处之。此时，我们只能把生命作为第一位重要的东西，坚信只要我们生命继续，一切困难都是能够克服的。只要我们心理坚强起来，我们就可以从容应对一切挑战。

可以说，避害趋利是人的基本本能，但许多时候就是因为缺乏意识，缺乏必要的知识而不能规避一些危险，从而造成许多遗憾。风险教育应该成为贯穿终身教育体系建设始终的教育命题，应该渗透到教育的每一个环节，成为每一个机构的教育内容。

（二十二）退归林下——闲暇艺术教育

退休也是人生不可回避的一个话题。在中国，不管什么人，最终都要从工作岗位上退下来，无论是主动的还是被动的，是名义上的还是实际的，都必然要退下来，因为只有当老年人实际退下来的时候，年轻人才有更广阔的施展舞台，如果上了年纪的人割舍不下自己的位子，那么就会妨碍年轻人的发展，因为老年人总是要求别人给予充分的尊重，要求遵照他们的行事惯例，这样就妨碍了年轻人的创新精神的发挥，从而也就阻碍了事业的发展。

这种情况在中国年长人群里问题特别严重。因为年纪越大的人威望越高，对资源的占有就越多，年轻人发展的机会就越有限。当一个组织不能吸收新鲜血液来补充机能时，这个机体就会出现败血症。所以到了一定年龄则应该坚决地从其原来的位置上退下来，并且还要扶持年轻人一把，如此则可以使事业发展得更快，这样做也是一件莫大的功德。

人在从原来的岗位上退下后，可能会在相当长的一段时间内感到很大的落差和不适应，但要调整这种状态，就要求年长者必须进行再学习，而不是依赖自己的传统习惯。在再学习的过程中，他不仅接受一次关于学习能力的考验，而且有可能发现自己一些潜能，培养出一些新的兴趣来，从而就会为生活注入新的活力，使生命具有新的意义。在这一学习过程中，个体还能够建立新的社会关系，从而为更新自己的观念提供了一次机会。在这个观念更新的过程中，人们就可能建立一个新的自我，这正是人不断发展的表现。

所以顺利闯过退休关，也是一种重要的人生价值体验，因为这确实能够使得人生意义和人生境界提升到新层次。

事实上，许多人并不能顺利通过退休关的考验，出现心理落差是比较普遍的。更有甚者，一些人感觉自己将要退休，就萌生了大捞一把的念头，好像不捞一把就会留下遗憾似的。许多官员违法乱纪最后锒铛入狱就是在关键时刻没有在思想上把握好退休关。

退休，如果从积极的意义上说则是自己获得了人生的闲暇时间，可以从容地安排自己的生活，可以弥补过去生活留下的遗憾，可以使生活换一个样法，这未尝不是一种享受。一旦人们度过了退休关，思想就会开朗很多，精神上就会再上一个境界，就会进一步领略人生精华。因为人生不仅是获得，而且是舍弃，这才是对自然法则的尊重，才会有利于社会进步。如果一个人过分贪恋过去的利益，那么他将为自己造成更大的苦痛，成为人生的遗憾。

毫无疑问，帮助老同志渡过退休关也是终身教育内容的一部分，也是社会教育的一部分，这部分课程可以在独立的老年大学中实现，也可以在具有综合教育功能的社区学院中实现。无论采取哪一种方式，都一定要以服务于老年同志的身心发展需要进行。

（二十三）疾病侵袭——身体保健教育

现实中，每个人都会遇到疾病的侵扰。人在年轻的时候由于生命力旺盛较容易抵御疾病的侵扰，并且借助现代医疗手段和保健措施，也能够进行有效的预防，往往对身体健康状况不重视。事实上，由于人类生活条件越来越舒适，在无形中也降低了人的机体免疫能力。特别是随着环境污染的加剧，地球生态平衡的破坏，使许多流行性疾病越来越频繁地发生。仅2000年之后，各种流感就不断地侵袭人们的生活，由此，身体保健就变成了一个普遍的、现实的课题。特别是当人进入中老年以后，身体的自我调节机能开始明显下降，这样疾病的侵袭机会就大为增加，而且身体康复的速度也明显减缓，从而身体保健的重要性就更加突出。因而，如何保持一个健康的身体和旺盛的精力就必须时刻重视。

在现实生活中，每个人都会遇到一定的疾病困扰，只不过有的严重些，有的不怎么显著，而疾病的发生不仅与个人体质有关，更是与个体的生活习惯或工作习惯有关。可以说，许多疾病都是长期积累而成的。在其中有些人可能会遇到一些非常严重的疾病困扰。如何面对疾病的困扰，也是对人的意志和精神的挑战。一般说来，意志坚强的人容易抵抗疾病的困扰，而意志薄弱的人容易丧失信心。精神乐观的人一般不会屈服疾病的困扰，相反，精神悲观的人则难以摆脱疾病的困扰。许多时候，疾病也是磨炼人的心志的机会。

随着社会变化节奏加快，人的心理压力加剧，从而人的致病因素也多了起来，许多时候人们并不清楚病由何而起。但不管怎样，在当前，采取积极预防措施仍然是上上策。所谓积极预防，就是要求人们积极地参加身体保健和心理保健活动，如加强身体锻炼，形成良好的生活方式，建立良好的心态，不断地开放自我等，这些措施能够有效地抵御疾病的发生。

但许多时候，即使我们已经采取了很好的保健措施，仍然不能完全抵挡疾病的侵袭。因为许多疾病都是在长期工作和生活过程中不自觉地积累而成的，因为每个人都必须面对工作和生活的压力，而许多压力并不能轻易地应付，人总有预想不到的时候，总有难以应付的事件，这些都会对生理的心理机能提出挑战，能否有效地应答这些挑战，不仅是对个体的精神和意志的检验，还是对个体的承受能力的检验。当压力超过了承受力极限时，疾病等灾难也自然就降临了。对此，我们没有退却之路，必须面对。

一般说来，任何工作都可能给人留下一定的职业疾患，这些疾患可能是身体方面的损伤，也可能是心理方面的创伤。无论是哪种情况，都需要自己从容地面对这些问题，需要自己经常坚持身体的锻炼，增强机体的抵抗力，提高机体的适应力，特别是提高自己心理的调适力，从而降低疾病侵扰的机会。每个人还要针对能够预见到的一些疾患采取一些针对性的预防措施，从而降低疾病的危害性。

当疾病真的降临时，我们就必须面对疾病的威胁。为此，人首先必须具有在精神上战胜它的勇气，即自己首先不能气馁，要知道许多疾病的产生都与自己的心理状态有关，当心理状态调整好的时候，疾病的痛苦也就减轻了几分。中医讲究“十病九养”，这里的“养”不仅指医药等生理方面的调养，而且指心理方面的调养。一般而言，人的疾病形成经常与人对自己的某些方面的关心不足有关，与自己高度的劳累和积劳成疾有关，当自己知道需要休养的时候就应该把自己的心理负担卸下来，彻底地放松一下，好好休息一下，不能使自己整日地被原来的思想和生活状态所限制，可以说换一种环境就换一种心情，就会减轻一份压力，就会增强身心的抵抗能力，所以不能长期地把自己固定在某一个环境不动弹，那样无论是对自己的心理还是对自己的身体都是无所裨益的。

从理论上讲，无论产生什么样的疾病，都与心理的积郁有关，所以放松神经是至关重要的。放松的一个非常有效的途径就是加强与外界的交往，因为这样能够转移自己的注意力，从而产生较好的心情。如果一个人一味地封闭自己，拒绝与别人进行交流，就会使自己的积郁加深。事实上，多一个朋友就多一个人分担你的痛苦，而你只有在增加交往时才能发现你的朋友，同时也才能进一步认识自我。

可以说，保健教育是终身教育的话题，也当然是终身学习的话题，没有人天生就具有抵抗各种疾病侵袭的能力，都是在知识学习过程中掌握一些基本的疾病预防知识和体育锻炼知识，这些知识很多时候需要转化为个人的生活习惯。一般而言，良好的生活习惯能够有效地抵抗疾病的侵袭，从而也容易使自己保持一个乐观的心态，进而增强机体的免疫能力。

（二十四）死亡威胁——生命价值教育

死亡是中国人日常生活中最为忌讳的词眼，但却是现实中无法逃避的问题。正如人生有许多风险一样，死亡威胁也处处存在。正是因为死亡的存在，生命才显得弥足珍贵。生与死是一对矛盾，没有生就没有死，有生就有死。人在面临危险时，最严重的后果就是死亡。对于任何生命体而言，死亡是不可避免的。

从哲学上讲，死亡是人生必须面对的课题。有死亡的存在才能激励生者更珍视生命的价值，才会使生更具有意义。人探索知识，追求真理，目的在于使生命更具有价值。死亡也使人们去思索物质生命背后的精神生命的意义。当人追求真理，认识真理并最终给人类带来普遍光明时，这种执著的探索精神就是不朽的。正如希腊神话中的普罗米修斯一样，他为了人类的光明去盗取圣火而甘愿受罚，这种精神就是不朽的。因此，一个人生命的意义不在于生前享受到了什么，而是死后留给了后人什么，这就是人的精神遗产。可以说，人最宝贵的遗产就是德行，就是他的品格对后人的激励和启示作用。因此，德行是人生最大的价值财富。

一个人在死亡来临之时，他应当思考一下自己究竟给后人留下了什么，自己的人生是否有价值的。如果人仅仅是对死亡恐惧的话，那只能证明他的生命价值是卑微的。当一个人感到再没有什么遗憾时，那么死亡对他而言已不再恐惧，这才说明他的生命真的是有价值的。“究竟给后人留下了什么”，这就是关于人生意义的回答。

我们认为，在人生教育中也应当为死亡教育留下一席空间，从而教育人们该如何积极面对人生，怎样使人生过得更具有价值，怎样来平衡作为物质生命和精神生命之间的关系，从而使自己的现实生命变得更精彩，使人生过得更有价值。

总体而言，从出生到死亡，在正常情况下几乎每个人都要经过二十四个关口，它们对人生的意义各自不同，都是人必须学习的内容。因此，这二十四个关口也可以称为人生二十四节气，尽管每个关口之间的区分不是绝对的，但基本上可以观察到人生变化的曲线。在每个关口，它们所代表的意义不同，所持续的时间也不同，而且每个人对他们的解读也不同。但可以肯定，每个人生节气都对人生提出了不同的要求，都是人生必须面对的主题，是不能跳跃的。要使人生具有意义，就需要人们不断地反躬自省，思索人生的意义究竟在何处，思考我们应该学习什么，应该做些什么，应该为他人留下什么。这一思考就是终身学习的过程，也是终身教育的主题。所以，终身教育的最终目的就是要使每个人的人生丰富多彩，充分实现自我的价值。

第三节　人生快乐之原则

一、良好的社会关系是幸福的基础

人生的欢乐就在于建立了一个良好的人际关系，如果没有良好的人际关系，你的生活注定是非常痛苦的，因为人在此是无法选择的，你必须生活在社会里，你不可能永远独处，你不可能把自己禁锢在一个笼子里。这就是人生的一种境遇和必然。

建立良好的人际关系的前提是理解人、尊重人、成就人。每个人都有自己的个性，这个个性有的时候是非常明显的，有的时候自己都意识不到，这就是每个人与别人的区别。作为一个正常人都应该自觉地意识到这种区别，这就是对人的基本理解。

每个人都有自己的需求和爱好，这一点既是个性的表现，也是共性的表现，所以当你有什么独特的爱好的时候就要想到别人是否有这样的爱好，自己的爱好实现的时候是否会妨碍别人爱好的实现。每个人也都有自己所反感和讨厌的事情，所以每当自己遇到不顺心的事情时就应该想到别人是否也会遇到这样的情形，别人会怎么想，自己该怎么想，怎么来避免这种情况出现。如果你心中有别人的话，你的生活将是充满快乐的，因为你有一副慈悲心肠。

你如果能够这样想，就显示出你对别人的充分尊重。这个时候你就会不自觉地想帮助别人，从别人的成功中你能够体会到快乐，而你在帮助别人的过程中则收获另一份体验和感动，原来人与人之间相处并不难，原来帮助别人会得到别人的真心回报，原来帮助别人不仅能得到心理的回报，而且能使自己的人生境界和人生经验都得到提升和拓展，这当然是人生的一件无比快乐的事情。

人生的真正过程就是这样进行的。你如果经常局限在自己的小圈子里，不试图与别人交往，不想去了解人，那么你是自私的，你自己将自己囚禁了，你是不可能得到什么真正解脱的。自私的人是不会有真正幸福的，因为他们只是为自己着想，目标只有自己，而自己的欲望永远是无法满足的，这样他就不可能有快乐。当一个人超出了自我的圈子，他才能发现世界的丰富多彩，才能发现世界的洞明和乐趣。因此人生是一个不断发现的过程，是一个不断解放自我的过程，是自己把自己从心灵之囚中解放出来的过程，这样他的人生会到处充满新奇的东西，是一个景象无边的世界，在这个世界中他能够体会到世界的无边和浩瀚，体会到什么是真正的自由，体会到自由才是人生价值的一切。而没有解放，没有自我的解放，这一切都不可能。

二、人生之快乐始终建立在物质追求与精神追求的平衡上

人生是在实现自己的追求中体验到快乐的，如果人生完全没有追求也就没有了生命的动力，正是有了追求才有了生命的动力。

而人生追求归结起来不外乎物质追求和精神追求两个方面。物质追求是人们容易感受到的，而精神追求往往难以真正感受到，而人生的真正意义恰恰就在于精神追求方面。

人的物质追求是比较明确的，也是比较有限的，相对而言是容易获得满足的，而精神追求因为难以捉摸，往往难以满足，因此常常成为痛苦的根源。

人的物质追求无外乎吃、穿、用等项，也就是人们常说的衣食住行，所谓开门十件事：吃喝拉撒睡，柴米油醋盐。这只是个概括的说法，实际上人生的物质追求远不止这些。随着科学技术的发达，开发出的产品越来越多，人们的物质需求就越来越广，如电脑在三十年前的中国还是个陌生

之物，在今天已经走入寻常百姓家；再如手机电话已经变成普通的日常消费品了，已经没有人再觉得有一个手机是什么奢侈品了。可以预料，随着科学技术的发展，走进日常生活的科技产品将越来越多，这些消费品的满足可能是没有限制的。但是在这些物质产品面前，人们毕竟还是可以选择的，如有的人就不选用手机，生活依然过得非常美满，但有了这些东西，也未必就能够保证你一定感到快乐。因为快乐是一种心理体验，是精神的东西，是无法运用物质的尺度来衡量的。而且每个人的体验都不相同，因此也不能运用同一尺度来衡量大家的感受，这是因为人们各有各的价值观。尊重每个人的价值选择，社会才能和谐，用一个标准衡量所有人或把自己的标准强加给他人，都会给别人增加烦恼。

因此我们的社会已经进入了真正的多元世界，不管承认不承认，确实如此。每个人都是在根据自己的生活经历、生活环境以及对事物的认识而对自己的生活道路作出判断和选择，没有人能够强迫别人按照自己的意志进行选择。因为这种强迫就是不自由，就是不幸福。幸福是一种自由状态，特别是意志的自由或精神的自由。

当然，获得自由也并非易事。人们的自由意识有时是自觉的，有时并不自觉。当别人压制你的时候，你自然地或本能地要进行反抗，这是自由的不自觉的表现。当你发现自由面临重重障碍的时候，你就会自觉主动地寻找消除这些障碍的条件，这又是自由的自觉表现。

自由不是由别人赐予的，而是自己争取的。自由最重要的表现就是选择自由，当你没有选择，都是别人替你决定的时候，即使你可能获得了某种东西，你仍然感到是不快乐的，因为这一获得过程是无意识的，是别人强加给你的，没有体现你的意志，因为你还没有认识这种东西是否有价值，是否值得。在你感到懵然无知的时候，你当然是不快乐的。

只有当你对一个事物进行认真选择和辨别之后，才发现这种东西确实是有价值的，是值得你为之付出努力的，当你获得这种东西后，才会觉得这是对你的努力的报偿，才会真正欣赏自己努力得来的成果，也才会真正珍惜自己努力获得的成果，否则就不会非常珍重自己所获得的东西。所以价值必定与认识有关，有意志努力有关，与情感上的欣赏有关，这一切都决定了自己选择的维度。幸福的体验就在于对这种努力获得的成果的欣赏。

所以自由是人生快乐的根本源泉，没有自由，人生就不再快乐。如果人生没有欢乐，则人生是没有意义的，也就不值得为之争取和奋斗，因为有欢乐，生活才有了意义。人生究竟有多少欢乐呢？

从生理学的角度说，人生的愉悦都与直接的感觉体验有关，没有什么快乐不是建立在基本的感觉体验基础上的。如人好五音、五味、五色，这些就是最基本的感觉体验，都是人们感到快乐的基础，从而也构成了人生享受的内容，当然也成为生活意义不可缺少的构成分子。但这些仍然是感觉的享受，是人的本能范畴，还不能代表人生的根本意义。

三、人生根本意义在于自我价值发现

人生的根本意义是什么？我们认为，首先在于对自我价值的发现，在于发现了自我的潜能，并且对自我潜能所表现的惊叹。人在最初出现把握动作时就开始了对自我力量的体验，当他发现通过自己的力量能够使世界发生改变时，他是相当惊叹的。当他发现自己能够越来越多把自己的力量施加到外界，他对自己潜能是充满好奇的，当然他自己当时并不知道这些究竟是为什么。人在这种好奇心驱使下就开始了对世界的探索，同时也就开始了自我发现的历程。人的自我构建就是这样的一个历程。

人在成长过程中，一方面发现自己具有很大的潜能，另一方面发现自己实际上仍然是受控制者，如必须接受一个比自己能力大得多的人的指导，并且服从他的指令，而且必须按照他的说法来理解事物，这就构成一种痛苦和压迫，因为许多时候自己并不明所以然，那么接受起来是痛苦的。而且当他进入学校后，这种痛苦的体验越来越多，虽然许多时候自己也能够按照外部的指令和要求去做，但就是不能获得快乐的体验。因此感到自己是可怜的、不幸的，也是没有意义、没有价值的。于是在潜意识里经常在寻找解放或逃脱，也就要寻找自己的心灵自由。

在这个时候，人觉得自己是无能为力的，觉得自己是渺小的，觉得好像外部的大世界都是在与自己作对，好像他们都已经达成了默契，而且发现自己的同伴似乎都是这样的感受，于是一点也不感到快乐，似乎大家都有一个共同的念头，赶紧逃离这个世界，去另一个世界中寻找属于自己的天地，而这个世界究竟在哪里，自己真的不知道。

当自己感觉自己是无能的时候，也就对自己不再欣赏了，甚至开始讨厌自己，于是就对自己没有了信心，也就失去生活的乐趣。此时也就不再有什么追求，只能被动地听从别人的安排，只能表现出一些简单的生理上的需求，靠暂时的物欲的满足来麻木自己，从而使自己获得暂时的逃脱。然而在他真正面临现实时，仍然会感到是非常痛苦的。

因此可以看出，人的幸福体验是建立在对自己欣赏基础上的，这种欣赏就是一种价值体验，是一种对自己能力发现后的状态，人只有在自己主动克服困难并获得了成功后才能感受到这种体验。这种成功来自外界的承认和接纳，也是对自己付出努力的尊重。所以，教育必须从发现人的潜能开始，在这个发现的过程中，使学生认识到自己的价值，获得一种成就体验，从而对自己充满信心，这样才会有继续前进的动力。如果没有外界的承认，特别是外部权威的承认，个体对自己是不自信的，自然心情是压抑的，此时也毫无快乐可言。只有在自己被肯定的过程中，他才开始建立真正的自我。这种自我的建立也是要建立一套自己的评判系统，从而自己可以独立地进行评判，而不是一味地依赖外部进行评判。

当自己不能对自己表示欣赏时，人是没有价值的。从根本上讲，自我欣赏是对自我独特存在的欣赏，即发现了自己区别于他人的地方，发现自己具有别人所不具有的能力或潜能，这种发现正是他自信力量的来源，同时也是他对人的神奇处的赞叹。人如果始终没有发现自己的独特之处，则他的人生是没有真正趣味的，他也只能被外在的物欲所吸引，那么他就是一个无主的漂泊的人。

人只有在他发现了自我的独特之后，他才能真正地体验到自我存在的价值，才可能进一步发现自我存在的价值和对他人的价值。当一个人真的发现了自己对他人的价值时，他才能真正地体验到一种成就感，体验到一种价值的尊严。尊严，说到底就是一种社会承认，它不是一种自我价值的体现，而是对他人具有价值的体验，即他是被需要的，是对别人有所帮助的，别人会因为没有你而感到缺憾，这样的价值就不再是一种个体价值，而是一种社会价值。人都有这种需要，这就是一种归属或认同的需要，即把自己归属于某个群体，认为自己是某个群体所需要的，是有价值的，而不是多余的，自然就不会受排斥。唯有此时，个体也才能主动地与社会价值进行认同，这种认同过程的动力首先来自一种被承认、被接受的体验。人在这个时候就从简单的自我走向一个比较复杂的自我或一个高级的自我。人们发现，完全依靠自己承认并不是真正有价值，必须由别人承认才是真正有价值，当别人认为是有价值的时候，个体才能获得一种真正的社会价值。

四、个体价值与社会价值的冲突促进人生达到更高境界

在人的发展过程中，人们必然会体验到价值的冲突。我们经常发现，在许多时候，自己认为是有价值的，而别人却不认为有价值，这个冲突是对自我发展的真正考验。如果不能通过这个考验，先前自我发展的成就也可能得不到巩固而丧失。因此，处理好这个阶段的发展困惑是教育工作必须重视的。

当然外部引导只是一方面，但这个冲突的最终解决必须依靠自己，即依靠自我的进一步提升，自己良心的发现，自我审判能力的提高。当一个人发现自己的价值判断确实与外界的价值判断存在冲突的时候，自己就会主动地对各种价值判断及可能造成的结果进行比较分析，然后进行取舍，吸取外部判断的有利成分，丰富自我判断的不足。当发现自我判断确实优越于外部判断时，那时的自我发展就进入了更高的层次，他就可以为自己做主了，而不再简单地听从外部指挥了。此时它越来越体验到自己的独立价值，发现自己真的成熟了，真的可以做自己的主人了。

这一过程显然是非常艰辛的，是一个复杂曲折的过程，其中可能还伴随着苦闷彷徨，伴随着看不见前程的苦恼，伴随着意志力一次次地经历考验的折磨。自己可能一次次地在责问自己为什么这么不果断？为什么不能摆脱这些痛苦？为此对人生的真正意义产生怀疑，可能在短时间内还有看破红尘的思想。这一切的经历都使个体增加了对人生意义的认识，认识到世界上的事物并不那么简单，真的面临着艰难抉择的痛苦，而且自己对于这些抉择的后果又无法预见。对于每个人而言，人生到处都是新事物，没有一点是重复的，这些新现象必须自己去面对，必须高扬自己的意志，使自己在各种复杂情境中清晰起来、理智起来、果断起来，这也是一种体现

自己意志力量的机会。正是在这个反复的心理较量过程中，个体的内在心智才发达起来，并发现自己从一个非常虚弱的自我向一个意志坚强的自我转变，从一个简单的自我向一个复杂的自我转变，此时他也发现了自我的丰富内涵，最终他还发现了自己毕竟是独立的，甚至是可以独立创造价值的，从而也就更进一步地体验到尊严的价值。

当然并不是所有人都这么幸运。真正具有独立价值判断的人其实是不多的，许多人的判断都是一种依附性的，是向某种价值判断的认同，而没有建立起自己的真正独立的价值判断。因为每个人的生存机遇不同，有的人比较顺利，没有经历太多的人生挫折考验，自然体会到的价值冲突的机会就比较少，因而其价值判断系统也就无法精细化、具体化和进一步上升；有的人则不然，似乎人生的苦难他都经历过了，而且他还顽强地挺住了，自己没有被命运牵着走，在各种打击下自己并没有变得颓唐，而是越来越相信自己了，而且在应付外部世界变化的过程中更加应付自如了。这样，他的价值系统就建立了起来。

五、独立价值系统的建立是追求永恒价值的起点

一个人只有在经受价值冲突的严峻考验之后，他才能体会到人生的真正意义所在，才能体会到什么是真正的精神，什么是可以经受考验的情谊，什么是真正的志同道合者，什么是真正的道德。一个人在经历考验的过程中，他的价值规则也经历了从依附地位走向独立的转变，他的价值标准出现了从模糊到清晰、由简单到复杂、由粗略到具体的转化过程，最终使自己的行为具有了明确的方位系统，自己成为了自我约束的主体。

个体发现自我价值规则的过程，也是他发现真理的过程。他终于发现，真理并非什么外在物，而是珍藏在人的内心。真理也没有一个绝对的标准，而是随着事物的发展变化不断地调整，而且真理永远与人的价值追求是同在的。真理首先在于一种信仰，信仰世界上真的存在着某种最有价值的东西，这种东西并非虚无缥缈，而是只要你进行认真寻找，就有可能找到的东西。这种东西也不存在于世界的外部，而是存在于人们的内心，当你真的拥有它之后，你就会感到非常充实，无论你怎么做都会得心应手，都会应付自如，你的行为是最自然的，是真诚的，是一种心灵的交

流，是非常具有穿透力的，是能够发现世界存在的奥秘的，它是一种永恒不变的真理，是你与世界同在的依据。

人在发现了这个真理之后，他的一切都变得非常清楚明白了，他的行为也就变得无拘无束了，即他获得了自由。即便这一获得过程异常艰辛，但他认为仍然是值得的，认为这才是他一生真正追求的东西，也当然是最值得追求的。于是他的精神就变成了与真理同在。唯有此时，他才感觉没有比这个意义更重大事情了，而且正是因为对真理的发现才使他的精神变成了不朽，因为他发现真理是永恒的普遍的存在，他发现了终极的价值。

所以人生的快乐最初来自于简单的感官享受，之后则来自于自我价值的发现，然后是来自于对社会价值的发现，最终是发现了自身精神的寄托，发现了永恒价值，发现了引领自己行为的道德律，这个时候的人才获得了真正自由。

因此，人生价值也是一个不断提升和不断超越的过程，它起源于最初的本能需求的满足，之后是不断地去获得社会的承认，再后是发现了自我独立的价值，最终则追求一种精神超越的价值。这几种情况在人生发展的不同阶段出现，对于每个人来说都是不可缺少的，它们都是人生意义的构成元素，但最终要向精神价值上升。

第四章

终身教育之体系建构

终身教育体系建设有无规律可循？显然这无须回答。如果终身教育无规律可循，那么探讨终身教育体系建设就无意义了。问题是终身教育体系建设究竟应遵循什么样的规律？这实际上就涉及终身教育与传统教育的根本区别。如果不能认识这一点，则无法发现终身教育体系建设应遵循的规律。

前文已经系统地阐述了传统教育的弊端、人们对终身教育的认识过程、我们对终身教育特点的观点及关于终身教育体系建设目标的界定，这一切都说明，终身教育与传统教育的根本不同在于对生活的态度，即传统教育是脱离生活的教育，终身教育的根本目标就在于使教育回归生活，使教育为人的成长发展服务，这一切都是以个性发展为中心的。终身教育体系建设正是建立在这一基本点上。

第一节　终身教育三原理

终身教育旨在提供覆盖一个人终身成长和发展需要的教育机会，这种教育机会不是偶然的组合，而是一个有机系统，它需要系统的制度设计来完成，否则终身教育建设就会落空。

如此，终身教育体系建设必然要根据一定的基本原理进行，在这个基本原理指导下，各种教育组织才能形成一个系统，各种有关的教育制度设计自然也是依据这一基本原理进行，唯有如此，才能保证各种教育机构、教育制度和教育资源最终构成一个有机系统。

一、终身教育原理之意谓

终身教育原理是指终身教育的内在要求或质的规定性，是终身教育在运行中必须遵循的规律，如果违反这些规律就违反了终身教育的基本属性，就不可能达到终身教育的目的。

这些原理是怎么形成的呢？完全是来源于人们经验的总结吗？显然不完全是，因为人们关于终身教育的实践经验还不充分，也可以说才刚刚开始，因而可资借鉴的经验是有限的，无论是正面的还是负面的。但这并不否认，终身教育已经有了一定的经验积累，如人们发现，推进终身教育首先要保证人们能够拥有比较充足的教育机会，其次要保证人们必须具有学习的动力，再次要保证各种教育机会之间有一个能够相互衔接的机制，最后还要保证建设一个有效的学习结果承认机制。但对于该如何保证提供充足的教育机会，保证人们具有持久的学习动力，建立教育机会之间的衔接和对学习结果的有效承认，则并没有明确的答案。

如果终身教育的基本原理不是根据经验总结而来，那么这是否意味着这个原理是根据一个总的原理推导出来的？如果是的话，又是根据什么样的原理呢？

我们认为终身教育当然仍属于教育范畴，只不过它是一种理想的教育。作为教育活动，就必然要遵循教育活动的基本规律。教育活动的基本规律一般是指三条，一是要适应受教育者的身心发展需要规律；二是适应社会政治经济提供的基本条件的规律；三是要符合知识发展的内在逻辑。这三点是教育活动的普遍规律，终身教育当然不能例外。但终身教育具有自己的特殊性，否则就失去了其存在价值。我们认为，终身教育的特殊性就在于人们对终身教育有特殊的期待，说到底也就是它的理想品质。

终身教育的理想品质就表现在它是以学习者为中心的（高志敏，2001），这正是它超越于传统教育之处。尽管进步主义思潮已经提出了“儿童中心”理论，但这个理论并没有成为教育活动的主流，人们仍然习惯于知识传授的模式，此时儿童又不自觉地被当成客体了。但是要把学习者变成教育活动的中心，这能够行得通吗？这确实需要确凿的证据。

终身教育是一个覆盖全部教育机会的系统，不是仅指某一部分的教育，如果坚持以学习者为中心的话，它能够贯穿教育活动的始终吗？换言之，人们怎么来处理灌输与激发之间的关系，特别是在人幼小的时候。进一步说，我们怎么对幼儿实施启发式教育？如果完全实施启发式教育，那么成本该如何计量？

这也正是终身教育体系建设面临的理论课题之一。我们知道，教育资源永远是有限的，在教育活动中不可能不讲究成本。所以在教育活动的手段上就不可能采取完全理想的方式进行。这也意味着终身教育理想的实现是一个渐进的过程，不可能一步达到。这引申出终身教育的另一个原理：渐进性原理。

终身教育体系建设是一个渐进的过程表明，终身教育的任何进展都不能超越社会经济发展所提供的条件，超越这个条件的话，终身教育事实上是不可能的。

我们知道，学习型社会就是以学习者为中心的，这与终身教育的“以学习者为中心”有什么本质区别？事实上，终身教育就是学习型社会构建的一部分，这两者是同一个事物，并没有区别。终身教育就是学习型社会的内在要求，即因为要实现人人学习的状态，所以就要为人人学习提供条件，终身教育体系建设是实现人人学习的条件。当然，这里的人人学习是指有效的学习，是指符合学习者要求的学习，也是促进个性最大发展的学习。但如果仅仅按照理想的模式进行，而不关心社会经济实际提供的可能，那么这种理想也是不可能变成现实的。所以终身教育体系建设必须与社会经济发展条件相协调，特别是在发展步调上终身教育体系建设不能特立独行，必须遵守教育活动与社会经济发展水平相一致的规律。我们把这一规律称为“协调性原理”。

这三条是终身教育体系建设应遵循的最基本原理。其中“以学习者为中心”是核心，它既是学习型社会建设的内在衡量尺度，同时也是终身教育体系建设的中心衡量尺度。而“渐进性原理”、“协调性原理”都是辅助的、延伸的。这三条原理既来源于经验，但超越于经验，应该说这些原理是各个国家共同遵奉的。下面我们将对三原理进行逐一阐释。

二、“以学习者为中心”原理

以学习者为中心，是终身教育的理想特征，也是终身教育的根本特征，如果不能实行以学习者为中心，终身教育的价值将不存在。所以，以学习者为中心是终身教育建设成功与否的根本标准。

在传统教育中，学习者是作为受教育者存在的，他一般处于从属的地位，而教育者代表国家或统治者的意志来进行宣教，是处于主导的或主体的地位。接受教化就是受教育者的根本任务，达到规定的目标要求是学生的义务。自然而然，学生完成学习任务是教育完成自身任务的基本表现方式，这也是学生实现自身社会化的必要步骤。

随着教育改革的深入，人们开始对这一教条产生异议，提出学生也应该是主体，这个理论假设在于：如果学生是被动的服从的就难以获得真正的知识。只有当学生真正成为学习主体时，教育才是有效的。目前这个假设已被认为是教育学公理，因为教育活动毕竟不同于其他社会活动，如果学生不积极参与的话，教育活动的成效就是非常低微的。

但“把学生也作为教育活动主体”的理论面临一个困难，即学生主体与教师主体是同等地位的主体吗？如果不是同等重要的主体，则与先前的一个主体没有本质区别。如果是同等重要的主体，那教育活动该如何进行？课程该如何安排？还能完成教育的任务和目的吗？这大概就是双主体论的理论缺失之处。

一般而言，如果教育活动已经有了既定的目的任务，那么教师和学生的地位也就分明了。如果在教育活动中教师是主要责任人的话，自然要按照教师的意志行事，这也就确定了教师作为主体的地位了。此时学生自然是作为客体出现的。这一地位与采用什么样的教学方法无关。因为无论是启发式教学还是灌输式教学，都是以教师为主体的，学生积极参与与否都是表面的，并不决定实质的教育进程。但不同的教育方式确实会对教育任务的完成质量产生非常不同的影响。

在终身教育体系中有没有既定的教育任务要求？回答应该是肯定的，因为终身教育体系包含国民教育体系，必然包括义务教育。此外，无论是职业教育还是高等教育，它们都有明确的教育目的，当然都是不以学习者的意志为转移的，如此，怎么来实现以学习者为中心呢？

“以学习者为中心”原理的直接内涵是：学习者需要什么，然后教育体系提供什么（包括提供相应的课程、教材、教师、设备等），一句话，教育体系是为学习者服务的。如此，这是否意味着该原理不适用于国民教育系统？对此，我们必须进行一下剖析。

我们认为以学习者为中心这个原理并没有错，关键是学习者的意志如何表达。在此首先要回答：学习者什么时候能够表达自己自觉的、主动的学习意志，即我们能否替儿童作出决定？习惯上我们都认为儿童一直到大学阶段都还没有完全成熟，都需要进行引导和辅助，这也是学校需要老师、辅导员的原因。如果学生都是心理成熟的或智力成熟的，那就不需要那么多的辅助机构。教师的角色因此也就发生了变化，他主要是知识传授者的身份，而不需要承担监护人的角色。当我们假设儿童是不成熟的时候，就会设想教师要承担更多的责任。

如果教师负主导责任的话，还能否仍然实现以学习者为中心的构想呢？我们认为存在这样的可能性，即教师确立以促进儿童发展作为目标而不是以传授知识为目标的时候，是能够实现这一构想的。换言之，教师在服从自己的良心之后，认定学生发展才是教育的唯一的目标，其他目标都是从属于它的话，仍然可以实现以学习者为中心。这时教学计划、教学大纲等都是辅助性的，而不是指定性的，学校和教育主管部门给教师以充分的裁量权，教师可以自己设定教学目标，然后根据实际情况进行组织教学，如此才能实现促进学生发展的目标。

在课程设计方面，学生参与的深度和广度也是变化的。一般说来，随着学生年龄的增长，允许学生进行选择的余地就越来越大，固定的课程科目应该减少。如此，以学习者为中心的目标就能够从形式到实质比较好地实现。

因此，以学习者为中心，不是仅仅停留在形式上，而是要落实到教育理念的转变上。真正以学习者发展作为目标时，就是实现了以学习者为中心的目标。这要求教育体系、教师思想和教育管理方式等必须进行调整，能够给教师一定的自主权，使教师能够为了完成促进学生发展而进行教学目标设计。

三、渐进性原理

渐进性原理的基本含义是：终身教育没有一个固定的或标准的模式，它是一个不断建构的过程，它在不同时期有不同的目标，它也没有固定的起点，它的发展重心也是变动的。这意味着，在不同社会发展时期，教育发展的重点是不一样的，因为人们的需求也是不一样的。这个原理提示，进行终身教育体系建设不要企图去照搬某一个所谓成功的模式，必须根据实际情况进行具体的创造。

就我国社会现实而言，终身教育建设体系面临着三种截然不同的社会发展条件，既有处于从农业社会向工业社会转型的状态，也有处于从工业社会向后工业社会转型的状态，还面临着从后工业社会向信息化社会转型的状态（何传启，2003），因此必须根据具体情况确定具体的教育发展目标。

一般而言，在社会发展程度比较低时，终身教育体系建设的重心是比较低的，教育的内容和形式也是比较单一的，职业技术培训可能要作为终身教育的核心内容；在社会发展达到比较高水平时，教育的内容和形式也丰富起来，普通教育可能渐渐占据主流的位置；在社会发展程度比较发达时，教育的内容和形式就变得丰富多彩起来，专业教育将越来越成为主流的需要；当社会达到高度发达的程度后，人们的教育需求是多样化的，休闲教育将成为核心内容。休闲教育就是一种身心调养教育，是人们克服物质需要的障碍后实现个性需要的部分。

（一）从农业社会向工业社会转型时期

在社会发展程度比较低的时候，谋生还是第一位需要，人们需要不断地改善自己的经济地位，需要不断地提高自己在职业体系中的地位。在这个时期，社会竞争是主导的社会关系，因为这个时候个体发展机会是稀缺的，每个人都在尽其最大所能争夺稀缺的机会。此时，公平的社会秩序供应最为紧缺，换言之，这个时期最缺乏大公无私的社会领导人来建设强有力的制度来处理稀缺资源分配的问题。

在这个时期，人们最重视的是能够导致物质生活水平改善的职业技能的提高，因为这是个体安身立命之本。这种关注导致了对职业技术教育的持久需求。如果没有外在体制的干扰，这种教育形式应该是教育的主导形式。所以这是一种实用主义教育，也是社会进入基本民主的表现。假如一个社会存在一个顽固的官僚体制，进入官僚体系能够获得额外的巨大利益，则人们会把进入官僚体系作为终身追求。中国科举制度就是这样，有的人一生都是在准备科举，范进中举就是这一典型。此时，终身教育是不成体系的，人们接受终身教育在很大程度上还是自发的，所接受的教育内容是不确定的，教育组织形式也是零散的。说到底，社会还缺乏能力组织成一个完善的系统来满足人们的需要。

一般而言，在社会发展处于从农业社会向工业社会转型期，人们已经有了很大的流动欲望，但流动机会是非常稀缺的。通常人们希望借助体制或市场所提供的机会来实现命运转变，在集权化社会里，人们往往把希望寄托在体制上，而在分权化社会里，人们则把希望寄托在市场上，更强调个体努力。

（二）工业化时期

在工业化社会发展阶段，社会流动则依靠一种普遍的文化素质，特别是交往能力与社会合作能力。在这个时期，工业化生产主要依赖的是机器而不是个体技能，相对而言，操作技能总体而言是简单的，那么人们要获得发展机会则主要依赖于一种合作能力，也就是一种交往能力。这个时期对个体的品德要求比较高，要求人们尊重常识，尊重公德，强调为自己的行为负责，这些都是一般文化教育内容，而非专门的知识技能。

这时社会表现为重视学历文凭，并按学历高低决定机会的分配，这样就形成了一种文凭主义风气。客观地说，文凭是一种筛选机制或承认机制，人们相信，只有优秀者才能获得最大的承认。因为这些优秀者首先是那些善于理解规则者，是理解能力或接受能力非常强的一部分人；其次他们也是那些最勤奋的人，他们能够从要求而不是从自我意愿出发来调整自己的行动，所以他们是理智者，善于合作者，因而也是对规则的忠诚者；再次他们往往没有其他资源可以依凭，所以对体制有强烈的依赖感。同时这些人也深深地意识到体制的弊端，因为他们也能够感到体制是专断的、偏执的，对个体命运是主宰的，个体地位是卑微的。

在这个社会里，人们对荣誉的重视程度更甚，也即重视社会符号，对实质利益往往关注不足。此时学历文凭就代表一种社会地位，人们以获得更高的学历文凭作为一种荣誉标准。但这种文凭对个体发展作用究竟多大，或是否真正促进了社会发展，则不是人们关心的目标。

（三）工业化后期或后工业时代

后工业化时期是个性开始展现的时期，此时人们的基本物质需求已经能够得到满足，开始对统一产品表示厌倦，更欣赏具有个性的和特色的东西，于是社会生产开始走向精细化，相应地，社会发展对专业化程度要求比较高（贝尔，1987）。那么，要应付越来越个性化的社会需要，就必须提升专业技能水平，因此就需要掌握比较专门的知识。此时，文凭主义开始式微，精深的专业知识成为需要的主流。于是专业教育开始发达起来，专业教育领域就不再限于传统的少数科目，而成为所有知识群的总体发展方向。

专业教育的发展是对教育体系一次大扩充，它大大地加深了知识探索的深度，使知识探索精细化了。这种知识挑战人们的智力兴趣，只有对知识探索有兴趣者才能在这里获得比较满意的结果。这个时候知识探索是一种荣誉的象征，并非一种简单的谋生手段。

（四）信息化时期

在信息化时期，由于网络技术的发达和广泛运用，使得学习者之间的相互沟通变成了必要和可能。那么，建立学习者网络中心就是社会发展大势所趋，它使人们可以通过网络交换信息，获得自己所需要的信息。在网络化时代，“以学习者为中心”越来越成为现实，同时自我发展的心理需求也越来越成为真正的问题。

在当前，信息化给教育提出的一个挑战是如何处理真实自我与虚拟自我之间的关系问题。当人们进入网络空间时，自我就会发生变化，它开始剥离真正自我并对真正自我形成欺骗，从而逃避真实自我遇到的困境。但当人们重返现实世界后，虚拟自我的影响便显现出来，从而经常混淆现实世界与虚拟世界的界限，这样会造成一种自我的混乱。特别是当人沉溺于网络空间后会对其人格、行为习惯产生巨大影响，这是当今社会不得不面对的问题。

不得不说，网络资源为个体学习和发现自我提供了极大的便利，同时也造成了自我发展危机。于是人们不得不在享受高度的物质便利同时也面临着自我认同的危机，因而，人该怎样对待自我，成为了一个真正的问题，这就使得闲暇教育成为此刻终身教育最重要的主题。

信息化时代不仅带来了学习方式的革命，也带来了学习观念的革命，特别是关于知识观念的革命，知识开始改变过去的固定的和绝对的特性而展现出一种游戏特征（后现代）。此时的知识开始带有强烈的交往性品质，在这里，知识具有明显的契约特征。此时人对自我的认识就更困难了，从而人们对学习的需求越来越急迫，而且这种学习需要是终身性的。这一变化，要求教育方式必须随之变化，而教育方式又在很大程度上取决于人们的心理需求状态。

这一形势正是当代学习化时代所提出的命题，也是终身教育体系建设面对的课题。

四、协调性原理

终身教育体系的建设进度与社会经济发展状况息息相关。可以说，教育不可能脱离经济的实际承受能力。如何使终身教育体系建设与社会经济发展相协调呢？我们认为，一是终身教育建设的机制应该与社会经济运行机制相一致，具体而言就是要做到市场机制发挥基础性作用，政府发挥引导和调节的作用；二是承认利益多元化格局，促进各方利益的协调平衡。

（一）在调控手段上做到政府引导与市场机制并重

我们知道，终身教育体系尽管应该包含教育活动的每一部分，但在目前它仍然是一种理想状态，还没有转化成现实。终身教育体系建设需要在现有教育体系基础上进行改造并使之完善。这个完善过程是在现有教育运行机制的基础上进行，并非要建立一个特别的机制，尽管现有机制仍然需要进一步完善。

显然终身教育建设只靠政府力量是不行的。政府力量虽然强大，但它的局限性也非常突出，即由于它是一种权力集中的模式，不易于调动各方面的积极性。因为在终身教育实施过程中，全民参与是必然的，只有使每个社会成员都变成积极的行为主体，他们才可能积极地投入学习，教育效果才可能是有效的。而且终身教育建设的目的就是为了服务于每个公民的发展要求，如果脱离了公民的主动参与，显然这样的终身教育建设是不可能成功的。

从另一个角度看，完全采用政府权威模式，效率也是低下的。我国计划经济的实践就已经证明，完全依靠行政的手段来配置社会资源的效率是低下的，因为这种配置模式极容易形成平均主义，不利于照顾到具体的、个别的需要。对于终身教育的实施而言，最大程度地照顾个体发展需求是持续努力的方向。因而我们必须摒弃传统的思维模式，即把一切都寄托在政府的努力上。

虽然完全依靠政府是不行的，但离开政府同样是不行的。这不仅是由于我国文化传统的原因，更主要是终身教育的实施必须有一个有权威的调节机制，如需要完善终身教育立法，制定终身教育的政策文件，还要扮演一定的监督责任。从这个意义上讲，还没有什么机构能够代替政府的角色。问题是如何使政府更好地发挥作用同时又能够调动社会其他成员的充分参与。这就要求建立一种与政府力量相互平衡的机制。

根据国际与国内实践经验，可以得出这样结论，补足政府力量的比较有效的方式是靠市场。问题是哪一方力量为主导。关于这个问题就有很大的分歧。一般来说，达到市场与政府力量均衡的模式是最好的，但均衡的标准是什么？如何达到均衡？况且，均衡模式是以两者必然存在冲突为前提的，但是两者必然存在冲突吗？难道不能形成互补吗？

理想的状态是划定两者相互管辖的区域。比如就教育而言，由政府决定每个公民获得的基本受教育机会，而市场则调节个别的需求。这基本上是国际上通用的模式。国家进行市场监督，制定规章引导市场运行。此外国家设计终身教育机构之间的衔接。所有这些都是国家发挥作用的领域。而市场则是在法规的引导下提供多样化的教育服务，满足个性化的需求。

一般而言，在终身教育体系建设初期，需要政府放权，让市场发挥更大的作用，目的在于激活市场，提供多样的教育服务。之所以如此，就在于政府所掌握的资源有限，需要把分散在社会上的资源调动起来。而通过命令式的手段难以完成这一任务，而市场机制能够较好地完成这一任务。而且政府也没有能力设计出满足各种需要者所需要的教育产品来，必须通过市场机制才能发挥出开发市场的作用。显然这是一种粗放型发展模式。

在中期阶段，政府可以发挥较大的力量进行规范，因为这时各种教育服务机制的积极性已经发挥出来，但存在参差不齐的状况，为了保护学习者的利益，就需要加大监督力度，这样，各种消费者才能获得正确的市场指引。这就进入了质量提高阶段，这也是从粗放型发展向集约化发展转型的阶段。

在后期，政府的作用在于提供更多的基本教育产品，市场则提供专门的特殊的产品，这样，终身教育的发展就呈现出比较均衡的状态。最终，市场的作用越来越向公益性方向发展，成为一种第三部门机构，实际上政府和市场都开始转变功能，变成了一种社会治理的机构。

（二）在发展目标上努力实现四元利益平衡

在终身教育体系建设中必然要面临来自四个方面的压力，它们分别是来自政府、社会、教育机构和学习者（王洪才，2004a）。政府代表国家利益提出要求，社会则代表社会各行业的利益发出声音，而教育机构则代表专业教育群体提出要求，学习者代表自身提出要求。客观地说，这四者在根本利益一致之外还存在着冲突，其中，政府代表国家利益常常占据主导地位，而其他几个利益主体则经常处于博弈状态中。当然，政府的意志也常常是不同利益集团声音的反映。但不管如何，他们之间存在着广泛的一致利益，如在当前，国家利益集中体现在对国家竞争力提高的诉求上，这一利益就融合了社会集团对经济发展的诉求和教育机构对知识的诉求以及学习者对个性兴趣满足的诉求。

但根据终身教育体系建设的要求，这四者必须达成新的统一，即根据“以学习者为中心”原理，在未来，学习者的利益是第一位的，政府在制定方针政策时应把学习者需求应该放在中心的位置；社会各行业在用人政策上也应该自觉为学习者提供学习便利机会；教育机构在教育计划安排上应该以方便学习者为原则；而学习者个体则需要发挥自己的主观能动性，参与到终身学习中来，并且为完善终身学习条件作出自己的贡献。

当然要做到这一步还存在不少困难，这些困难既有物质条件方面的限制，也有主观认识方面的不足。这些困难对每个利益相关者而言是不同的。

第一，对学习者而言，他们对自己的学习需求清楚吗？这是一个核心问题。事实证明，多数学习者对自己的需求是不清楚的，这大概也正是其需要学习的原因。这意味着，学习者对自己需求的认识是一个不断发现的过程，也是一个在外界的启发下不断觉醒的过程，学习者对自己的需要有一个从感性向理性转变的过程。因此，对“以学习者为中心”原理不能作机械理解。甚至可以说，单纯从某一方面出发，并非真正照顾了学习者的利益，只有综合了教育机构的意见和社会用人单位的意见后，才能真正反映学习者的利益，否则学习者的利益不能得到真正保证和实现。

第二，对于教育机构而言，提供什么样的课程才是最合适的？这个问题并不好回答，它不能完全根据学科的需要来决定，也必须综合社会发展的需要、个体发展阶段的需要以及机构自身的特点来制订，在其中还必须贯彻国家对教育的总体要求。在考虑了这些复杂因素后，一个适宜的教育方案也不是那么容易制订的。

第三，对于社会各行业而言，它的困难在于并不知道现实需要和长远需要如何结合起来，特别是不知道如何统一在一个具体的培养方案中，更不知道一个理论方案与实践操作方案的距离究竟有多远，所以很多时候它只能提出一些意向，需要依靠教育实践部门依照自己的智慧进行摸索。

第四，对政府部门而言，如何才能制定一个能够照顾到各方面利益的平衡的政策方案，使学习者利益真实地得到保护，又不挫伤其他方面的积极性呢？这不仅是一个理论课题，而且是一个现实操作的课题。在这个方面，各个国家在文件政策制定中都是非常谨慎的，都希望政策的出台能够调动各方面的积极性，并使学习者利益达到最大化。事实上，政策制定的核心就是要找到利益的共同点，弥合利益之间的分歧，调动各方的积极性。

在终身教育体系建设中，政府作用始终是不可代替的，但它所扮演的角色并非一成不变。我们认为在发动时期，政府要扮演发动者的角色，之后则逐渐退居幕后，以政策调控作为自己的主要责任；在建设初期，专业教育机构责任最重，因为它要担负组织学习资源并保持有效课程的责任。毋庸置疑，在建设初期，有形的、集中的、比较系统的课程占主导，政府在课程资源方面进行协调；在建设中期，社会各个行业力量发动起来，社会开始多方面提供学习资源和课程资源，学习网络初步建成，那么专业教育机构在其中起基础性的地位，而社会的各个行业、部门开始成为活跃的主体；在建设后期，学习者的主体作用充分开发出来，每个人都已经成为学习型个人，他们能够比较理智地提出自己的学习要求并为完善学习网络建设作出自己的努力，这时开始了以学习者作为主角的时代。

由此可见，在终身教育体系建设过程中，各个利益主体的地位作用都是不一样的，也是变化的，最终将突出学习者的地位，但在开始阶段，学习者还不能自然而然成为主角。尤其在发动阶段，政府所扮演的作用是无法替代的，因为要形成一个全社会的学习氛围，只由政府进行组织动员才是最有效的，我们不能希望学习的积极性自发地形成，因为那是与时代变化速度不相适宜的。之后重心逐渐下移，直到最终实现了学习者的中心地位。我们把专业教育机构放在仅次于政府作用的组织，再次是社会行业的力量，即社会自组织的力量，这也是成熟社会的必然要求。最后才是学习者自身地位，这是终身教育体系建设的归宿，因而也最重要。显然，这是一个漫长的过程，也是逐渐形成社会新风尚的过程。这个时候，社会的规则体系就逐渐完备，人们都自觉地按照规则行事，政府不必事事进行动员，教育机构则按照自己的规则有条不紊地进行，社会各个部门也在法律规定的框架下行使自己的职能，完成自己的职责，每个公民都成为自觉的社会主体，充分享受社会发展带来的福祉。这正是终身教育体系建设的目标，也是未来社会发展的方向。

我们认为，社会发展的必然趋势是：社会自治力量将越来越强，社会治理越来越依赖一种柔性的互动机制来实现，终身教育也将成为社会治理的一个重要途径。最终，终身教育体系就是一种遍布全社会的学习网络，在这里人们有充分的自由的交流机会，这不仅是一种自我学习的方式，而且也是一种社会参与的方式，因此，学习型社会实质上就是共同治理的社会。当然这是一个需要不断探索的过程，为此每个人必须贡献自己的聪明才智。

五、终身教育的体系特征

可以发现，终身教育体系的最终结果是终身学习网络的形成（郝克明，2006），这种学习网络除了覆盖传统的教育机构之外，还将包括许多的无形的教育机构所提供的学习机会，这个学习网络表现出以下的重要特征。

（一）无边界性

指终身教育覆盖人的终生，不限于具体的场所场合，随时随地都能够生成教育环境，包括有形的教育和无形的教育，教育空间具有无限开放性。

（二）普遍主体性

终身教育不是指特定群体，而是包括每个人，即每个人都是教育者和被教育者，在终身教育体系里打破了身份限制，既有专门的教育工作者，也有一般的教育工作者，只要他有目的地促进了别人的发展都是扮演教育者的角色。同样，受到影响的人无论是在有意识的状态下还是在无意识的状态下，都变成受教育者或学习主体。

（三）无间断性

指教育场景是随时生成的，伴随人发展的全过程，人只要是反思，他就是在进行学习，就是在接受某种教育。所以只要思维的主体存在，那么学习活动和教育活动都会发生。

（四）融合性

各种教育活动是相互作用的，并且服务于一个共同的目标——发展人，开发人的潜能，实现人最大程度的发展；这不仅是指教育内容方面，也包括各种教育机构之间的合作，特别是表现为人们之间合作学习的意愿和学习资源共享的意识。显然这时人们不把学习当作手段而是当作目标了，人人以促进相互学习作为一种生活品质的追求。

（五）互补性

各种教育机构之间的功能是有差异的，它们是互补的，也是相互促进的，在互动过程中共同构成一个完整的教育体系。有形的教育组织在教育活动进行中起着骨干和引导作用。无形的教育活动承担着教育活动相互连接的作用。这一点是说终身教育本身应该成为一个体系，这是一种理想的目标，并一定能够变成实际。

第二节　终身教育体系的构成

一、终身教育体系的结构特征

（一）终身教育体系是在改造现有教育体系基础上逐步形成的

在终身教育推进过程中，肯定会有许多教育机构出现，单独的学校教育机构并不能完全胜任终身教育的任务，因为终身教育的目的就是要满足人们多样化的教育需求，而正规的学校教育机构的功能是有限的，必然要有大量的其他类型的教育机构出现，这些机构都是些什么机构？它们彼此之间的关系是怎样的？学校教育机构的位置怎样？

可以说，这些问题是不可避免的，我们必须了解未来终身教育都需要什么样的机构，以及如何处理彼此之间的关系，否则就无法指导终身教育体系的具体建设。

如前所述，终身教育是在现有的教育体系基础上进行改造和不断完善而成，即我们不可能将现有的教育体系废弃不用，而新建一个体系，这是不现实的，也是不可能的（郝克明，2006）。但现实的教育体系却很难适应终身教育的目的要求，必须进行修正、改造和扩充。我们发现，目前基础教育存在的问题最大，因为这种教育仍然是应试取向的，不能培养人的终身学习能力。但要打破应试教育的桎梏还需要做很多工作。大学教育系统也是需要改进的，因为这种教育仍然是传授知识型的，不是培养创新能力型的，这就妨碍了人的潜能的发现和开发（闵维方，2004）。

最大的问题是在成人教育部分，目前成人教育办学目的仍然是学历导向型的，而不是从满足生活需要出发的。成人教育走向职业化、实用化是其根本出路。而且目前成人教育供应严重不足，仅限于专门教育机构的提供，所以提供的教育内容和形式都比较单一。我们认为，未来教育需求的重点是在成人教育部分，因为这是人生时间最长的阶段，也是生活变化最剧烈的阶段，同时也是对教育需求最强烈的阶段，如何满足这段人生发展变化的需求是终身教育体系建设的重点。

在未来，发展最迅捷的是满足人们对教育选择需求的教育服务咨询机构，这些机构也提供大量的课程，不过它们提供的课程是短期的，是一种转换性质的，不同于正规课程。这些机构我们可以称为准教育机构。此外就是社会机构所提供的学习机会。事实上，每个社会机构内部都蕴藏着一定的教育功能，它们都可以提供一定的学习机会，能够满足人们对多方面知识、信息和经验的需求。而且这些机构对于自己成员施加的教育影响就是一种特殊的教育形式。也可以说，每一个社会机构都可以从自身的文化中挖掘出教育的内涵来，它们对员工所进行的教育培训都是一种特殊的教育，这些特殊的教育也将是终身教育体系的重要构成要素之一。

（二）终身教育体系由三个基本部分构成

从总体上讲，终身教育体系将是一种从中心向边缘扩展的模式，在这里，中心的机构就是学校教育组织，在这个核心区域之外是准教育机构，再之外则是社会机构。在学校教育组织内部，又以大学作为核心组织，中小学作为基础组织。在准教育机构中，社区教育组织是一个主要组织，其他组织是作为辅助性机构而存在的。而社会机构则作为教育的外围组织而存在。如此，就构成了一个覆盖全社会的教育网络系统，从而反映人们的终身学习要求。

在终身教育系统中，越是专业化的教育组织越是教育的核心组织，因为它们的目标最清楚，提供的教育服务越专门化，越具有不可替代性。越是朝向边缘，越具有多样性和可选择性，越倾向于满足个别需要的特征。可以说，终身教育越是发达，越向外围发展，相反，教育则越是强化内核组织。前者是教育越来越个性化的趋向，后者则是越来越学历化的趋向（小林文人，等，2003）。这也是终身教育发展的一个重要特征。所以说从学历化走向个性化既是教育自身的发展方向，也是衡量终身教育发展程度的标尺。当个性化充分发展的时候，是终身教育越来越成熟的时候。

（三）教育体系的不同组成部分承担不同的教育功能

如果对教育的功能进行划分，那么可以划分出人格养成功能、专业知识传授功能、职业能力培养功能、兴趣发现功能。就目前教育的功效而言，只有在专业知识传授方面是比较成功的，而在其他三方面则是不怎么成功的。最不成功的就是人格养成问题。可以说养成健康的人格，是教育工作的重中之重，因而说是学校教育的首要工作，这也是把学校定位为教育系统的核心组织的依据所在。学校教育机构就是围绕系统的专业知识的传递来完成健康人格的培养任务的。在准教育组织中，重点则是培养人的职业能力，而在社会机构则是为了满足人们的兴趣要求。

二、终身教育体系的主要构成

不可否认，终身教育体系是由一系列教育机构组成的，这些机构服务于人生发展需要的各个阶段，他们应该是有机地联系在一起的，而不是一种简单的自然组合，否则就无法承担教育的系统功能。

具体而言，终身教育体系应该包括家庭、学前教育机构、学校教育机构、职业教育机构、社会教育机构、专门教育机构六个部分，这些机构都是根据人生成长的不同阶段而设置的。在其中，学校教育机构仍将扮演重要角色，但其他机构的重要性将越来越突出。

（一）家庭

家庭是每个人成长的第一课堂，父母是每个人成长的第一任教师。家庭重点在承担启蒙教育任务，是所有教育的基础。

在终身教育体系建设中，家庭教育仍然发挥着不可替代的功能，即便家庭不是教育的核心组织。可以说，家庭环境对一个人的基本性格倾向的影响是巨大的，甚至决定一个人终身的价值选择。从某种意义上说，什么样的家庭教育就决定一个人什么样的成长方向。在人的一生中，家庭始终发挥着重要的影响。

在家庭教育中，起决定作用的是家长的素质，如果家长能够以不断学习的态度来对待子女教育，就会对子女形成一个健康的人格起到积极的作用。目前家庭教育中存在一种普遍的问题是家长带有一种专制型人格倾向，即把自己的意愿强加给孩子，把孩子作为实现自己愿望的工具，在无形中压抑了子女人格的健康成长。只有家长作风是开明的，才有可能关注子女本身的个性潜能发展的需要，才不会把自己的意志强加给他们。家长作风转变也是推动整个社会教育风气转变的重要的基础，是形成学习型社会的基础。正是从这个意义上讲，有人提出学习型社会建设要从学习型家庭建设开始。

（二）学前教育机构

学前教育机构是一个相对专门的教育机构，但这个机构是为了使儿童从家庭过渡到学校，因此不可能是专门的教育机构。在这个阶段，教养的内容还是主导，虽然其分量越来越轻。这个时候需要更加重视儿童的心理发展特征，进行任何施教必须遵循这个规律，这也叫可接受性原则。在这个阶段尤其不能进行灌输，必须激发儿童多方面的兴趣，看儿童究竟有哪些方面的特长。所以这是一个真正发现儿童潜能的时候，这个时候特别要尊重儿童的主体性，否则就不可能成功。

现在出现了一种学前教育机构过分注重文化知识传授的情况，这在很大程度上是违背儿童身心发展规律的。对这个问题必须引起重视，特别是引起学前教育的管理机构的重视。在目前，家长有一种冲动，似乎让幼儿提早学一些文化基础知识对他们未来进入学校学习会有很大帮助。这种想法是非常幼稚的，因为他们没认识到如果这个时候压抑了儿童自由探索的兴趣的话，就会使儿童非常早地出现厌学的情绪。一旦这样的情绪产生后，再进行矫正就非常困难，因为那时他们就会有一种挫败感，这种挫败感一旦生成就很难克服掉。所以在幼儿园时期，虽然可以传授一些文化知识，但不能作硬性的要求，应该以游戏的方式进行，而不能变成机械灌输。

（三）学校教育机构

这是目前教育活动的主体机构，也是专业性最强的机构，而且在形式、层次、类别上是多样的。它与学前机构最大的不同在于它有明确的任务要求，并且伴以考试制度以检查教学效果。这种正规化的组织的结果常常把考试目标与教学目标混为一谈，结果导致了应试教育的后果。

学校教育机构是目前争议比较大的机构，人们指责它对人的培养是片面的，是为了应试，因为进行系统的知识传授的基本出发点就是为了培养精英，而非为了培养普遍的素质。如果要培养人的基本素质，就必须大大降低学业难度，使之适合所有人的自由发展要求。为此必须大力推行选修课制度，使所有学生都能够学到自己喜欢的知识。现在中小学教学的知识难度太大，并不适合于所有人学习，最终结果只能采取灌输式教学。因为要采用启发式教学需要教师高素质，需要实行小班教学，需要给教师以自主权，而这些在现实条件下是不可能的。

当前中国教育改革的重点和难点都是基础教育，因为它在总体上属于精英教育体制，是为了考试选拔的目的，而不是为了公民自由发展的目的，当然也不利于培养终身学习能力，甚至还造成了学生的广泛的厌学情绪。

进行终身教育体系建设，首先应该是进行普通教育改革，因为这是基础。如果这个基础不好，后面的终身教育建设就不可能成功。这迫切要求我们改变传统的观念，如果传统的观念不变革，一切都是形式上的而不是实质的。

在普通教育阶段，我们必须树立多样化的、个性化的发展观念，这是终身教育实施的核心思想，是自由的、全面发展的人的原则的具体体现，这个实施也是培养独立人格、培养批判性思考能力的基础，当然也是培养创造性思维的基础和培养创新能力的基础。

学校教育重点在于根据知识自身的层次划分教育的级别，并使道德教育贯穿始终。科学知识体系是以认识的方式来进行传授，而道德教育体系是一种实践体系，需要与社会广泛结合才能进行。但根本上是要发挥教师的主体作用，因为教师自身具有创造性，他们不是被动的命令执行者，而是课程的制订者。换言之，教师是创造的主体，由他们的创造才能真正激活学生的创造性。如果想绕开教师而片面地去追求学生的创造性的发挥，那无异于建设空中楼阁，是一种舍本逐末之举。

一句话，普通教育的改革必须通过课程改革来实现。课程改革的重点是要降低课程难度和密度，使课程难度适应普遍智力的学生要求而不是少部分尖子生的需要。当这种压力消失之后，学生作业变得容易后，学生才能自由发展，其创造力才能迸发出来。中小学新课程改革如果认识不到这一点，就可能走向了形式化。

当外在压力消失之后，教师才可能自由地设计课程。我们主张每个老师都应该成为课程专家，他们根据学生的程度自由编制教材。他们既有固定的教材，也有活的教材。每个学校都应该拥有对课程开发的权利，从而开发出适应本社区的适用教材和课程体系。每个县都应该是一个比较独立的社区，有权决定自己的课程体系。当他们拥有这个权利之后，学校教育的活力才能显现出来。

这当然是一场革命，不仅是思想观念的革命，而且是体制的革命，要求大力下放权力，赋予中小学以创造性。要使中小学能够直接地反映社区发展需要，而不是为了外在意志。这当然需要一系列的配套条件：一方面教师必须达到专家的程度，教师非常注重自己专业权利，而且能够保证自己的权利；另一方面社区居民的自主意识真正形成，社区不再是一种纯粹自然的村落，而是能够有效互动、形成共同道德规范的一个有机社区，应该是一个心理性的社区，从而他们能够主张自己的意志。最终使得学校与社区之间能够进行有效的互动。所以，终身教育体系的建设成功有赖于社区建设的成功。

（四）职业教育机构

这里的职业教育机构是指附属于职业组织的教育机构，不是指单独的学校教育机构。职业教育机构是独立的还是应该归属于职业机构，这确实是一个非常有争议的问题。只有由职业组织提供的教育机会才可能比较符合职业组织的具体需要。学校教育机构只能培养一般的通用的职业技能，而不能承担比较专门的职业技能，因为这并非学校所长，在这一点上，职业学校所推行的双证书制度在理论上是合理的，而在实践中是难以行得通的，因为学校往往是重视理论，而实践环节容易成为薄弱部分。只有那些与职业部门结合的比较好的职业学校才办得比较成功。而这些学校往往有职业成功的背景，即其举办者就是实业家，他们更明白职业培训的规律。可以说职业学校更注重专门的职业素质，而不是一般通用的技能。

（五）社会教育机构

在学习型社会中，社区应该成为成人学习活动的中心机构，它将代替学校成为一种提供多方面服务的综合性的机构。如提供保健教育、休闲教育、育儿教育、职业培训等。因为社区具有与学习者距离近的优势，从而便利学习者获得学习机会。在未来，即使有网络性的学习组织，但只能是一种辅助性的机构，不能成为主导的机构。学校是非常正式化的组织，不能提供灵活的服务。因为学校有一套比较严密的组织，不可能像超市一样提供各种各样的教育服务。而网络可以起到学习信息交换的作用，还不能成为学习组织的实体机构。因此社区能够起到学校机构不能起到的作用。所以在终身教育体系构建中，社区性教育机构的作用非常强大（小林文人，等，2003）。

像图书馆、社区活动中心、博物馆、体育中心等机构仍然是集休闲、学习、交往和技能培训于一体的机构，这些机构将向全体公民开放，这些机构都是一些准教育机构，我们把它们统称为社会教育机构。

（六）专门化教育机构

专门化教育机构是针对特定人群的教育组织，并且对参与者有一定的资质要求。现在老年大学就是一种专门化教育机构，它的服务对象就是老年人，在这里老年人不仅可以交流、娱乐身心，而且可以找到展示其学习兴趣的地方。未来将出现许多俱乐部式的机构，这些机构一方面是联谊性的组织，另一方面将提供相互切磋、交流学习的机会。所以这是一种准专业性的组织，也是非营利组织，而且也不是全开放的组织，这些机构一般都采取会员制。而且这些组织的公信力也非常高。可以说在未来社会架构中，公民社会组织非常发达，个体需求越来越专门化、多样化、情趣化，需要许多这样的社会自组织机构。它们虽然不能成为社会主流的、主导性组织，但是对社会和谐的促进作用是不容低估的。

此外，在未来将出现大批的教育咨询服务机构，它们将作为专门的教育机构、学习者和行政机关之间的沟通桥梁，提供一定的教育培训，教育政策咨询服务，代办一些专门教育机构委托的服务事项，提供专业化的信息支持，协助专业的教育部门指导学习者进行入学选择。可以说，他们的出现将促使教育部门功能更加专业化，弱化自身的行政管理职能。

三、终身教育体系建设的基本原则

如前所说，终身教育本质上是生活教育，所以服务于生活需要是终身教育体系建设的根本宗旨。它具体表现为以下四个具体原则。

（一）与人生发展阶段相适应的原则

终身教育体系建设的一个基本原则是：教育机构的设立应该覆盖人生的每一个发展阶段，每一个教育机构都应该有自己比较明确的功能定位，必须服务于人在一定阶段或时期的发展需要，使其所提供的教育服务或学习内容能够反映生活实际需要，与人的发展阶段的需要相适应。这样可以促使教育服务越来越专门化，教育功能越来越多样化，并满足人们的教育选择的要求。

（二）主动地提供服务与适时引导相结合的原则

在终身教育体系建设中，教育主管部门和教育机构及教育专门服务组织都必须率先进入角色，要预见到学习者可能提出的要求，这样才能制订出系列的服务计划，从而引导学习者选择。因为很多时候人们并不知道自己真正需要什么，因此就需要适时引导。这意味着需要建立大量的教育服务组织。对于教育机构而言，它们在对学习者进行引导之际，必须具有一种超前服务意识，主动提供相关的课程项目，从而吸引人们主动参与学习。对政府部门而言，则需要提供大量的支持性服务，保障人们能够获得比较适宜的学习条件。

（三）各种教育机构之间有机衔接的原则

在终身教育体系建设中，所设立的各种机构之间应该是相互衔接的，都应该能够提供一种转学分课程，方便学习者在各种教育机构之间进行选择和转换。这要求教育机构要放弃眼前的暂时利益，进行相互合作，制订合作协议，保证学分转换和教育质量。就教育主管部门而言，不仅要推动不同机构之间进行横向合作，而且要建立质量监控体系，保证各种教育机构所提供的教育服务质量是高层次的。我们认为，只有各种教育机构之间是相互衔接的，才能保证教育服务是终身性的，才能促使终身教育体系向健康的方向发展。

（四）便利选择与代价相适应原则

终身体系建设目的是为了向学习者提供终身性的教育服务，而不是为了主导学习者的意志，在这里，教育活动的主体是学习者，因此教育服务的提供必须服从便利选择的要求。但这仅仅是事物一个方面，因为建设终身教育体系不可能不计成本，这些成本不单纯包括学习者所付出的成本，也包括教育服务提供者所需要花费的成本，那么就必须实现两者之间的平衡。代价指建设的费用与学习者可以承受的费用，方便选择是学习者的客观要求，将两者综合起来进行考虑才能保证终身教育体系建设的成效。

第三节　终身教育体系的评价原则

一、终身教育评价之维度

（一）终身教育建设需要评价

终身教育体系建设是否需要评价？这是实践中经常遇到的一个问题。因为终身教育体系的建设不可能是一个完全自觉的行动，它是有目标有计划的行动，因此它的进展程度就需要客观评价。这种评价既可以是内部的，也可以是外部的。作为建设者主体进行的自我评价是一种内部的评价，而由外部需要者进行的评价则是外部评价。那么评价应该以外部评价为主还是应该以内部评价为主？

客观地说，如果建设终身教育体系是一个完全自觉的行动的话就不需要外部评价，因为进行外部评价就是要进行外部引导，必然将外部意志渗透进来。但终身教育体系建设不可能达到一个完全自觉的程度，就必然要引入外部评价。特别是在终身教育体系建设的起步阶段，因为它还不能够自觉地反映社会需要的意志，那么就由外部制订目标，并根据外部的满意程度来评价终身教育体系建设的进展程度。

只有当终身教育体系的建设达到了一个高度自觉的程度后，关于终身教育体系建设的评价才会从外部转向内部，这主要依赖于建设主体的自我反思性进行。要达到这样一个程度，意味着教育体系内部实现了高度的专业化，教育在运转过程中具有高度的自律性，这样就不需要社会进行系统的监督。可以说，这是一个漫长的过程，特别是需要学习者对终身教育体系建设过程的高度参与，这样终身教育体系在建设过程中所面临的问题也会通过学习者与学习机会提供者之间的有效互动而得到解决。

终身教育体系建设是一个复杂的实践活动，人们对它的认识还存在很大的不足，所以也很难预料在具体的建设过程中会遇到什么问题，如何解决这些问题也没有固定的方式，为了避免在建设中出现更大的问题，由外部进行适度的评价引导是必要的。随着人们对终身教育性质的认识逐渐深化，终身教育体系建设将越来越趋向于自觉，那么对外部引导的依赖就会越来越少，那时关于终身教育建设的评价措施就会逐渐淡出。因此，在终身教育体系建设的起始阶段还必须进行外部引导。外部引导的关键是建立一个有效的评价机制。

（二）终身教育评价的两个维度

如前所述，对终身教育评价可以由内部与外部两个主体进行。而评价的维度也有两个，一个是内部的，另一个是外部的。所谓内部的，是指终身教育体系的建设达到自己规定的目标的程度；而外部的则是指终身教育体系建设与社会建设之间的和谐程度，或它对和谐社会建设的促进作用如何。

但无论是外部的还是内部的维度，其基本前提是终身教育在建设过程中必须遵循自身内在的规定性。如果违背了其自身的属性，那么无论其表面效果如何都没有意义。

当确定基本前提后，终身教育与外部社会发展之间的和谐程度就成为更重要的评价尺度。因为终身教育体系的建设服务于一个更高的目的而存在，即促进社会发展，终身教育体系的建设是学习型社会建设的手段和目标之一。在这个总体评价框架确定之后，进一步确定具体的评价尺度，即它达到预期目标的程度。可以看出，是否与社会建设相和谐是一个根本的评价尺度，它也是衡量终身教育目标设定合理与否的一个评价尺度。

进一步分析还可以发现，对终身教育评价的基本维度的确定实际上是对终身教育原理的具体运用。遵循“以学习者为中心”原理，是评价终身教育是否合理的前提条件，否则就不能归属为终身教育方面取得了进展；“渐进性”原理是评价终身教育达到具体目标的程度；“协调性”原理则是考量终身教育与社会其他方面进展之间的关系状态是否良好。

（三）终身教育体系评价的基本尺度

1. 促进终身教育按照规律发展

终身教育沿着两个方向而形成，一是沿着发现人的潜能方向去发展自己，一是沿着社会对个体要求的方向来形成自己。这两个方向缺一不可。如果教育不能根据人的潜能进行，这样的教育不仅是盲目的，而且注定是失败的。同样如果教育不能根据社会需要进行调整，这样的教育也是不能成功的。社会需要决定了教育实现的可能和条件，而自我潜能决定了教育发展的方向。一句话，教育不可能是违反人自身方向或发展规律，但要遵循这个规律还必须视社会提供的具体条件为转移。如果不能进行两者的有机结合，这注定是不能成功的。所以，这两方面的条件缺一不可。

人是如何发现自我的呢？一般而言，人的自我发展都是在挑战困难之后才形成的，人在挑战困难的过程中才发现了自己究竟是谁，自己的能力究竟有多大，这种挑战是客观的，不是臆想的，人在这种挑战过程中，内在自我开始生成，一方面通过自己感知，另一方面通过外部评价，在自我评价和外部评价的互动过程中形成了不断提升的自我。而自己成长的环境则为自我发现提供了一定条件，尽管这种条件是有很大差异的。所以在这个意义上，人都是一定环境的产物，人不可能超越于具体的生长环境。但人始终是他自己，他不可能脱离他自己的本质，这个本质来自于他先天的禀赋，来自他的营养发育条件，当然也包括父母的教育方式及外界施加影响的方式。外界影响很多时候是来自社会环境的，当然也与个体自身的素质有关，换言之，环境影响方式也不是固定的，也会随一定的对象物的变化而变化。成长的主体就是环境影响的对象物，因为各个主体内在的差别和对外的反应方式差别很大，也使得外界的影响方式也是变化的。可以说，世界上没有绝对相同的影响环境，其原因就在于每个个体是不同的。反之亦然，因为每个个体不同，与环境相互作用的方式也就不同。

这就决定了教育方式不应是千篇一律的，应该依据主体不同而变化。反映个性发展要求的这一规律就是教育学中的个性化定律，我们可以简称为个性律。

尽管在教育活动过程中应该照顾到每个个体的独特要求，但每个个体在发展目标上其实是一样的，即都要成为他们自己，成为理性中的自己和不可替代的自己，在这个意义上每个人又是平等的。这一规律就是教育活动中必须遵守的第二个定律：平等律。

教育活动中的第三个规律则是主客体条件相适合的定律，也即在对个体进行施教时不能超过个体潜能条件所提供的许可，一旦超过了这个许可则教育过程总体上是无效的，而且这个潜能条件与外界条件存在着一定的依存关系，换言之，只有适当的外界条件的存在，个性潜能才能发挥出来，如果某个人没有表现出某方面的才能，既可能是外部条件不适当造成的，也可能是由于他本身就不具有这个潜能的原因，这两者都是客观的、现实的，都是不以人的意志为转移的，所以这一规律叫作现实律。

第四个规律是：教育过程必须与个性特质、外部条件的可能以及社会群体的意愿协调一致，这样才能达到个性的健康成长，这一规律就是协调律。

2. 促进教育内在价值的实现

以上几个定律是对终身教育体系建设的要求，而非仅仅针对某个教育阶段而言。因为人终身都在面临挑战，都需要学习，都需要外界的支持，都需要接受到一定程度的教育，而现实中每个人的发展条件是不一样的，无法强求一律，但又都必须在一个共同的大环境中发展，所以必须平等相处，个别对待，与自己环境条件适宜，达到自我发展的目标。这样，教育就是个性的、平等的、可能的与和谐的。

所以终身教育的内在价值就是：个性、平等、客观、和谐。这四者就成为终身教育发展的内在规定性，违反其中任何一条都会损害终身教育，就会妨碍终身教育目标的实现。

那么对终身教育体系建设的评价也就基于这四个基本价值，并把它们具体化为一定的操作原则，从而成为评估终身教育发展进度的内在指针。

（四）终身教育体系的评价最终走向自我评价

促进社会和谐是终身教育体系建设的根本目的，而促进独立个性的形成是终身教育体系建设的基本要求，这两者是衡量终身教育体系建设成功与否的根本尺度，如果终身教育体系建设不能在这两个基本方面有所作为，则很难说它是成功的。所以，终身教育在这两方面的作为程度自然就成为评价的基本指标。

但建设和谐社会的过程是一个渐进的过程，它是人们思想认识变化及行动变化的反映。在开始阶段，人们对和谐社会的特性认识并不深刻，从而也不可能出现完全的自觉自愿行动，此时就需要外界激发和引导。外部引导主要是要提供一个客观的可参照的价值尺度，从而引导人们深化对事物的认识，并促进人们变不自觉行动为自觉行动。当然这个价值尺度应该是公认的，是大家都能够遵守的标准。当有了一个价值尺度后，个体行为就有了参照，从而可以避免出现盲目行动。当然，如果价值导向出现偏颇，也会形成不良反应，如可能使个体出现某种固执状态，或形成虚假自我，从而偏离了真正的自我。

万事万物皆有一个开端，终身教育体系的建设也是如此。它从何处开始呢？当然要从价值原则的确立开始，因为没有价值原则就不知道方向和目的，就无法形成规范的力量，也就不知道最终结局如何，所以终身教育体系的建设必须有自己的价值坐标，这样才能具体规范地行动，形成比较一致的目标。

终身教育有很强的自主生长的基因，这个基因源于人具有学习能力。因为人具有很强的适应能力，从而人能够通过学习而改变自身，通过对行为的选择，人能够逐渐变得自觉起来，有了这些就足够了。事实上，万物生长都是基于适应性。如果不能适应，就不能生存，当然就无法发展变化，也即不具备学习能力，当然也就永远无法自觉了。只有自觉才能实现自我控制，才能在行为上有所取舍，从而才能决定自我发展方向，进而才能产生真正的价值感。否则他的行动是盲目的，也不知道自己究竟是什么和为什么。

人生是有目的的，这个目的就是发现自我和形成自我，而且最终还要超越自我！人的成熟和独立，就在于形成了独立的自我。但要形成独立的自我，首先就必须寻找到自我的潜能。寻找自己的潜能是从发现自己的潜能开始的，之后是对潜能的认识，这个认识由朦胧认识逐渐到清晰认识，这个认识过程是随着潜能的展现而不断深入的；再后是形成自我意志，即形成了价值标准，开始为自我发展规定方向和目标；最后是反思自我，超越现有自我，使自我向更高层次发展。

由此可见，人的潜能的发现始自人具有认识能力，并随认识能力的发展而提高自我意识程度，然后才形成了自我价值目标，形成了自我意志，最后才形成了一种批判自我和超越自我的能力。自我的核心就是一种理智审判能力和自我批判能力，这两者决定了自我发展的方向和动力，从而呈现出主体性和超越性，使自我变成一种能动的力量。正是因为人有了自我，才能对自我的行动负责，才使人告别了其他动物，成为世界的主宰。

所以，评价终身教育体系建设最终也必须依靠自我评价，而不是依赖外界评价。终身教育的发展过程，也是一个形成其自我的过程，也即形成了自己存在的原因，自我发展的动力，自我审判的依据和自我消亡的条件。这意味着它不是永存的，也是有存在条件的，当条件不存在时，它也就不存在了。

二、终身教育体系建设的评估原则

（一）终身教育评估目的

1. 如何实施有效的评价

要进行有效的评价，首先就必须有明确的目标，这是决定评价效果的第一位的因素；其次要有明确的准则，以此来保证评价活动在有序中进行；再次是要有明确的标准，这样才能对体系建设的进展和存在的问题进行具体的诊断；最后还要有一个激励机制，不然难以收到评价效果，因为评价本身不是目的，评价是为了促进发展，那么适当的评价激励机制就不能短缺。

这似乎陷入了一个悖论：终身教育本身的目的是为了保障人们自由的学习机会，为了保障人们的学习意愿能够顺利实现，而现在又要进行外部评价，这似乎又把学习变成了一种强制的行动。真的是这样的吗？

事实并非如此。因为终身教育体系的建设仍然属于提供学习条件的范畴，它的建设程度应该反映在它能够为人们提供便利的学习的程度上，或者说是人们对学习机会的满意程度上，所以对终身教育体系建设的评价并非对学习本身进行评价，两者并非是同一事物。

但它们之间有没有相互转化的关系呢？即外部条件因素变成引导学习者学习的目标呢？实事求是地说，这种可能性是存在的，因为两者之间具有天然的不可分割性。当人们提出自己的学习要求时，自然而然地就对学习条件提出了要求，反过来，提供学习条件本身对学习要求的形成也具有引导作用，进而也可能会使学习者对学习目标进行调整，这是一系列的影响。所以当人们对终身教育体系建设的成就进行评价时，在一定程度上也就是对学习者的学习行为进行评价。

尽管如此，我们仍然认为，外部评价对学习者学习行为的影响可能是积极的，如对终身教育体系建设的肯定意见在一定程度上也会强化学习者的学习行为，也能够促进学习者的行为更加自觉主动，如向教育机会提供者提出自己的合理化建议等，从而使终身教育体系建设更加符合学习者的意愿，进而增加了学习的有效性。所以这是一个相互促进的过程，并非外部评价一定会导致对学习自主性的干扰。

事实上，学习者的学习意愿和学习主动性也不是天生就具有的，也是一个逐步形成的过程，它是一个内外部相互结合的过程。因为人们的学习行为并不能完全建立在好奇的基础上，必须是针对现实中的问题和要求进行主动的学习，这种学习过程需要学习者意志的参与，即需要学习者有意识地努力才行，否则就难以形成共同意志，社会发展就缺乏了方向性。这意味着，在人们的学习自觉性极大提高之前，进行外部引导是必要的。进行外部引导需要内外部两方面条件的相互配合，一方面，学习者自己需要有主动的学习意愿；另一方面，外部的引导有利于个体形成一个合理的学习行为取向。只有当内部的学习意愿与外部的条件提供之间获得了比较一致的配合时，才能产生较佳的学习效果。如此看来，建立一个客观的评价系统是非常必要的。

2. 如何建立有效的评价系统

建立有效的评价系统，首先要把握终身教育体系建设的目标。因为评价体系本身建设不是目标，它是服务于终身教育体系建设这个目标的，那么，如果不能准确地把握终身教育建设的目标，评价系统的建设势必会出现偏颇。其次，要清楚评价体系的有效构成要素。因为只有这些要素存在，才能发挥其结构功能。可以说，任何系统都建立在一定的构成要素基础上，只有这些基本要素存在，才能形成要素间的相互联系和产生一定的功能。因此对评估系统的要素分析就不可少。再次，要确定评价系统的主动行为者或主要行为者。这是评价系统建构的关键，评价系统的运转是靠这些关键要素的带动才稳定地运转起来的。再其次是形成评价系统运行的基本原则。这是评价系统自我规范的基础，如果没有这个自我规范的功能，那么评价系统总体功能的发挥是不可靠的。最后是评价的根本标准问题，即在施行具体评价方案时要清楚它是服务于一个什么样的核心目标来进行的。

（二）终身教育体系评估的要素

1. 终身教育体系建设的目的

前面已经探讨过，终身教育体系建设就是要服务于每个社会成员的人生发展需要，为其顺利渡过人生各个难关提供切实的指导和帮助。

人生最重要的事情就是形成独立的价值追求，形成自己独特的个性，这个个性的形成是建立在自我价值发现的基础上的，而且这个价值发现是在个体挑战各种困难并最终获得成功的过程中所获得的价值体验，没有这些挑战的成功作为基础，个体就难以形成一个独立的价值系统。如果有外部的帮助和指导，当然会对个体挑战成功起到很大的促进作用。

所以，评价系统的建设，就是以能够提供的便利多少作为衡量的基本指标，并且以提供便利的大小作为衡量值，从而形成一个合理的指标系统。

2. 关于评价系统的构成要素

评价系统由四个基本要素构成，首先是评价者，可以设想，如果没有评价的具体实施者，那么评价系统就不可能成立；其次是评价对象，即那些参与评价的具体项目及它们的承担者和具体责任人等，这些都是评价对象的构成内容；再次是评价工具，即采用什么方式来进行评价，这些工具何以知道是否合适等；最后是评价反馈，即评价结果如何发布，如何接受外部监督，如何对评价自身进行评价等。

（1）评价者

参与评价的人都有谁呢？我们认为至少应该由三方人员构成：一是建设者代表；二是学习者代表；三是第三方代表。建设者的主要责任人是政府，此外还有社区组织者和社会组织代表；学习者则是接受教育服务的一方，从中遴选出能够反映学习者利益的代表来；第三方一般是具有独立地位的专家学者，他们的立场是中立的，不代表任何一方的意见。

一般而言，独立利益一方应该在评估中占据主导地位，这样可以防止出现利益联盟现象而损害真正的利益关系人。9 人委员会比较合适，5 人为独立学者专家，4 人为双方利益代表，各占 2 个名额。这样既避免利益上的不均衡，也避免因机构臃肿而无效率。

（2）评价对象

评价对象就是建设主体所提供各种教育服务，包括终身教育的目标制订、具体实施方针、具体规划措施、具体落实情况、学习者的反馈意见，这些材料由终身教育机构的代表人负责提供，这些资料应该是写实性的，而非概括性的。除此之外，评价材料还应该包括机构的自我总结与评价报告等。

（3）评价工具

评价工具一般分为主观评价和客观评价两部分。主观评价由实施评估的人实地考察进行；客观评价则通过各种材料反映的信息进行量表评分。一般而言，主客观评价是相互结合的，并且一般以主观评价为主，客观量化评价作为辅助工具。

（4）评估过程

评价一般分为提出评价要求、提出自评报告、实地考察、初始评价、评价答辩质询、终结评价及评估结果发布七个环节。评价是建立在自愿的基础上，评价性质是过程性评价，换言之评价目的在于促进而非为了评比。所以评价要淡化量化评价，注重质性评价。

（5）评价反馈

评价反馈包括形成初步评价意见、收集被评价单位的意见、收集社会反响的材料、接受被评方的质询、严格评价程序、形成最终评价意见、提出进一步建设指导性意见等。这些都是评价活动的基本工作，也是维护评价声誉所必需的步骤。最终，各方面的反馈意见必然纳入评价体系进一步完善的过程中。

3. 评价行为的主动行为者

进行终身教育体系建设的评价是为了促进社会和谐，虽然每个社会成员都非常关注社会和谐问题，但政府尤其关心，因为这是关系到社会治理的程度，关系到一个政府的活力问题，所以政府是评价行为的主动行为者，担负着评估行为的发动工作。但这并不意味着必须由政府直接组织进行评估。因为在任何时候，政府都是一个强势集团，其意志会对参与评估的各方产生广泛的影响力，从而左右评估的意志，造成先有结论后进行证据收集的嫌疑，当然这样的评估就不具有可信度，也是令人反感的。所以评估不应该成为政府的直接行为，政府只是为评估创造良好的氛围。

但这不代表政府不参与评估活动。事实上，政府可以提出评估的规则，并派代表参与评估过程，而不作为评估行为的具体组织者。政府应该发挥引导和监督作用，而不是直接包办评估，这样就把政府的主导地位体现出来，同时又使评估在客观公正的基础上进行。

可见，政府扮演什么样的角色，对评估的进程和评估的效果都有直接的影响。

4. 评估系统运行的基本原则

（1）参加者自愿原则

参加者自愿原则是指政府只扮演发动者的角色，而不进行统一部署，也不把参加评估与否作为运行效率评价的先决条件，这样做是为了充分尊重终身教育机构的自主性，使他们能够把自身内在的积极性、主动性充分发挥出来。否则建设者就会把目标盯在外部要求，而忽视内部的实体建设，这显然是有违建设的目标。

如果参加者能够做到完全自愿的话，就代表他们真的希望外界给以指导，希望自己进一步完善，而不是担心自己某些做不到位的地方被发现。

（2）评估者中立原则

理论上讲，评估者就应该站在中立的立场上进行评价，因为一旦评估者有了明显的价值偏向，则评估就失去了客观性和可靠性，那么评估本身就失去了意义。这要求在评估者的构成方面要特别重视评估者的德行操守，尤其是要选择那些代表独立立场的专家学者。我们知道，一旦评估者的立场出现了问题，后果是非常严重的，因为他们的立场产生偏颇时很难马上被发现，他们经常冠以科学的、公正的名义进行，如此就具有很大的欺骗性。

评估者中的政府代表和学习者代表要做到人数对等，这样，即使他们代表各自的立场，也会在总体上保持平衡，不会出现立场严重偏颇的现象。对于他们而言，最重要的是考察他们的代表资格，作为政府方面代表就应该由政府委派，作为学习者代表就应该由推举产生，这些人必须有公益心和公正立场，真正代表双方的利益立场，而不是仅仅从个体的角度出发进行评价。

（3）评估指标协商原则

这个原则提示，根据评估的目的不同，评价指标体系也应该是不同的，即在评价指标体系构成中，既有分散的单项的评价指标体系，也有一个综合的评价指标体系，究竟采用哪一种评价方式，则由申请评估的部门与实施评估组织咨询后协商决定。这样就不至于引起对具体评估单位的粗暴干涉。

（4）评估结果沟通原则

评估目的不是为了评比，所以评估结果只是一种咨询性的意见，目的在于发现存在的问题并促进申请者更好地进行建设。所以无论什么时候，都不能使评估结果对申请者产生威胁，那样的话就会使评估者为参加评估而参加评估，从而使评估变成了一种走过场和表演。这当然对推动终身教育体系的建设是不利的。

为此要求评估结果不得在不征求申请者意见前自作主张公开，因为公开后会产生一系列的社会后果，有些后果可能是申请评估者不愿意见到的，因为这些后果可能对继续建设产生消极的影响。所以评估结果如何处理必须充分尊重申请者的意见。

（5）评估过程节省原则

这意味着，评估的进行应该以实际条件为转移，而不是严格地遵循一个模式。这不是不要一定的程序，而是说在遵守基本的程序外，其他的程序可以以申请者的自愿为出发点，采取可选择程序的方式。因为评估过程自然要有相当的花费，这些花费当然都是基于申请者的自愿负担为前提的，花费过大就会出现负面效果。评估本身是促进建设而不是施加压力，所以评估过程应当以节省为原则。

可以说，这几个原则从总体上贯彻了方便当事人，使评估过程客观、公正、高效、有序地进行，以及最终要达到促进终身教育体系建设的目的的要求。这就使评估者、申请评估者之间的利益能够达成一致和合作，而不把评估作为外部强加的意志。

5. 评价的最终目标

可以看出，建立一个有效的评价制度对促进终身教育体系的建设是非常必要的。我们认为，进行终身教育体系建设，直接目的是为了促进学习型社会建设，间接目的在于建设和谐社会。而和谐社会最终是以形成公民的自觉性和主动性为目的，从而大家为建设一个美好社会而共同努力。所以，和谐社会建设的过程也是每个公民反思学习的过程，是每个人反求诸己的实践过程，它与学习型社会建设是互为表里的，终身教育体系的建设就是要促进这一目标的实现。

衡量公民自觉性和主动性程度的核心标志就是社会自治程度，这是公民自觉性、主动性的最高体现，因为依靠外部治理总是被动的、不自觉的反映，那么学习型社会形成就应该反映在公民自觉性、主动性的提高上，即反映在社会自治的程度上。

如何才能反映出社会自治程度呢？我们认为，社会公益组织出现的多少和其自组织程度的高低是其衡量标准。我们知道，营利性组织虽然也能够促进社会建设，特别是对社会物质财富增长具有重大作用，但这并不能够代表人们的自觉性、主动性就会提高，因为它们是受利益所驱使的。对于这些营利性组织需要有很强的外部规范进行管理，否则可能会形成恶性竞争，会导致社会无序的状态。这也是为什么需要控制的原因。

而社会发展到一定程度，就会出现公益组织，这些组织不是为了营利，也不是为了小集团利益或强势集团的利益，而是为了大众的利益和社会的利益，它们的出现能够弥补政府职能的不足，从而大大增加社会的和谐程度，因为它们可以增加社会救济力量，关注一些政府力量关注不到的地方，从而使社会中的弱势群体产生归属感，增加对社会的认同。而公益组织的发展则是社会自组织程度提高的结果，当然也反映了社会自治的发展程度，反映了社会成员的有效参与程度。而社会成员的参与也应该体现在终身教育体系的建设过程中。换言之，没有社会成员的有效的、广泛的参与，终身教育体系就不可能是满足最大多数社会成员学习要求的，因为社会成员在学习要求上是如此多样，只有最大可能地满足这些多样的学习要求，才能使社会成员的个性得到极大的发展，才能实现每个人的自我发展，才能吸引每个社会成员都为社会建设贡献力量。也只有这样，社会才是最和谐的。

所以，这个评价方案的核心标准应该是以公益组织的建设成果作为评价标准。这种公益组织实际上就是学习型社区的雏形，因为它是靠自愿参与和贡献作为其志向的，而学习型社区的核心理念就是分享，其成员为了实现共同的愿景而分享各自的经验、信息、时间和智慧，并且能够达到相互促进的目的。只有有了如公益组织这种基本的组织模式，真正的精神性社区才能形成，此时人们的行为动机就超出了自利的保守的目标，在思想上和行为上就更具有公益性和开放性，从而大家才能够进行真诚交流，相互学习，共同分享学习成果，达到共同发展心愿。所以公益组织建设程度最能够体现社会参与程度与社会自治程度，也能够表明真正的社区组织——学习型社区的建设程度。

显然，对于公益组织的建设和发展，政府需要给予扶持和引导，并要给予法律上的保障，从而变成一种引领社会风尚的行动。如果没有比较开放的社会氛围，反而对一些公益组织给予限制或刁难的话，那么这种社会自治性的行为就会受到压制。当然这就不利于调动社会参与的积极性，自然也难以促进学习型社区建设。我们认为，政府的力量毕竟是有限的，应该发动社会力量广泛参与，特别是在这些公益组织起步阶段，地方政府一定要给予积极的鼓励和支持，并提供必要的帮助，如提供活动场地等。如果没有这些基本的条件，他们所从事的基本的社区活动就难以开展。可以说，在中国，如果缺乏地方政府的支持与配合，要成立公益组织、发展学习型社区几乎是不可能的。

6. 对评价效果的评价

如何检验评价进展的实际效果呢？这是评价设计必须考虑的问题。这实际上是一个元评价问题。元评价，就是对原初设计的评价方案进行反思，反思其设计思想、指导原则和操作步骤等每一个环节是否存在缺陷，这不仅是针对评价结果和评价过程中暴露出的问题进行的思考，而且也是根据评价反馈提供的信息进行的反思。这一反思过程都属于元评价内容。进行元评价，无疑是为了改进评价过程，提高评价效果。

进行元评价，在评价方式选择上既可以采取征求被评估方意见的方式来获得信息，也可以通过调查社会对被评估对象的意见来获取信息，甚至可以采取第三方评价的方式来评价，这样可以提高评价的公正性、客观性和科学性。

可以说，任何评价方案都是一个渐进的建设过程，都不可能一开始就是完美无缺的，也不可能是一成不变的，都需要在具体实践过程中进行检验并得到不断修正。

第五章

终身教育与学习型社会建设

终身教育体系是学习型社会的有机组成部分，它不仅是学习型社会建设的一个目标，而且也是学习型社会构建的基本途径。没有学习型社会作为总体目标引导，终身教育体系建设也就失去了根本方向。没有终身教育体系作为基础，学习型社会建设也就变成了空中楼阁。终身教育体系建设的最终目标也必然要构建一个终身学习体系，该体系就是一个立体化的学习网络，为全社会提供学习资源的支持，使人们能够随时随地获得学习机会和学习支持，形成全社会人人重视学习、人人参与学习和人人支持学习的氛围，使人们生活在一个学习化的社会里，这样的社区就是学习型社区，这样的组织就是学习型组织，这样的个人都是学习型个人。这既是学习型社会建设的目标，当然也是终身教育体系建设的目标。所以终身教育体系建设必然要与学习型社会建设融为一体并自觉地为学习型社会建设服务。

而学习型社区建设正是终身教育体系建设与学习型社会建设的交汇点，建设学习型社会必须从学习型社区开始，而终身教育体系建设也必须以学习型社区建设作为根本途径。

第一节　学习型社区建设的基本理论

一、构建学习型社区的意义

（一）学习型社区与学习型社会

1. 学习型社会

简言之，学习型社会就是一个以学习为本的社会（郝克明，2006；高志敏，2005）。在这里，学习是社会发展的根本动力，全社会形成了尊重知识、重视学习的氛围；在这里，社会关系是扁平化的，人人都是学习资源的提供者，同时又是学习资源的享有者，大家在平等交流中获得相互促进和提高；在这里，社会发展依赖于个性潜能的创造性开发，个体的潜能开发依赖于群体不断地参与学习，因此，学习既是个体发展之本，也是社会发展的动力之源；在这里，一切社会问题都没有现成的固定的答案，都必须依靠个体创造性潜能的发挥和社会的有效合作而得到解决，在复杂多变的社会里，学习成为人们处理一切问题的工具，学习也成为人们基本的和最有价值的生活方式。

2. 自然社区与学习型社区

学习型社区是学习型社会的基本单元（郝克明，2006），换言之，学习型社会是由无数个相互联系的学习型社区组成的。学习型社区就是一种学习共同体，是由无数的具有共同学习志向追求的个体所组成，大家在社区服务内进行信息交流、合作学习，实现共同发展愿景。

学习型社区不一定是一个实体的社区组织，可以以虚拟社区的方式出现，这种社区主要是一种心理的社区，在这里，人们有共同的兴趣爱好，能够进行真诚的心理交流，人们能够通过愿望表达和咨询辅导实现思想的交流，人们能够在社区里得到相互促进的学习效果。

传统上，社区指的是自然社区，它是指一个生活的群集，即生活在一个共同区域内的人们因为居住相近而结成了一个共同利益关系。在这里，人们都是平等的社区成员，都希望能够和睦相处，希望社区是安全的、舒适的，能够使人享受生活的闲暇。这样的社区就是一个自然社区，是没有特定目标的，人们在相互尊重的前提下结成了邻里关系。

显然自然社区与学习型社区有着明显区别。因为学习型社区首先在于人们都有很高的学习需求，其次在于人们都有很强的参与意识，再次在社区里形成了共同的学习平台，最后大家形成了比较成熟的规章作为社区居民的公约。可以说学习的自觉性是一个学习型社区存在的首位的条件。这也是传统社区无法比拟的。

在目前，社区还只是作为自然社区存在的，在这里，大家虽然有许多共同利益但并没有组织起来，也没有形成共同的学习兴趣爱好，大家既缺乏有效的联系方式，又缺乏能够约束并使大家自愿遵守的制度，所以要向学习型社区转化还需要做许多工作。

学习型社区是一个开放性社区，人们加入社区是建立在完全自愿的基础上，他们的行动是基于个体的价值选择，从根本上说是基于自己的学习愿望，所以社区的成员具有很大的流动性。这一特征也是传统社区无法比拟的。

3. 学习型社会提倡价值多元

学习型社会的一个重要特征在于其开放性，在这里，人们的价值取向是多元的而不是一元的。大家能够自由表达自己的价值追求，自由地交换意见，不存在外在的强制，人们凭自己的良心行事，这是一个成熟社会的基本特征，当然也是和谐社会的标志。

价值多元是现代公民社会的重要特征（邓正来，等，1999），在这里，每个公民都感觉自己是主人，都有建设社会的义务，都愿意把自己的真知灼见贡献出来与大家分享，大家意见不同是非常自然的，没有人认为应该统一到一个标准上去，因为那样做是对思想的禁锢，是极端专制的表现。

人们之所以推崇价值多元，就在于人们认识到价值一元容易形成思想偏执，造成思想禁锢。从认识论上说就是承认人的能力是有限的，不存在所谓的超人，每个人只能认识到事物的一部分，而不可能认识到事物的全部，即不可能把握全部真理，为此大家才迫切需要交流，这样才可以获得更多的知识，促进对事物的认识更加全面。所以存在不同观点是好事，因为大家可以在相互借鉴过程中获得促进，关于社会的认识也因此得到提高。而这些只有在思想解放、价值多元的情况下才能出现。如果价值是唯一的，就不可能形成共同学习的氛围。

一元价值导向，就是常常把某种价值封为绝对的、唯一的，不能质疑的，这样自然使人们只能听从权威的解释，久而久之，人们的思想就会钝化，就会造成思想禁锢。这对学者而言无疑是痛苦的，不能思想就是对学者的阉割。

在价值多元的环境下，人们的个性才能得到舒张，才能把自我的内在的认知潜能发挥出来，才能达到对事物的真正认识。设想如果没有个体认识潜能的开发，没有自我创造力的发挥，那么对事物的认识就不可能深入，也就不可能达到对事物的真知灼见。如果对事物的认识停留在表层，即使获得了高度认同也是没有意义的。只有当认识深入到事物内部才可能获得认识的进步。

认识不同，思维方式就不同，从而获得认识的结果就不同，这样，知识就从多方面开始建构起来了。当认识积累到一定程度就会获得认识上突破，就会取得具有里程碑意义的成果。这一切都是思想解放运动的结果。只有思想解放，才能出现价值多元的结果。

只有存在价值多元，人们才会产生相互学习的必要，人们才能感到学习的真正趣味。如果是一元价值，则人们会感到思想是不自由的，学习也不是自觉的，那么就不能形成学习的氛围，当然也无法构建学习型社会。因而学习型社会需要比较宽松的政治环境，需要比较高的民主氛围，这样才能调动社会参与的积极性，才能促进大家学习，以提高自身的参与能力。

4. 学习型社区与学习型社会关系

学习型社区经常与学习型社会联系在一起，如果不能回答什么是学习型社区的话，就难以回答为什么要建立学习型社会的问题。

从逻辑上说，学习型社区是学习型社会的基本单元，即学习型社会是由一个个学习型社区组成的，如果没有学习型社区的建设，就难以建成学习型社会。

但是否能够从学习型社会推导出学习型社区呢？我们认为这是两个非常不同的概念，学习型社会是关于新型社会关系构建的基本原则，换言之，它表示一种社会关系状态；学习型社区则是一个个具体的社会单元实体，它们有不同的社区活动内容、组织方式和组织原则。所以不能由学习型社会来推导出学习型社区的内涵来。相反，在学习型社区建设过程可以提升出一些共同的原则来，这些原则就是学习型社会的基本规则，或者说成为规范社会关系的新的原则。当人们认识到这些原则的必然性时，它就构成了学习型社会运行的基本原理。

一般说来，这些基本原则既是规范性的也是理想性的，换言之，它既表达了人们的理想成分，同时也对人们的行为提出了要求，因此具有规范性。当然，这种规范并非强制性的，而是激励性的，即能够使人们产生上进的动力，并使人们对自己的行为产生自觉的约束力。可以看出，这些总体上是理想型的，能够使人们产生崇高的意志，同时又具有规范能力，引导人们自觉地趋向美好事物并约束自己的行为。

显然在学习型社区建设过程中应该遵循这些基本原则，这样才能在总体上构成一个学习型社会。由此可以看出，学习型社区不是由学习型社会分解出来，学习型社会也不是由学习型社区简单相加或叠加起来的，而是因为学习型社会遵循共同的原则才使学习型社区之间具有共性，具有共同联系的基础。

（二）学习型社会建设的基本原理

1. 自愿性原理

在学习型社会建设过程中，首先要明确的一个基本原理是：学习必须是自愿的。只有学习是自愿的，学习才是一种主动行为，才是有效果的，不然学习就是被动行为，那就违背了学习型社会的基本理想。当然，这个原则的确立是在人们充分认识到学习的必要性之后，从而人们把学习作为自己的理想寄托，这与纯粹的规范约束具有本质的不同。

这一原理告诉人们，当人们学习还不是自愿的时候就无法说学习型社会就已经来临了。事实上，在传统社会里人人也是必须学习的，尽管有时人们对此认识并不清楚。就一个人的成长而言，学习是不可避免的，因为人们不学习就无法应对新事物，不学习就会重复过去的错误。为了不使自己重复过去的错误或为了使自己获得更好的待遇，人们不得不学习。这也是我国古人所说的“活到老、学到老”的含义。

当学习变成自愿的时候，人们就会自觉地为自己确立学习目标，这时，学习目标是明确的，即知道自己为什么要学，这是一种主动的学。我们知道，时代在迫使人们必须去学习，如果不学习就会跟不上时代的发展进步，因此一些教育理论家认为，这就是学习时代来临的征兆，也是学习型社会的基本特征。从社会客观条件来说，确实也是如此，但这不代表就是学习型社会的特征，因为当人们意识到必须学习而缺乏明确的学习目标时，也难以成为主动学习者。而建设学习型社会的基本前提就是使每个社会成员认识到必须学习，并且要确立自己的学习目标，这样学习就可以从被动向主动转变。

显然，主动学习是一种以解决问题为导向的学习，这也是学习目标清晰的表现。如果没有这一清晰的目标，仅仅说由于社会变化速度快或信息爆炸促进个体必须学习，那么这只能说是一种比较朦胧的感觉，是一种焦虑状态，还没进入到一种自愿学习状态。只有当个体认识到自己所处的具体位置与自己实际面临的困惑，并产生强烈的改善自身状况的愿望时，他才可能产生比较清晰的学习目标，才能动员自己各方面的有利因素投入学习。那么这时的学习就是自愿学习或主动学习。

这也意味着，传统的学习都带有一定的强制性，是教育制度要求或家长期望的结果，而孩子本人并没有认识到这种需要。对于成人而言也存在这个问题，即是由于竞争压力才去学习，而不是从改善自己的心智模式的主动性出发。

当然，这还涉及一个更深层的问题，即当个体的社会参与性不强时，就不容易产生学习的自主性，这时学习往往是被动的。只有当个人的主人翁意识觉醒之后，才可能形成自觉性和主动性。这个社会关系状态就是公民社会的出现，即每个人都意识到自己是社会的公民，是社会的主人，自己有责任和有义务来参与社会建设和为社会建设出力，而且都需要增进对社会的了解、对他人的了解，甚至包括对国际事务的了解，这样才能更好地了解到自己的位置，了解到自己的不足，从而寻找弥补自己差距的途径，这样学习就变成必要和必需的，学习的主动性也由此产生。

这里涉及公民社会建设问题，这是一个非常大的课题。在公民社会中，每个公民都能够体验到自己的尊严和价值，即自己的人格能够受到平等保护，执法人员不能无视自己的权利。这意味着必须完善自由言论的渠道，使人们能够充分反映自己的意见，特别是当受到不公平对待时能够进行有效的申辩，能够对滥用权力者进行严厉制裁。这就要求社会救济渠道非常完善，及时地处理明目张胆的践踏法律、践踏人权的事件。

在一个真正的公民社会中，每个公民都能够自由地表达自己的政治意见和主张，人们能够自由地讨论和辩论，人们都能够体会到自己是一个平等的公民，能够自由表达自己的真实意愿，这样，人们才有学习的积极性和不断提高自我修养的动力。显然，这是一个社会在打破身份局限后的状态，是社会高度民主化的产物。

真正的社区组织应该是一个终身学习的组织，在这里大家能够相互交流和学习，大家有一个共同的联系纽带，这里不仅能够进行道德促进，而且能够得到身心放松，还能够把个人的才能展示出来为大家提供服务。从而可以变成一个身心修养和娱乐自我的好去处。当然在这里还能够举办各种讲座和咨询报告等公益活动，成为一个名副其实的服务于公共需要的组织。这样就能够把人们的自然聚集变成一个有机的社区，从而有了生活共同体概念，否则人们之间的联系就很少，因而人际关系就会变得非常疏远。

2. 可能性原理

任何社会运行都是建立在一定的客观物质基础之上，建设学习型社会也必然建立在一定物质条件基础上。换言之，要是人们能够自觉自愿的学习，必须能够提供适宜的学习条件，因为学习不是无目的的，也不是没有条件限制的。这意味着在学习型社会里，学习的条件是比较充足的，人们能够获得比较充分的自由学习机会，而且社会能够提供比较充分的支持。也就是说社会有一个比较完善的法律制度为人们提供进行不断学习的保障，包括从接受基础教育到职业教育再到以后的继续教育等。在其中，国家为满足每个公民的学习要求提供一定的经费支持，并以此作为国家对公民发展提供的一份福利保障。

作为可能性原理，它意味着一个社会必须发育到相当完善的程度才能提供比较有保障的学习机会，包括法律制度的完善、财政制度的健全；包括立法意识的到位、行政执法观念的到位；包括教育体系建设的比较完善。如果没有这些基本条件，就不能满足可能性原理的要求。

可能性原理也是自愿性原理的条件，因为当学习条件不充分时，个体的自愿性是受限制的，学习的积极性也就难以激发出来，或者说学习机会是受限制的，也就不能完全调动人们学习的积极性。只有条件比较充足时，人们才会感到不学习就有一种负疚感，这时学习就变成了一种责任，是维护自己权利的体现。

根据这个原理我们可以制订财政保证原则、法律先行原则、学习指导原则、教育机会充足供应原则、学习网络中心高效调配学习资源原则等。

3. 多样性原理

所谓多样性原理，是指在学习型社会里，学习机会必然是多样的、充分的，即无论是学习内容还是学习形式都是多种多样的，人们可以根据需要和兴趣来选择对自己比较适合的教育形式和教育内容，达到自己个性发展的目标要求。

多样性也是对学习资源建设状态的概括，同时也是保证人们学习具有乐趣的前提，因为只有具备了多样性的学习资源，人们才有选择的机会，人们的学习才可能是自主自愿的。所以，多样性原理包括两个基本原则，即选择性原则和效益性原则。

选择性原则包括两个方面的内涵，一方面是指学习机会是可选择的；另一方面是指社会要提供多样的信息渠道来源，提供多样的学习机会，提供多样的教育内容，从而为人们获得比较合适的学习机会提供便利。如果没有这一点，人们的学习就有一定程度的强迫性，也就不能实现个人的学习目标，当然学习效果也是不好的。

效益性原则是指在提供多样性的学习资源的前提下，同时还需要照顾到效率要求，避免出现学习资源重复提供或形成无序竞争情况。所以在学习资源提供过程中还要注意到资源的节省和分配效益的提高，如利用一些市场机制的方式来提高学习资源开发和配置的效率，还可以通过学习者参与的方式来提高学习资源供应的针对性，做到更具有个性化，更好地满足不同个体的需要。这些都是提高学习资源效益的方式和途径。此外，还可以建立跨地区的学习平台，使资源达到共享状态，这也是提高资源利用效率的有效渠道。在信息化时代里，虚拟课堂也是获得学习机会的重要途径。

4. 目的性原理

目的性原理是指学习本身就是快乐之源，学习本身就是目的。学习不再是服务一些外在目标的手段，它自身就是目的。此时，学习者已经把学习贯穿到生活的各个方面，学习成了一种最基本的生活方式，而且是一种享受生活乐趣的方式。如此，学习已经超越了工具性需求的阶段，学习就是发展的目标。

在传统的教育体制中，学习经常受功利性目的驱使，为此，人们为了在竞争中获胜，人际关系是相互封闭的，人们的交往也受功利性动机驱使。此时，学习是孤独的，是缺乏乐趣的，人们享受不到相互激励的快乐。只有当学习本身成为快乐源泉时，学习才变成了个性发展的载体。此时人们为了发现自己和发展自己，就迫切需要开放自己，与外界交流。人们正是在交往中才发现了更多的学习乐趣，也才进一步发现了自己，并发现自我发展的方向。正是这种交往使人们认识到社会生活的深层含义，即在共同学习中发现自己的生活目标和生活意义，在共同学习中发现自我价值和实现自我价值。

目的性原理提出了交往性原则和学会学习原则。交往性原则是指要学会开放自我，与别人进行敞开心扉沟通。学会学习就是要学会进行反思，善于发现学习过程中存在的问题，并能够积极地解决问题的对策，这是对学习方法的学习，不只是对学习内容进行学习。往往这种学习对学习者的帮助很大，能够使人更进一步体会到学习的意义和价值，从而学会合作和学会建设，也就是学会相处和进行创造，这显然是构建一个和谐社会所需要的。

可以看出，在这个四个原理中，自愿性原理是核心，它是“以学习者为中心”原理的延伸；而可能性原理是自愿性原理发挥作用的前提，如果没有物质“可能”，自然就难以激发学习者的热情；多样性原理是自愿性原理实现的途径，因为没有多样的学习机会，个体的自觉性也难以激发出来；而目的性原理则是自愿性原理追求的结果，它可以判断学习者是否真正能够达到自觉自愿。因此，这四个原理是一体的，而非孤立的，任意的。

二、学习型组织与学习型社区

（一）学习型组织

通俗地讲，学习型组织就是以学习作为根本发展手段的组织（圣吉，1998）。在这里，学习是发展的手段，也是目标实现的载体，它特别强调在组织中人人之间的平等关系，而非传统的等级关系。有人把这种组织形容为扁平化组织，以区别于传统的金字塔型组织结构。由此可见，学习型组织不仅意味着发展方式的变革，同时也意味着管理方式的变革（陈乃林，等，1999）。我们认为，学习型组织是在信息化环境中产生的一种新型组织，它在管理上的突出特征是重心低，不同于传统的金字塔式的组织把管理权限集中在顶层，所以在管理方式上是一种扁平化结构。新的管理理论认为，传统的垂直式管理把组织发展希望寄托于领导人的英明决策上，这种决策模式与现实的多变的组织环境是不相宜的。在环境多变的情况下，基层组织成员对变化最敏感，这就需要组织领导人必须时时地去听取基层成员的意见，要求在基层与上层之间有一个畅通的沟通渠道，如果层级太多，则不利于信息的传输，这就要求管理重心降低，要求管理结构从金字塔型转变为扁平的橄榄形状。这当然要求组织领导人善于听取下级意见，而不能以传统的命令—服从式来对待下属，因为那样下级就不敢表达自己的意见了，如此就阻塞了言路。

学习型组织当然也是一种开放性组织，因为它非常强调要善于同外部环境进行信息和人员等各种资源的交换，并认为组织的发展目标也不是一成不变的，而是要经常进行适时的调整。而且还要根据组织发展目标的变化进行组织结构的调整，从而使组织更加适应外部变化的挑战。

虽然学习型组织强调扁平化的管理结构，但并不意味着需削弱组织领导。事实上，学习型组织必须具有一个强有力的核心领导层，而且领导人要具有很强的学习能力，即他善于从变化的环境中预见到组织的变化，预见到组织领导能力的变化，预见到对组织成员素质变化的要求，所以他能够有效地领导全员开展学习，共同应对环境变化提出的挑战。

可以说，外界环境变化只是学习型组织形成的一种诱因，能否成为学习型组织，关键是组织内部领导层的观念是否发生了变革。如果组织内部核心层产生了变革的需要，这种需要就成为组织不断变革的内驱力。这种变革需要的产生是组织领导人对时局变化正确把握的反映，是一种不依靠个人力量而依靠集体智慧的反映，是一种相信人一定能够战胜各种挑战的信心，其根本目标已经超越了传统的营利目标，而转变为一种精神追求，变成一种共同发展的愿望。同时它还表达了人类的一种信心，即在人与自然的博弈中，人类一定不会失败，一定能够解决自然所展现的难题。当然，领导人相信组织成功的秘诀就在于整个组织是否善于学习，即能否及时地发现组织存在的不足并想出弥补不足的办法，并相信最后一定能够找到解决组织所面临的难题的办法，达到一种与环境和谐相处的发展状态。因而组织学习的真正意义就在于能否发现组织的个性，发现组织的成长目标，发现组织的不足，进而积极地完善组织结构功能，组织的成功乃是在这个不断完善和提高的过程中实现的。

所以，在学习型组织的成长过程中，每个组织成员都必然要面临重新学习和不断学习的课题，这个学习过程与组织发展过程是相伴始终的，是不能有丝毫懈怠和停止的，并且这种学习主要是通过学习者自我反思进行的，因此是自觉的，不是强迫的。善于学习就是善于发现自己的不足，善于发现寻找完善自己的途径。其中，组织领导人的开放心态是第一位的。

（二）企业为什么更容易成为学习型组织

企业是营利性组织，而它在今天的经济全球化发展中却率先成为了学习型组织。之所以如此，就是因为在信息化经济中，企业对外界需要的反应非常敏捷，而这成为决定企业成败的关键。为此就要求企业领导人必须尊重与市场接触最密切的基层的意见，从而要求企业领导人必须有一个开放的心态，要求企业必须不断变革而不能故步自封。正是全球化的经济形势，使得全球许多国际性的大公司都标榜自己要成为学习型组织。然而这似乎与人们日常关于企业的概念是相悖的：企业是一个明显的等级组织，怎么会成为学习型组织呢？因为学习型组织的核心特征就在于组织成员的身份平等，能够自主、自由进行讨论对话，建立共同的愿景，大家获得共同进步和提高。

的确，这在传统的企业组织中是不可想象的。传统企业是资本密集型和技术密集型的，企业的成功很大程度上依赖于企业领导人的正确决策。而现代企业越来越倾向于智力密集型，企业的成功越来越依赖于企业基层人员的智力开发。之所以出现这种转变，就在于企业的发展环境变了。现在企业发展的环境是信息化时代，企业发展越来越依靠技术创新，越来越依靠每个员工的创造性潜能的激发，这要求组织领导的观念必须转变，必须从激发每个人的积极性出发，使每个成员都有主动变革的自觉性。为此就必须确立组织的共同愿景，激发大家共同学习和提高。如果没有这种学习风气，组织竞争力就会大打折扣，就很难在变革中获得优胜的机会。由于企业的利益目标实现程度与组织的创新能力关系最密切，对每个人的影响更直接，因此向学习型组织转变的要求就更迫切。可以说在一个学习型组织中，参与各方是共赢的，而且大家在参与讨论中都在学习对方的思想见解和思维方式，这种智力氛围对于每个人而言都是一种高级享受，因而也更容易形成共同愿景。

当企业形成了共同愿景时，大家都能够意识到企业的发展前途关乎每个人的切身利益，因此大家都把企业发展作为自己的理想寄托，从而把企业作为自我价值实现的场所。这显然是一种对企业高度认同的表现，如员工欣赏企业的价值目标，而企业尊重每个员工的独特价值，在工作中能够公平对待每个员工，在利益分配中遵守公正原则，企业赏罚比较分明等。由此可见，学习型组织的形成关键在于形成良好的企业文化。

一般而言，学习型组织与传统的科层组织是相排斥的。如果强化科层管理，则很难建立一个平等对话的氛围。所以，学习型企业强调组织机构是扁平化的，这样才利于组织高层与基层进行沟通，降低交往层级，能够及时发现基层运转中所存在的问题。

当然，这并不意味着传统的科层管理消失了。而是说现代企业综合了新的管理模式特点，在一个企业中推行多元化和多样化的管理模式。如在研发部门则尤其要求高度尊重每个成员的自主性和创造性，同时要求他们能够进行协同作战和联合攻关，那么就需要有一个民主讨论的氛围，这样才能解放成员的思想，才能发挥他们的潜能。所以这里要实行弹性管理，在这里，学习型组织的氛围也最为浓厚。而在具体的生产一线部门，则可能要求进行比较严格的规范化管理。可以说，在一个企业中，完全排除科层管理也是不可能的，关键在于企业领导人对科层管理的弊端要有清晰的认识，从而在管理实践中不断地反思并克服这种弊端。

企业更容易成为学习型组织给我们的直接启示是：与市场联系越是紧密的组织向学习型组织转变的动力越大。就教育组织而言，民办学校和职业学校受市场变化影响最大，他们在向新型组织转变时的动力也最大，所以现代化的管理制度很可能率先在这两类学校中建立起来。这也是许多人看好民办教育发展前景的重要原因。

总体而言，学习型组织在目前仍然是一种理想，它能够实现多少，直接依赖于组织领导人的魄力和智慧。但可以肯定，社会发展的技术化程度越高，对人的内在智慧依赖越强烈，那么就越需要营造气氛把人的内在智慧潜力发挥出来。如此，对学习型组织呼唤就越急迫。其中，越是智力密集型组织越应该率先成为学习型组织，率先建立一种学习型文化，率先实现组织目标的转变。

三、构建学习型社区所面临的困难

建设学习型社区是一个宏大的命题，也是终身教育体系建设绕不过去的一个命题，因此就必须面对这个难题。我们认为，任何理想社会的建设都需要广泛地调动社会成员的参与积极性，只有这样，社会建设才可能形成一个共同目标和一致认同的价值规则，人们的行为才是自觉的，否则，人的行为就需要外部监控，那样人的行为就是自利的，而且相互之间是缺乏信任的，如此，社会就缺乏共同的信仰基础，就很难成功。

实事求是地说，人要建立共同的信仰基础是非常困难的，因为人只有在超越物质利益的需求之后才可能去主动地寻求精神世界的建设，才可能去寻找共同的信仰基础。所以，只有在人们能够摆脱对物质需要的担忧后才能够进行精神建设，否则人的行动就是不自觉的。

在一个物质化的社会里，人们的行动要么服从外部命令，要么服从于物质刺激的强度。这样，人的行动总体上是不自觉的。这对于构建一个精神社区而言是不可想象的。在一个精神社区，人的行为只服从于自己的良心，不会因为外界刺激变化而变化，更不会因为对个体功利的大小而改变自己的行为。

我们现在的社会建设所面临的最大的现实问题就是普遍缺乏诚信，即大家彼此间缺乏信任感。人们迫切希望改变这个状况，但社会建设的物质基础又相当脆弱，于是千头万绪不知如何开始，大家都没有一定之见，也缺乏一定之规可循，又缺乏理想，没有自己所坚信的准则，所以大家都很莽撞，从而表现为极度不安的躁动情绪。

尽管现在有了发达的网络世界，大家相互联络方便了很多，人们既可以抒发自己的情感，提供相互关心的信息，也可以借机发泄一些自己的不满，似乎大家有了一个相互倾诉的对象，但这毕竟是一种虚拟世界，而不是真正的社会状态。在遭遇到现实社会时，一切都变化了。可以说大家仍然没有足够的信心在真实的社会生活中表达出建立共同的理想社会的愿望，因为大家始终缺乏信任感，对他人是不相信的，甚至对自己也是不相信的。在这种情况下，人们仍然表现出对威权体制的依赖情绪，而不是依靠民主和自治。而威权体制并不适应于开放的、全球化的社会经济发展的要求。

正是由于人们处于既不满威权体制又渴望威权体制的矛盾心理状态下，人们的思想和行为处处都是矛盾的，一方面人们普遍要求进行改革，要给个体以更大的自主权；而另一方面人们又要求事事由政府来推动。这样就又不自觉地向传统回归。之所以如此，就是因为人们一方面感觉自己地位微弱，迫切要求给自己以主人的地位；另一方面也感觉到自己能力是有限的，所以又希望依靠强有力的权威。在这种矛盾的心理状态下，人们常常又表现出歇斯底里的恐惧心理。

总括起来，这些现象都是人们缺乏主人感的体现。建设学习型社会，就要使人们找到主人的感觉。人们在学习过程中可以自由讨论，可以表达自己的真实意见，从而有助于培养民主素质。当学习风气达到一定程度后，自然也会对物质文明建设起到推动作用，也会促进精神文明和制度文明的建设。所以，建设学习型社会是一个带动整个社会进步的系统工程，在这里，人们能够成为自己的主人，也是社会的主人。唯有如此，人们才能把自己的内在的积极性充分调动起来，才能最终建设成一个理想的社会。

四、和谐社会建设的基本原则

要探讨构建和谐社会的基本原则，我们首先必须探讨为什么现实社会是不美的。

现实社会之所以是不美的、非理想的，一个根本的原因就在于人们的主导追求还停留在低级阶段，此时人们的追求目标基本上是趋同的，因此竞争是非常激烈的。当人们的追求还没有出现明显分化时候，人们在思想上也容易形成排他性，即不能容忍多样性。这种思想意识就限制了人们的思想，限制了人们的创造力，从而导致了世界是单调的、不美的。可以说，美首先来源于精神，来源于品味，如果思想不活跃，世界就不可能是精彩的。

之所以出现这种状况，主要原因有两个，一是经济基础薄弱，二是体制僵化。

首先是经济基础薄弱。在许多时候，经济基础对上层建筑具有决定性的作用。人如果不能满足基本的生活需要，就难以产生更高的理想追求。按照马斯洛的学说，人的需求是有层次的。马克思主义的唯物辩证法原理也告诉人们，物质是第一性的，物质决定意识，存在决定精神，而精神反过来作用于物质。可以说，在社会发展低级阶段，就表现为物质决定意识，只有达到高级阶段之后，精神的反作用才能充分体现出来。

目前中国的社会经济基础还不发达，此时人们的物质需求还是第一位的。特别是在我国西部的边远农村地区，许多人还非常贫困，在这样的状态下如果要谈什么高尚的生活追求是不可想象的。我们认为，人的思想发展必定要受经济发展阶段性的限制，只有当人的温饱问题解决之后或者衣食无忧之后才能产生更高级的需要。一句话，人首先得满足吃饭穿衣的需要，然后才能有社会需要和精神追求。

不可否认，在任何时候，总有一部分人能够安于贫困生活状况，他们的需求是超越性的，但这种人确实是非常少的，他们当然是非常独特的。一般而言，这些人精神世界非常发达，容易在精神世界中获得满足，所以能够补足现实的物质世界的匮缺。但这些人也往往被视为精神上不正常的人，因为他们的快乐是别人无法理解的，人们感觉只有世俗需求满足之后才能谈得上精神享受，而他们则明显能够抛弃这些物质需求，能够抵御各种欲望的诱惑，成为自己想要成为的人，所以他们太特殊以至于没有人能够理解。

当人们不能安于贫困的时候就容易出现极端行为，从而成为社会不安定的因素。因此要实现社会治理，首先必须需要发展生产，即促使这些地区经济发展，人们衣食无忧，然后，才能谈得上更高层次的建设。

当然，要在贫困地区进行经济建设，需要非常得力的组织领导，也需要外界的支持，这样才能获得比较快的发展。而完全依靠自发的力量则是不可设想的，因为他们不仅难以寻找到有效的发展方式，而且会重复别人失败的老路，往往都是采取破坏的方式来获得发展成绩的。中国经济发展的历程说明了这一点，许多地方在发展过程中都是以对生态的破坏为代价的，特别是所造成的环境污染，可能会危及几代人的健康。

无疑，落后地区要实现真正发展，就需要坚强的领导人，需要建立起一个领导团队，没有真正献身精神的人是不可能领导好落后地区发展的。在有了很好的领导人之后，首先要抓教育，即从智力开发落手。“治贫首先要治愚”——这是中国在救助落后地区过程中获得的重要经验结晶。（朱启臻，等，1998）

在经济发展基础较好的地区，在进一步发展过程中则面临着传统体制问题的困惑。因为传统体制总是代表落后的生产关系，当人们对事物产生了新认识、新思想时，要想实践这些新的观念，就会遇到体制的障碍。如果不能冲破体制的束缚，则很难获得发展和进步。为了获得发展，人们必须进行体制改革。改革就是要解放思想，就不能固守传统，就要大胆学习别人的先进经验，为此就必须开放。这也是中国坚决走改革开放道路的原因。可以说，没有改革开放，就没有今天的经济发展成果。

网络社区建设已经为自由言论的表达提供了一个很好的实验场所，这确实是一份宝贵财富。这个建设方案能否运用到实体世界或现实世界中，如允许人们发表思想，进行自由辩论？这个在西方世界习以为常的事情能否搬到中国来呢？这确实是一个很大的问题。目前中国社会处于一个社会转型期，也是社会矛盾高发期，各种矛盾交织在一起，人们心理上的积郁太多，如果没有管制，真的会天下大乱，即使没有别有用心的人的挑唆。

怎样才能实现真正的思想解放？我觉得这必须依赖于教育，依赖于人们的自制能力的提高。只有教育才能解决这个问题，所以没有教育，就没有社会的治理。教育承载着社会治理的重任，社会治理应该从教育自治开始。因为教育部门是知识分子最集中的地方，知识分子一般自制能力比较强，他们有历史感，有文化基础，也有责任感，不会轻易丧失自己的尊严，如果管制太死，反而使本来优良的东西丧失掉，就会成为有文化的流氓了。

所以在知识分子的环境里，应该采取更宽松的政策，把治理重点放在实现社区自治上，即引导他们在学校里实现民主自治，进行自我管理，这比采取简单的行政命令办法或经济刺激办法更有价值。当然，这样做的前提是首先要对知识分子给以充分的信任，要相信知识分子视尊严和自尊如生命，不会轻易地使自己的人格沦丧，让别人瞧不起。如果管制得太厉害，他们就会像社会的其他群体一样丧失了自制能力，甚至会引起社会的不满。

教育是培养人的活动，如果这些知识分子都没有自制能力，怎么能够希望他们培养的人具有理智的行为和能力呢？所以社会治理应该从大学开始，大学开放学术空气，净化学术环境，使人们能够一心一意地沉浸在学术中，而不是被外界东西所诱惑。

个体自制能力丧失的社会是一个机械的社会，是一个没有创造力的社会，因为当人的创造潜能被压抑时，其聪明才智自然就不能发挥真正作用。这当然是社会发展的一大损失。所以，为社会发展计，必须解放思想，激发人的创造性潜能，这样才能创造出一个五彩斑斓的和谐的美好世界。

因此，建设和谐社会第一要大力发展生产力，为此必须坚持发展才是硬道理的路线；第二要大力发展教育，因为没有智力的开发，就不可能建设一个高度现代的民主国家；第三要大力推进制度文明建设，解放生产力，因为不突破体制障碍，人们的创造力就难以激发出来。

我们认为，建设和谐社会首先要从大学校园开始，因为大学具有人才和智力集中的优势，大学担负着知识生产和培育人才的重要使命，是创造潜力最集中的区域，当大学的创造潜力真正发挥出来时，就能够为和谐社会的建设起到示范作用。因此，大学校园应该首先建成一个新型的社区——学习型社区。

第二节　学习型社区要从大学校园建起

一、大学建设学习型社区的有利条件

实事求是地说，大学在建设学习型社区时具有一些不可比拟的先天优势，这些优势是由大学自身的特点所决定的（黄富顺，2001）。一般而言，大学具有以下几个方面的突出优势。

（一）大学具有崇尚知识的传统

大学历来都把追求知识放在价值追求的中心地位，这既是大学之所以存在的根据，也是大学对社会的根本承诺（Barnett 1997）。换言之，如果大学的目标不是追求知识，那么大学将不成为大学。尽管在大学的具体运行过程中经常出现偏离的情况，但它无时不因为这个偏离而饱受谴责。人们普遍信奉：大学就应该把知识追求放在第一位。

我们知道，知识探求是一个无止境的事业，作为一个合格的知识探求者必须不断地学习，不断地充实自己，这样才可能站在知识的前沿进行探索，否则所进行的知识探索就没有意义。其实这个学习过程也是一个探究过程，因为真正的学习过程实际上就是一个不断揣摩、不断探求的过程，

简单地接受只是一种模仿，是最简单的学习。真正的知识获得过程不可能通过死记硬背方式进行，它应该是一个发现问题和解决问题的过程，实际上就是一个科学探究的过程。从这个意义上说，一般人的学习与科学探究活动并没有本质区别，只是程度上的差别。所以，学习过程就是一个不断钻研的过程，这一过程离开了主动性就不可能成功。

知识的探求过程特别强调对问题的发现，因为只有明确了现有知识系统中存在的不足，人们才能明确具体的知识探求目标，才有改善和完善它的可能。对现有知识系统中问题的发现是从对现存事物的运行状况中存在的问题开始的，当人们发现了现存事物的缺陷后就会从理论上寻找答案，就会发现知识系统存在的问题，因而就会努力从理论上完善它。这个探求过程就是发现事物运行状况存在问题的原因，进而找到解决这个问题的方案的过程。可以说，这一过程就是一个追求至善的过程。而且当人在看到外界不完善的同时，也看到了自我的不完善，于是就积极地寻求自我完善的策略。所以知识探求过程也是形成自我美德的过程，这一过程是一个不懈的过程，是无法终止的过程，这是人的精神自身内在的特性，它的特性是不断上升，不断超越，不断地走向完善。

正因为如此，大学就应该是由一批对世界充满浓厚的探究兴趣的人组成，他们把对世界的认识当成人生最大的乐趣，他们不关心外界世事的纷纭变化，而执著于内心世界的完善。如果大学里充斥着动机不纯的人，那么大学就会充满市侩气，知识探索事业就会受到阻碍。

对知识的探索必须在平心静气的状态下进行，不能急功近利，浮躁的心态只能获得一些虚假的表象，而无法接近世界的本质，这样得出的关于世界的结论自然是危险的、有害的。现在知识探求中的最大阻力就在于功利心太强，浮躁气太重，从而使人们无法真正安心于作学问，最终落得只见学术产品的数量增长，而不见学术质量的提高。

所以，尽管大学具有崇尚学术的传统，但如果管理不力，引导无方，大学仍然不能专心于学术，也不是一种最佳的学术社区，当然也不能作为理想的学习型社区了。

（二）大学具有社会批判的职能

传统上，知识分子具有知识上和道德上的双重优势，所以他们对社会制度和社会运行中存在的问题具有敏锐的直觉，因而，社会一般都赋予大学以社会批判的特权。在今天，发挥大学的社会批判功能不仅有助于促进大学社区建设，而且能够促进学习型社会建设。

传统上，知识分子被誉为社会的良心（韦伯，1999a）。知识分子也常常具有担当社会责任的自觉。由于他们掌握了广博的知识，从而对世界具有敏锐的判断能力，较容易发现事物发展中存在的矛盾，凭着他们对真理的热情，他们希望改变事物发展的不利形势，所以他们常常是最先醒来的一批人，仗义执言，对社会不良现象进行批判。

对知识分子而言，如果明明知道问题所在，却不进行社会批判，而选择沉默态度，他们就会觉得自己失职，就会受到良心上的谴责。知识分子希望社会治理建立在科学的理性的基础上，也希望自己的言论经得起有根据的批判，正是这种批判精神才被人们誉为社会的良心。但知识分子就应该具有这种对真理的执著精神，不畏权势，甚至不避斧钺威胁，这种态度正是真理至上精神的体现。

在学习型社会建设中，当然也需要发挥这种批判功能，因为如果没有批判，就不能指出社会发展中存在的真正问题，就不可能促进社会的良好发展。我们知道，在学习型社会建设中特别要反对主观臆断和瞎指挥，反对一切无所作为的消极态度，反对小富即安的保守态度。

大学本身就是个有组织的批评系统，他们在批判和自我批判的过程中发展起来（Scott 1995）。我们知道，学术发展需要一个争鸣和讨论的氛围，这种氛围能够促进从事学术的人脱离自己的狭隘视野，从而接近事物的真相。因为每个人常常在认识事物的过程中受自己的经验的局限，不容易看到事物的其他方面，如果有了讨论的气氛，就容易相互启发，从而促进对事物的认识。相互讨论的过程，实质上就是一个批判和辩驳的过程，因为要证明自己认识的正确就必须能够指出对方判断中存在哪些不足，这样就开始了知识的探讨。真正的知识分子都以探讨真知为天职，所以他们一般都具有面对现实的勇气（韦伯，1999b）。大学批判特别强调客观和理性，反对偏见和谬误，倡导真理面前人人平等（默顿，1990）。这一原则正是大学知识得以持久发展的基础。

（三）大学群体普遍具有持久的学习动力

大学是知识分子最集中的地方，追求知识是大家共同的使命，大家对知识探讨具有持久的、炽热的兴趣。自由地进行知识探讨本身就是他们的目标，知识探讨就是一个获得新知的过程，一个不断学习的过程。可以说，在这里学习是第一位任务，学习的自觉性、能动性最强，学习氛围最热烈。这些都是建设学习型社区的理想条件。

我们知道，持久的学习动力必须是建立在个体自愿自觉的基础上，不是外界压力所致。如果学习动力是受外界影响或诱惑的结果，那样学习就出现了异化，从而学习就不再是目的，而转化为一种手段了。但在目前，大学社区受到外部压力的干扰影响还是非常大的，从而研究探讨本身开始从目标异化为手段了，这也使人们容易在学习和研究过程中产生倦怠感。如何还大学以自由探讨的环境，是当前大学社区建设的重要内容。

当然，大学也不可能完全置于无政府状态（希尔斯，2007）。但大学管理应该遵循大学之道进行，而不能按照企业管理的方式进行。特别需要注意的是，大学工作的对象是知识，是创新性的知识，不是已经成熟的知识，需要发挥研究者的能动性和创造性，必须给大学群体以学术探讨的自由空间，而不能用硬性的标准去束缚他们。否则，其创造性就无法发挥。大学管理应该遵循学术自由创造之道而行，而不应人为行事。现在大学管理中突出的问题是考核太多，外在的刺激诱惑太多，使学者们不能安心于学术生活。可以说，评价机制不合理，赏罚机制不公平，严重挫伤了学者自由探索的积极性，这些都是大学在向学习型社区迈进时遭遇的主要障碍，也是大学健康持续发展需要认真反思的问题（王洪才，1998）。

对大学社区而言，外界的刺激要减少到最低限度，绝不能使这些刺激影响到学者内心的宁静。否则外界刺激反而引导他们行为趋向功利化。如果他们不能在宁静的状态下去探求知识，其浮躁心态也会干扰知识探求的结果，当然对大学生的行为也起不到良好的影响。

二、大学与学习型社区的距离

大学应该就是一个学习型社区。可以说，没有任何地方比大学对学习更重视了，因为大学是以追求高深学问作为其精神支柱的，如果没有学习和钻研的风气，大学就很难维持下去，或者说其存在的意义就会大打折扣。因此，如果现实世界中需要有一个学习型社区模型的话，应该以大学作为榜样。但事实上它与一个真正学习型社区之间还存在实际距离，这个距离主要表现在以下几个方面。

（一）大学具有先天的保守特性

大学为什么会具有先天的保守性呢？这是由大学内的知识部门逐渐分化所致。当知识分化越来越剧烈，知识之间实现综合越来越困难时，那么一个人所掌握的知识就会越来越有限，此时人们不可避免地就会拘于自己的视野看世界，常常对新的变化持排斥态度。

大学的先天保守性也与它所承担的文化传承功能有关（Scott 1993）。我们知道，大学历来就是文化的堡垒，大学就是通过一定知识的整理、传播和保存而实现人类文明传承的功能。大学通过自己的知识整理，保护人类的精英文化得以传承，凡是那些在理智上被认为是精英的文化，大学总要想法传递下来，这一点是大学对人类历史文明的承诺。如果以这个标准来看待大学的话，大学的保守性是明显的。

仅从这些方面说大学是保守的理由还不充足。说大学是保守的主要是从大学对自己特殊利益的刻意维护而自我批评不足上讲的。大学何以展现自我批评不足呢？这主要是指从事学术工作的人员太忠诚于自己的学术兴趣了，而对大千世界发展变化的需要置之不理，习惯地认为传统的就是好的，自己所研究的东西就一定是最有价值的，自己所主张的就一定是正确的。这种保守性集中体现在传统的文科大学上，文科大学崇尚古典著作并把此作为学术全部，认为其他东西都是没有真正价值的，所以也拒绝新的科学知识进入。在大学发展史上，古典学科与自然科学进行了一个非常漫长的搏斗，最终古典学科才不得不让步。这说明，学术并非天然地就是开放的，相反它具有一种自我保守的倾向。

如果仅仅是局限于学术兴趣方面，还是情有可原的，但往往这种兴趣背后代表了对某一特定利益的维护。换言之，知识、学术并不是完全中立的（Smith et al. 1997），知识和学术背后往往包含了对行为方式和价值观的选择，它常常只是与某一特定立场契合，并不总是代表一种普遍的利益。当这种利益成为统治阶级利益后，它就倾向于是保守的，因为他们害怕失去这种统治地位。如古典文科教育在很大程度上代表了传统贵族的利益，是一种绅士文化，而与新兴的资产阶级利益是相对的，新兴的资产阶级则希望大力发展自然科学，从而帮助他们进一步征服市场，这样就存在着利益争执。

不仅如此，学术保守性还表现在学术自身的偏执上。学术总是发展的，如果把某种学术立场视为绝对的，就容易阻碍学术的发展，这样就违背了学术的公共利益（Kerr 1994）。在学术发展史上经常会出现学术派别斗争，实际上是关于世界不同解释方式的矛盾。而占据学术话语主导权的一方总是要抑制那些新生力量的出现，排斥这些新的解释方式，并把他们命名为非科学的、反真理的，使这些主张不能传播，从而维护本派的特殊利益。在其中，学术权威在不自觉地扮演这种阻碍真理探讨的角色。于是学术之争常常演变为赤裸裸的利益之争。这种斗争有时会以牺牲对真理的忠诚为代价。因为在很多时候，反对派意见已经被事实证明是正确的，而那些学术权威仍然拒不接受，仍然采取排斥和封锁的方式压制反对意见。尽管这种情况比较少，但可以想象，如果学术中否定讨论规则而实现霸权的话，其后果是不可想象的。

最后，大学的保守性还表现在大学不愿意开放自己，更愿意以封闭的方式来保持自己的独特性。大学诚然有自己的价值原则，但不能以原则为借口而不顾公共利益的需求。大学自身经常有自己比较神秘的规则，这些规则经常是潜在的，不能明示的，这也是将门外人拒之门外的条件。事实上，大学的规则很多时候是难以言语的，常常靠大学工作者的自觉行动来维护，是依靠一种习惯的行为方式来进行传承，是在人们的具体行动过程中来体会和执行的，这些规则就使它倾向于是隐蔽性的，而不是可以通过简单的语言进行传递的。

（二）大学的象牙塔学问趋向

象牙塔学问指大学在学术探讨中具有对理论知识的偏好，而对实践知识具有轻视的意味。出现象牙塔学问倾向可以说是大学保守性的一个体现。大学在历史上曾有价值中立的传统，这迫使大学的学术探讨越来越偏向形而上问题的追索，越来越走向不切实际的虚玄之学，完全为了满足绅士们的闲逸好奇。不可否认，在学术发展的一定阶段，是需要进行形而上追问的，但如果完全不结合社会需要的话，大学对社会进步的作用就大打折扣。欧洲大学模式向美国大学模式转移，就说明了大学必须走出象牙塔，必须走向社会实践（博克，2001）。

一般而言，出现象牙塔学问既是学术发展的一个阶段，也是知识分子的一个现实选择。在学术发展过程中，要对问题获得彻底的解答，就必须进行形而上思索，追索问题的根源，这样才能获得科学的突破。历史上学术革命的发生几乎都与人们思维方式的变化有直接关系，这种思维方式的变化就是形而上思考的结果。如果拒绝形而上思考，一个民族是没有希望的，一个大学也是没有希望的。形而上思考的高度，也代表哲学的高度，标志着思想的深度。轻视形而上思考，就是轻视基本理论研究。如果没有基本理论上的进展，很难获得具有生命力的应用成果。

另外，当知识分子无法触及现实问题时，他只能选择形而上的思考的路径，这代表了他对现实问题的回避态度。这种态度从总体上而言是不可取的，但在现实中也是一种学术生存策略。事实上，许多现实问题不能获得解决，也往往因为存在理论上的障碍所致。从这个意义上说，进行理论思考并不一定是坏事。所以，对于从事象牙塔学问，人们不能采取一概否定的态度，必须看到它的具体作用。

客观地说，出现象牙塔学问是学术发展的一个里程碑，是无法完全超越的（张楚廷，2005）。因为学术发展有不断上升的内驱力，它要求从事物根部也就是起点处进行寻找，没有这个过程，学问无法达到比较精致的程度。但是把这个目标作为学问探讨的终点，而不是把它还原到现实社会发展需要的过程中，那么这种学问路线就容易走向僵化，走向绝对化和静止化，也就是马克思所批评的形而上学。因此学术发展不能仅从逻辑上去思考，还必须进行现实的思考，从解答现实问题中进行思考。

可以说，象牙塔学问的追求反映了人类思维方式的局限。在人类的思维方式上始终试图抓住事物发展最本质的方面，发现事物发展的最初原因，然后推演出事物发展的全过程，哲学就始终在进行这种努力。然而在这个上升过程中，学术就会距离现实生活越来越远，越来越不能解决实际存在的问题。这就是人类思维存在的一个局限。事实上，人类不可能把握事物发展的绝对的起点，如果真的找到了，那时宇宙和人类都可以再造，这显然是荒谬的。所以必须承认人类认识能力的局限性。当人类的思维上升到一定阶段，就必须返回来接受事实的检验，不然就变成了不结果实的思想之花。

从哲学的角度看，之所以无法把握事物发展的绝对起点，是因为事物本身就是发展变化的，我们所掌握的事物的资料都是有限的，而且都是过去的，无法掌握未来发展变化的信息，因为人是站在事物发展的过程中进行观察的，无法站在事物发展变化的过程之外进行观察，那么无论怎么观察，他都只能观察到某些方面而遗漏其他方面，导致信息的不齐全。如果他真的能够跳到事物的外部进行观察，那么世界就是静止的了，也就变成绝对不运动的了，否则他是没法观察的。运用辩证观点看，就是人只能把握到局部知识，并且运用这种知识去改造世界，从而取得一些实际效果。拒绝这个观点就会变得片面和绝对。

（三）大学学习模式的有限性

大学是专业的知识探索机构，它对真理和事实的执著态度可以为世人所效法。但大学对纯粹知识的探讨并不是社会可以学习的，否则大学就没有了特色，社会就完全趋同了，这不仅是不可能的，而且也是不必要的。因为各个不同的社会机构都有自己的活动特点和生活方式，不能完全强求一律，那样也是一种专制，是对事物多样性规律的违背。

社会可以向大学学习的就是它对事物的理智的求实态度和其思维方式。严格地说，大学反对以绝对的、封闭的观点对待一切，要求以发展的眼光和开放的心态对待世界上的一切，这一点可以为各种社会组织所借鉴。此外，大学还能够在理性的准则下以比较平等的心态对待各个成员的发言机会，不会以成员的资历来确定其发言机会，这是大学民主作风的表现。大学还对具有分歧的问题采取讨论的方式来解决，主张参与辩论的各方都应该理智地以事实为依据，而不能倚仗个人的势力垄断发言权。人们批评的学术腐败现象就是因为违背了这一基本准则而出现的。

比较而言，大学是社会上最为清净的、最为民主的地方，在这里，真理的权威能够得到较好的尊重，世俗的利益冲突变得无足轻重了，人们可以把真理的法则作为相互期待和相互约束的准绳。因此这种平等探讨的气氛值得社会各个组织学习。也许，人们只有在真理面前或知识面前才具有真正平等的资格。

毋庸置疑，社会各组织在实践中是无法照搬大学运转模式的，大学的运转模式只适用于对事物的认识过程或真理的探讨，在社会生产实践中需要有新的工作模式和新的学习方式，如此才能够适应社会生产过程的需要，不然社会各项事情都会变成议而不决，相应地，必然会影响社会运转效率，这当然是无法容忍的。

（四）学科壁垒现象

在大学里经常会出现一些学科壁垒现象（斯诺，1993）。这种现象之所以出现，从根本上说是因为人们认识事物方式的局限所致，但从具体产生的原因看，则是由于部分学术人的心态保守造成的。不可回避的是，现在不少学术人在学术工作中还停留在传统的小作坊中，生怕自己的秘方被别人偷去，所以不愿意进行交流。另一方面，也怕自己的短处被别人察觉而贻笑大方。这种保守封闭的做法只能使学术工作更落后。学术工作只有在开放和交流过程中才能得到丰富和发展。因为我们每个人都是现实生活中的人，在认识问题上都存有局限性，而用他所在学科看问题时也是有很大局限性的，如果不进行交流，不破除学科的障碍，就很难扩展自己的学术视野，也就很难使自己看问题更全面。这当然对学科进步而言是不利的。

实事求是地讲，一个新学科的出现往往是看问题角度发生变化的结果。当它对事物的探究越来越深，知识积累得越来越系统后，就具备了成为一个学科的初步条件了。在开始阶段，新学科与传统学科的分野不是那么明确，但随着学科知识积累越来越多，分化得越来越精细，并逐渐发展出一套专门的术语体系的时候，它就与其他学科明显地区别开来，而掌握这套术语体系则是掌握这门学科知识的一个必然的路径。所以这套符号体系往往成为不同学科之间交流的屏障。正因为如此，科学发展越来越趋向于专门化，大学培养出的人是越来越多的学科专家而不是越来越多的通才。

各个学科积累的时间越久，就越容易形成这种东西，常常由于这些东西的存在而阻碍学科之间的有效交流，这些东西就变成了学科壁垒。由于一个人的精力有限，不可能同时掌握多门知识系统，因此，要跨越知识障碍还是非常困难的。通常情况是，就学科的理论部分而言，其障碍不是非常明显，而越是到技术操作层面，其难以理解的东西就越来越多，而且许多是因为习惯而形成的惯例，往往是难以理解的，这也使学科壁垒更加深厚，越发难以突破。这种壁垒有时形成学科发展保守性的原因，因为难以与外界进行交流，就容易变成陈陈相因，所以就阻碍了本学科的更新和发展，甚至成为压抑本学科产生新生力量的东西。

可以说，完全突破学科壁垒是不可能的，但在一定程度上缓解这种情况还是可能的，这与学术掌门人主动开放自己的门户，主动地与外界交流并大力变革自我的心态有直接关系，如果根本就没有变革动力，或者说根本没有认识到变革的需要，那么要消除这种学科壁垒和门户之见还非常困难。

（五）学派产生的副作用

学术派别的出现是学术发展中的正常现象，是学术争鸣的产物，它标志着学术从粗放型转向了精细化发展。在一个学科发展中，因为出现了立场和观点的分歧，而双方的立场和观点都还处于假设阶段，无法通过充分的证据来说服对方时才会出现不同的学术派别。显然，不同学术派别的出现有助于学术问题探讨的深化，避免出现盲目服从的局面。从另一个侧面看，这也是学术发展中没有受到权威限制的结果，或者说这也是学术民主氛围比较好的结果。因此，学术派别的出现具有积极的意义（邓伟志，等，1989）。

但是学术派别容易演化为学术利益之争，甚至还演变为个人的名望利益之争。由于这些成分的加入，学术派别就不完全是学术观点的分歧了，而变成了门户之争。此时双方之间就不可能再展开心平气和的学术讨论了，意见分歧可能会演变成相互攻击，甚至会演变成人身攻击和人格污蔑。这种情况对学术发展而言就是非常有害的。

不可回避的问题是，学术界确实存在着霸权之争，占据不同地理位置的人们都希望建立自己的山头，都希望得到政府的青睐，都希望成为主导话语，都希望在未来的蛋糕分配中切得更大的份额，因此大家相互之间勾心斗角。这样，学术派别实际上就演变成政治利益之争，这样学术分歧不仅不能促进学术发展，反而成为相互排斥和打击的保护伞。

三、大学通往学习型社区的途径

（一）正视大学文化危机

毫不隐讳地说，构建大学学习型社区还存在很多困难。困难集中体现在大学社区的人们在价值追求上出现了严重分歧。从管理者而言，他们并没有真正树立把发展学术作为第一要务的思想，他们看中的是可显现的政绩如何。所谓可显现的政绩，也就是能够给上级看的东西，如果上级看不到就无法显示政绩，因而是没用的，从而就不关心。许多大学的主要管理者，他们并非一点也不重视学术，但他们头脑中的学术仅指可显示的科研成果指标（Trow 1994）。如所发表的 SCI 检索的论文数，挣得的课题数，获奖成果数，科研经费数，获得教育部审批的什么称号的人才数，还有就是博士点数，一级学科博士点数，等等。可能争夺最激烈的就是两院院士的数量，因为他们的数量很有限，所以就非常显眼。当然，学校安全问题也是非常重要的，绝不能出什么事故，一旦出现安全事故，无论校长还是书记都担不起，特别是人命关天的事情。

现在大学教授们虽然关心自己的学术兴趣能否得到满足，关心自己的自由发言权利能否得到尊重和保障，但更关心自己有一个比较体面的社会地位即经济基础。对于行政方面要求的各种指标只能是尽力而为、量力而行。对于各种荣誉诱惑自然也不拒之门外，不然就显得不识时务。所以对于屡屡出现的学术腐败事件常常表现出两难心理，一方面认为这类事情不该发生，另一方面认为是政策和制度造成的，个人虽然有责任，但不是主要的和根本的。这样的心态使得他们在许多事情上的态度表现得比较含糊，似乎缺少了一点正气。一般来说，他们对学校的政策趋向是表示怀疑的，但认为自己也无能为力，又不想走对抗路线，所以只能采取得过且过的态度。所以对待学问也缺乏忠诚，很多人并没有把学术作为自己的精神寄托。不少人彷徨在从政与经商之间，认为从事学术只是一件不得已而为之的事情，所以对于各种不合理的制度，也没有什么截然决然的反对态度。

学生们则越来越娇气了，心理脆弱现象比较普遍，所以，防止出现各种心理危机现象成为校园管理的重点。许多学生在经过高考后都有松口气的思想，所以对大学生管理太严也不现实。现在学生自以为是的现象比较严重，因而无论教师还是管理者对学生都尽量少批评，在管理上一般采取“睁一只眼闭一只眼”的政策。而且现在流行的“学生评教”制度也不支持教师实行严格管理。大学生们对专业课不怎么热心，他们关心的是文凭、毕业证书和学位。只有少数学生是比较有抱负的，他们多专注于外语的学习，专注于各种实际能力的锻炼，专注于一些挣钱的机会，希望在这里找到自己的理想。大学生非常关心自己的就业前途，他们知道获得好的工作机会影响因素非常复杂，并不完全取决于自己的努力程度。所以现在大学生态度普遍比较现实，比较讲究眼前的快乐（Riseman 1980）。可以说，现在的大学生思想更开放了，在社会适应能力方面也提高了，但对学习的认真态度、努力程度却大不如从前了。对于这个问题，大学似乎普遍没有找到解决对策。

现在校园和谐面临的最大问题仍然也是诚信问题，大家倾向于彼此封闭，不会轻易地表白自己，大家都认为过分表白自己是很愚蠢的，也相信他人是不可靠的，只能相信自己。大家都知道对于许多规则不能太认真。大学表面上十分繁荣，内部却蕴藏着危机，因为人们的真实情感是受压抑的，一旦解放起来，其能力是可想而知。在官本位体制主导下，人们觉得什么事情也不必那么认真，只要物质条件能够改善就可以了。这样，大家对大学的状况只能听之任之了。可以肯定地说，这种状态与一流大学的建设是无缘的，也不可能建成一个真正的学习型社区。

（二）确立以学术为本的大学文化

健康的大学文化首先要坚持学术本位。如果没有这个基本立场，那么大学活动必然脱离学术活动的本质（Clark 1983）。不健康的大学文化首先就表现在学术失去了其中心地位，行政中心取代了学术的地位，大学的一切行动都跟着行政命令转了，这样，大学活动便失去了重心。

因而，建设健康的大学文化首先在于恢复学术价值的中心地位，使大学管理过程中真正体现出尊重学术的局面来。尊重学术，具体表现在真正地维护学术自治和学术自由，而不是以行政意志干涉学术活动，只有这样，学者才能安心于学术，而不是把学术作为跳板。

那么，采取什么样的措施能够促进健康的大学文化的建设呢？目前看来，当务之急是要完善教授委员会制度，实现行政与学术分离，促进行政系统转变为服务系统而不是领导指挥系统。但如何操作必须等具体的实践摸索后才能回答。

但要实现这一步，就必须改善大学的外部管理，即大学的上级管理部门必须放弃传统的一刀切的办法，否则，大学管理层就会专注于上级命令，就无暇回应大学内部的发展要求。只有当大学没有来自上级的强大压力后，才能专注于大学内部建设，把精力用于应答社会变革的要求上。我们提出学术管理的重心应该下移到中层，而不是集中在学校层，学校放弃统一指挥，使各学科按照自己的特性发展（王洪才，2008b）。不然大学只能停留在行政命令式的管理状态。

显然，实现这一步实质上就是赋予大学以充分的办学自主权。从一方面说，大学要积极实现经费来源多渠道化，克服把政府拨款作为唯一渠道来源。另一方面，教育部要少干涉大学内部事务，少进行一些无谓的评估活动，多给一些宽松的政策，这样才可以使大学比较专注于自己内部的事务，而不是忙于应付外部的考核。

（三）激发大学的文化引领功能

大学是知识最密集的地方，具有文化领导的优势。但大学也是精英主义风气盛行的地方，而精英文化未必适合于各个社会阶层的需要。换言之，大学标准并不能成为唯一的标准，各个社会阶层也可以具有自己的标准。但大学标准可以成为社会各阶层的共同的价值参照，客观地说，大学的文化参照功能是通过大学的批判功能实现的。

尽管大学的批判功能使它更容易承担提供普遍价值准则的责任，但如果大学安于自己的专业知识，不注重社会服务功能，那么这种功能也不会自动实现。特别是在商业文化比较盛行的时代，大学的文化批判功能容易受到弱化，这与大学知识分子缺乏社会良心承担责任有关（雅各比，2002）。人们经常说，传统的知识分子功能正在丧失，现代知识分子已经不是原来的公共知识分子了，越来越成为了专业知识分子（许纪霖，2003），他们关注更多的是他们自己的利益，如此就难以承担社会良心的使命。现在大学校园文化中出现了越来越严重的媚俗化趋势，此标志着作为独立形态的大学文化正在走向消亡。如此，大学当然不具有引领社会文化的功能。

只有当大学能够担当社会批判责任时，它才不至于陷入专门化和封闭化牢笼，才会在批判和反思中发挥文化的引领功能。当大学自觉承担这个功能时，就会促进大学内部更加尊重学术，实现学术为本的价值理想，这样才能向学习型社区转变。

（四）创建良好的学术生态

良好的学术生态是学术人普遍期望的，人们希望学术生活是健康的、有序的。可以说，从事学术活动的人都期望有一个宽松的学术环境，有一个自由平等对话的语境，而不是山头林立，相互封闭，相互敌视。因为这种情况的出现会使人们心存顾忌，会感到心情压抑，从而思想不能够自由，就无法感到从事学术工作是一种享受。人们希望学术活动更超脱一些，应该与世俗追求有所差别。如果把学术活动仅仅作为谋生手段的话，必然也会在思想上轻视学术，那样学术活动也必然走向末路。因而，学术生态状况对学术活动影响极大。

当前的学术生态中最受人诟病的就是官本位对学术环境的腐蚀作用，从而使学术活动变成了官僚主导，长官意志决定学术话语倾向，官位高低决定了学术发言机会，进而学术活动缺乏了自由讨论的氛围，学术活动中论资排辈现象越来越严重，学术变成了掌权者自我渔利的工具。于是在大学里，近亲繁殖现象越来越突出，学术山头现象越来越突出，相互之间的敌视现象也越来越突出，如此学术活动就失去了自由宽松的氛围。

对学术生态另一个具有直接杀伤力的是目前广泛实施的量化考核制度。这种评价方式使学术活动越来越表面化，使人们越来越无法沉浸于学术活动本身的价值中，而越来越致力于学术之外的利益，这使得学术活动距离真正的学术创造越来越远，学术也不再是人们心灵寄托之所，变成了仅仅是满足物质需要的工具而已。

改善学术生态绝不是一件非常容易的事情。最根本处就是要建立比较独立的学术体制，大学获得充分的自主权，不再唯上命是从，这样才有可能真正尊重学术。当学术话语体系逐步独立后，就必然开始构建同行评议制度，从而使学术活动服从内部的权威而不是外部的权威。最后是实行教授治学，即由教授委员会决定学术事务，避免行政决定一切，这样才能铲除学术官僚化的基因。如果没有这些基本动作，要改善学术生态是非常困难的。

四、促进大学向学习型社区转变的基本策略

（一）促进教学和科研的统一

在大学校园中出现最突出的矛盾就是教学与科研的分离了，这种状况使教学质量和科研质量双方面都受到了损害，但又苦无良策。不过人们普遍意识到，要解决该问题，只靠教育部发几个文件恐怕是不行的。

追根溯源，不得不承认，现在的教学与科研的不和谐现象主要是由于目前的科研任务要求严重地偏离了学术人员的兴趣造成的，同时科研活动又与教学活动脱节，从而使得科研活动不再服务于教学目标要求，科研进程只受外在的可量化的“硬”指标牵引，而教学进程则受另一种“软”指标引导，在双重标准的作用下就使教学处于非常不利的地位。

从根本上说这是由于大学管理中管理方式过分简单化造成的，是大学管理中不遵守大学自身规律造成。对于这些弊端，人们虽然都有比较清晰的认识，但受体制局限，这种局面也很难在短时期内得以改观。

有没有根本的解决办法呢？根据国外的经验，只有大学实现了教授治学之后，才可能从根本上改变这一状况。在目前的“行政中心”的运作模式下是很难有所改善的。现在中国大学管理改革的普遍趋势仍然是在强化

行政中心的地位，这样教授地位就越来越边缘化，如此，就不可能实现科研与学者兴趣的结合，也不可能推进教学与科研的结合。

（二）强化大学的社会服务功能

大学的社会服务功能弱化的现象主要表现为：现行的考核制度引导大学工作者把自己的主要精力放在了应付各种考核指标上，而不关心所做的结果是否具有真正价值（Farnharm 1999）。究其原因，是因为社会对大学活动缺乏有效的制约机制，大学自身又没有独立的办学标准，最后只好一切都听从行政的指挥了。而政府包办行为使大学倾向于封闭办学，即大学不必关心社会的真正需要和反应。在缺乏与社会有效互动的情况下，大学工作是低效率的。

在大学社会服务功能逐渐弱化的同时，大学里真正安心于学术工作的人也越来越少了。在目前，学术评价体系不能吸引人们真心从事学术工作，从而使人们开始疏离真正学术。现在的大学管理层把巨大的精力投入到与掌握资源分配权力的行政部门拉关系上，在学校内部资源分配上又倾向于按职位分配，因此，在大学里出现官本位现象就不足为怪了。加之，由于缺乏学术自由，人们发现即使再安心于学术研究也不可能有多大作为。这样，缺乏学术自由的内部环境和注重量化考核的外部环境相互结合，使人们越来越不关心学术的内在价值了，越来越难以安于学术创造了。

要改变这一状况，就需要构建现代大学制度（袁贵仁，2000），减少大学与社会联系的中间环节，赋予大学以更充分的办学自主权，使大学能够更加主动地反映社会的要求（王洪才，2006）。只有此时，大学管理者才可能从“一切向上看”的思维模式中解放出来，才可能真正关心学术发展，关心学者的生存状况，才可能真正从激发学者的创造性方面进行教育管理方式的改革。现时代要求大学必须根据社会需要的变化来调整自己的办学模式（Dill，et al. 1995）。只有大学能够主动反映社会需要时，大学内部的创造性和活力才能迸发出来，而指望通过行政的途径或采用绩效主义的管理办法都是无济于事的。

（三）推动大学教师的专业发展

大学教师的专业发展问题是近来学术界讨论的热门话题，这一问题是要为人们对大学办学质量问题的关注而受到关注。但这个问题的逻辑前提是：当下教师的专业水平亟待提高。而这个问题是无从证明的，因为从教师队伍的学历水平越来越高的现实看，似乎教师专业素质是在不断提高的。现在的真正问题是人们对学术工作的热情并不高，很大程度上仅仅是把它作为谋生的手段，他们很难体验到职业的自尊，因为他们感受不到学术的自治，似乎一切都需要听命于行政指挥，这样，大学教师的内在潜能得不到激发。此时再谈其他问题等于白费。因此，即使人们提出“促进大学教师专业发展是提高大学竞争力的必然”的理论，但缺乏现实意义。当然这个概念是从国外借鉴来的，但试图以此解决大学教师业务水平提高的问题恐怕可能性也不大。现在最关键的问题是尊重大学教师的专业权利，保护学术自由，使其发挥出创造力。故而，现在的关键问题不是教师的知识结构或教学方式问题，而是教师的主动性不高、创造性没有发挥出来的问题。可以说这是中国大学体制面临的现实问题，不解决这个问题，大学教师的专业发展也是一句空话。

客观地说，大学学术发展非常需要内部基础建设，但传统的学术体制束缚了人们在这方面的创造性，现在大学教师的专业发展还不是简单地提高教师的专业技能的问题，而是如何体现出对大学学术工作的尊重的问题，即怎样使他们体验到他们是独立的工作者，如何更好地发挥其主动性和创造性，而不是经常感到无所作为的状态。可以说，这是维护学术生命力的前提问题，如果没有这个前提性问题的解决，其他议论都是纸上谈兵。

显然这是一个非常大的课题，不是一下子就可以解决的。可以说，在官本位风气盛行、行政主宰一切、学术自由和学术民主还没有成为大学学术生活的主导方式的情况下，要想真正激发大学教师的创造力就等于空谈。现在迫切需要解决的还不是大学教师专业发展的问题，而是大学教师的专业权利受到基本尊重的问题。

第三节　中小学也要努力建成学习型社区

一、中小学是学习型社区建设中的一个重点

中小学不仅是当前教育活动的重要主体，而且也是未来终身教育体系建设中的重要实施主体，在学习型社会建设中，中小学也将向学习型社区方向转变。可以说，中小学能否成为一个学习型社区，对整个学习型社会建设的意义非常重大。因为中小学是培养人们的学习态度、学习习惯最为关键的时期，没有中小学教育作为基础，学习型社会建设就不完善。如前所述，在终身教育体系建设中，中小学教育既是我国教育改革的重点，也是教育改革的难点（郝克明，2003）。之所以如此，就在于中小学教育处于人生成长最快的时期，是一个人可塑性最强的时期，也是为人生发展打基础的关键时期，这个时期发展得好与坏，对一个人日后是否成功、能否成才关系尤为密切，因此它引起了各个家庭的高度关注，当然也是全社会关注的焦点。可以说，教育最后成功与否，很大程度上取决于中小学教育是否成功。

中小学教育是基础性教育，它对人的良好习惯的养成，对人的智慧潜能的开发都起极为关键的作用。但正如前面讨论素质教育的难题时讲到，中小学教育在很大程度上是失败的，因为没有养成独立的人格，没有培养起良好的品性，真正的智慧潜能没有得到开发，人的真正智力处于荒废状态，这不能不引起人们的忧虑。如何改变这种状况呢？我们说，建设学习型社区是一个根本出路，但中小学首先要变成学习型组织。

二、中小学通向学习型组织之路

学习不仅是中小学学生的任务，而且也是中小学教师和管理人员面临的迫切任务，尽管两者在学习的任务和学习的方式上有很大不同，但根本点是一致的，都是学习知识，核心是科学文化知识。而且中小学教师和学生之间还有一个共同的任务：完成教学计划和教学大纲规定的学习任务。这是否意味着中小学已经是一个学习型组织或学习型社区了呢？

回答是否定的。在中小学，无论教师和学生，虽然都有知识学习和自我提高的任务，但这个任务都不是建立在自觉自愿的基础上，而是社会赋予的职责任务，如果学校活动背离了这个任务要求，那么这样的组织在实质上是不合格的。这一切都决定了中小学必须按照一定的计划规定和目标规范要求来组织活动。所以说他们的学习在很大程度上不是自愿的，还没有最大限度地激发学习者的主动性和能动性，他们还是一种被动状态的学习，与学习型组织和学习型社区的根本宗旨是不符合的，因此还无法把它们称为学习型组织或学习型社区。

我们说，假如在中小学不需要使用考试的指挥棒了，中小学不再片面地追求升学率了，中小学教师可以充分地发挥自己的主动性和创造性了，中小学学生变成真心热爱学习了，师生关系从一种管教型转变为平等的民主型关系时，那么中小学就距离学习型组织或学习型社区不远了。目前，把中小学直接称为学习型社区或学习型组织为时太早。

中小学究竟是建成学习型组织还是学习型社区？我们认为，对于中小学而言，它首先是一个组织，因为它承担着特殊的社会功能，不仅有正式的规章制度，而且有明确的组织目标、任务要求和具体操作过程的规定，还有具体的评价措施和明确的隶属关系，因此它是一个正式的社会组织。这一切都意味着它与松散联系的社区组织有本质的不同。

但学习的自主性如何发挥呢？是否要依照学生的兴趣呢？如何处理学习兴趣、任务规定和社会发展需要的问题呢？在这里究竟发挥谁的主导作用呢？

这些正是目前中小学教育改革的困惑之处。可以肯定地说，教育要收到实际的效果，必须激发学生学习的自主性和教师活动的主动性，不然教育活动就是失败的，因为那样将压抑学生个性的发展并阻碍学生的智力发展。而发挥学生学习自主性的根本途径必须从激发学生学习兴趣出发，如果没有这个途径，则教育效果是无法保证的。

如何来激发学生学习的自主性呢？传统的教育方式主要是使用外部压力的手段，如通过家长施加压力，家长往往通过给孩子提供优厚的生活条件换得学生认真学习，其实这也是一种学习奖励办法或激励机制；此外，家长还使用对前途展望的方法，如恫吓孩子如果不能升入好大学将面临什么样的悲惨境遇。再如教师施加压力，教师使用的手段就更加多样，经常使用的是考试、排名办法，还使用口头或行动批评和奖励办法，当然不排除讲一些大道理，以未来的前途进行威胁和利诱的措施。这一切都告诉学生，无论有无兴趣，必须服从于考试成功的目标，如果考试不成功，所有的努力都是白费！这就是说，在今天考试还是社会上唯一的、最权威的承认机制，而没有其他的可以替代的承认机制。

这说明中小学校并没有什么办学自主性，他们只能听从于外部评价。另一方面也说明，由于升学对每个公民的意义太重大，没有人敢把这个权力交给中小学去行使，生怕这个权力被滥用。同时也说明，人们对中小学的自我管理能力或其评价还不放心，更相信集中的统一的评价模式。也就是说，在相当大的程度上，社会对中小学的具体运作过程并不知情，因而不能进行有效监督，所以害怕自己子女因为学校进行独立评价而受到不公平待遇。当然，言外之意也不相信行政部门的管理能力，甚至认为这些人就是滥用特权的罪魁祸首。可见这里存在一个严重的社会诚信缺失的问题。

其实这种信任的缺乏是全社会的，包括对各种制度的不信任，因为制度规定都是纸面上的，并不是实际执行的，实际如何执行则操控在具体执行人手里。这也是为什么这么多中国人都想当官的原因，因为他们手中拥有权力，这种权力往往不受监督和制约，只靠他们的良心自觉，但这是非常不可靠的。如果一个社会缺乏一个有效的监督机制，那么完全依靠自我监督根本上是行不通的，因为掌握权势者很容易组成自己的利益共同体。

在社会流动机会非常稀缺的情况下，人们为了获得最后的地位，也即为了获得社会承认，只能在外部压力的驱使下好好学习了。但由于缺乏内在兴趣，所以就难以真正理解知识的奥妙与趣味，往往是通过识记一些硬性、规则性的东西作为知识掌握的标准，然后运用这些规则去解答相应的难题。显然这是一种机械训练的方式。当人们对知识学习没有真正的情感注入的时候，就不能享受知识的乐趣，这样的知识学习仅仅是接受、掌握，而不是发现。这样，个体的认识能力始终是不敏锐的、被动的，当然这样的学习方式需要靠大量的作业才能奏效。因为没有情感投入，所以记忆就不深刻，那么只能靠一遍遍地强化。尽管他们也在使用理解规律，如寻找一些记忆窍门之类，也希望发现知识之间的内在联系等，但在教师的速成欲望的驱使下，他们往往是没有充分的时间去寻找的，只有那些非常聪明的学生才有时间去发现这些东西。当然在这个发现过程中，其学习模式也在发生转变。而对大多数学生而言，学习就变成了一种苦役。

这种教育方式能否照顾到社会发展需要呢？事实上，此时社会已经主动地放弃了对学校的要求，只把希望寄托在升学率上。只有那些远见卓识的政治家和一大批关心教育进步的学者站在局外，还在呼吁学校教育一定要结合社会发展需要，但社会其他集团都知道孩子学习成绩的意味，所以绝不肯在这方面妥协。这也是为什么“应试教育扎扎实实”的根本原因。从另一个角度说，升学需要也是一种社会需要，只是这种社会需要不全面而已。

如果进行深入地分析，就可以看到这仍然是社会资源短缺、社会分配渠道单一、社会评价渠道单一所致，而政府基本上垄断了这种评价权、分配权，所以政府成为高度集中的机构，也成为人们既爱又恨的机构。中国政治经济的发展必然要求进行改革，实现权力分散化，否则社会发展就需要高度监控，一旦体系发生塌陷，其灾难性后果就不堪设想。

三、中小学向学习型组织转变寄希望于民办教育的发达

当升学指标变成唯一指标时，学校办学成绩评价也就依赖于它，那么教师和校长的奖金获得也会依赖于它，社会对学校的认可当然更依赖于它。令人难以置信的是，世界上许多民族都非常重视教育，但没有像我们如此重视的。我们只知道东瀛日本比较重视考试，有考试地狱之称，韩国也很重视考试，但恐怕都很难与我国相比。至于为什么重视，其理由也基本上是相同的，即社会资源的分配基本上完全依赖于考试成绩，而其他方面的业绩则是不容易进行考核的。而且这些社会还有一个共同特征，即权力都比较集中，都有一个庞大的行政系统。尽管日本和韩国都受到了美国式民主的影响，但影响更深的则是中国的儒家文化。

在这种教育体制下，不仅学生是被迫的，教师同样也是被迫的，而且在不同学科之间有很大的分化，最终由考试需要决定了课程的各自地位。所以不从根本上改变考试制度，就无法改变这种状况。至于行政上制定的

其他评估目标，一切都在考试面前让步了。所以整个社会都患上了考试综合征。要使这个症状尽快地消失，唯一可靠的途径是民办高等教育的大发展，并且他们可以自主地确定他们的入学标准。但前提是，国家放宽对他们的招生名额的要求，他们可以自主地决定其招生办法。在目前他们还处于谋生存阶段，还没有达到真正发展阶段。如果他们进入了真正发展阶段，他们就会想尽一切办法来提高自己的办学水平。一句话，民办大学的品牌还不够过硬，其竞争力还比较低，目前不得不采取依附性的发展策略，所以还不是一支独立发展的力量。

民办大学能够达到转折点的标志是：规模已经达到了一个标准值，即在这样的规模下能够产生规模效益，不至于出现经营亏损；大学办学意识上从赢利模式走向品牌模式，即走质量卓越路线；再就是能够吸引社会捐助，社会各方面也把参与办学作为提升自己荣誉的机会；最后是民办大学获得了政府的充分信任，如果没有政府的信任，则不可能把办学权下放，也就不可能走向事实上的独立。

所谓事实上独立，是指与名分上独立相对。名分上独立是一种完全独立，事实上独立则是一种相对独立，即在自己实体利益上独立。宣称完全独立不符合国情，因为那样就限制了政府的干预能力。事实上独立是指在契约条件下的自治行为，这不仅适用于民办大学，也适用于所有大学。这种契约当然是在法律规定的前提下实施。为此政府就需要与民办大学订立契约，即自觉地接受政府的监督，如美国大学那样请政府官员担任荣誉董事，当然这是无偿的，否则就会产生交易的嫌疑。或者由政府委派人员出任民办大学的董事，这样比较合适，如果是私下行为，难保会发生什么不测行为。

许多民办大学还没有产生把民办大学办成独立大学的意识，他们把大学作为企业办，这样不是长久的发展道路。因为这样无法证明自身，也就无法获得话语权。如果不能获得话语权，则意味着永远也无法独立，当然也就不可能办出一流水平了。

四、公民自觉意识的提高是中小学建设学习型社区的根本出路

既然不能寄希望于政府，也不能寄希望于学校自身，目前也不能寄希望于民办大学，那应该寄希望于谁呢？只能是社会自身！即靠社会成员的自觉，靠社会成员在参与过程中提高自身的觉悟。这是根本出路，也是唯一出路，这也是社会走向民主的根本出路。

社会有能力管理自己的事务吗？是否还得政府扶植？政府与社会之间是什么样的关系？这个问题仍然涉及体制改革问题，即政府通过职能改革，变“大政府”为“小政府”。换言之，政府不应该独揽大权，必须给民众以集会、言论等基本的自由权利。

所以，最后只能寄希望于学习型社区的建设。在这个社区里人们通过自助服务增加了参与意识，学会了共处，学会了社会参与规则，学会了发言和讨论方式，从而开始探讨任何关心的话题，在这里一切讨论都是随机的，而不是事先确定的，都是带着问题来的，并且有具体的学习内容和目标。在这里，学习不带有功利目标，只是为了解决自己的疑难问题，完全是凭借自己的兴趣，也是为了获得交流机会，同时也为了获得一种情感体验，为了使生活丰富起来。

根据上述分析，中小学在目前能否称为学习型组织呢？可以说是很难！因为在一个以垂直管理为主导的机构里是不可能形成这种共同学习氛围的。因为一个共同学习模式实际上是一个自治的组织，即没有明确的功利目标，带有完全自愿的特征。而中小学组织不可能丢掉具体的工作目标。特别是学生是不可能作为共同学习的成员的。这就意味着，这不是一个平等身份的组织，而正式角色也不可能被非正式角色所取代。而且这个角色与社会地位直接相关，而社会关系的建立是依赖这个身份角色的。

这是否说中小学没有成为学习型组织的可能？当然不！但现在如果说有现成学习型组织的可能的话，也只能是形成一种亚文化，即在教师里组成兴趣小组或研讨组织，这时，成员之间可能具有比较平等的地位。一旦角色正式化、固定化之后，平等身份就将消失。这意味着，建设学习型组

织，需要淡化传统的地位、角色和身份意识，需要构建一种平等的、相互促进的学习者意识，这是构建学习社区的观念基础。

毋庸置疑，在未来中小学，师生之间的平等关系将成为校园文化的主流声音，那时，教育教学效果的取得主要靠师生之间的有效合作，教师将较少地运用传统权威来实施教学，教学相长真正变成了现实，此时的教学就不是灌输式的，而是一种研究性的。这样，中小学就是在向学习型社区过渡了。可以说，目前在中小学中兴起的合作学习、合作教学理念是中小学向学习型社区转变的先声。

如此看来，学习型社会的建设首先是一种文化建设，在这种文化里，平等意识是基础，有了平等意识，人们才能开展自由探讨，有效的学习氛围才能形成。因为有效学习必须是建立在自觉自愿的基础上，并且是通过讨论的方式来促进和发展的。没有这个基础，学习型社会建设就是一句空话。

这意味着，建设学习型社会，不仅需要物质生活的提高，而且还需要制度文明的跟进，需要给人们充分的自由表达的机会，这样人们才能开展真正的学习。不然人们的学习都是基于功利性的需求，这时虽然有主人身份丧失的危险也在所不惜。

第四节　农村建设学习型社区的途径

一、农村建设学习型社区的必要性

在中国历史上，农村始终是中国社会经济政治文化发展中的最薄弱环节，农村的发展水平始终是影响中国社会整体发展的最重要方面之一（周原，2004）。所以，无论从哪一个方面讲，只要农村发展了，则整个中国社会就真正发展了。即使在农村地区，发展差距也是非常显著的，在少数西部地区的农村，即使到今天仍然存在衣食温饱问题。如果衣食温饱都无法解决的话，就根本无法谈得上发展。农村地区要发展主要靠什么呢？答案是：靠智力开发！这是一条根本的途径，没有这个途径是不可想象的。常言道，“救急不救穷”。对于那些农村落后地区，国家给予一时的救济是可以的，但不可能长期地、无限制地救济下去，即使长期施行救济政策也是不人道的，因为这对于接受者而言是没有尊严的，所以，必须通过智力开发，使那些接受救济的人通过自己的力量来改变贫穷的面貌，这样他们才能逐渐地获得尊重和尊严。

智力开发必须依靠教育。但这种教育并非一般的教育，而是一种实用的教育。因为传统的教育实际上是无效的，这种教育主要是满足一种选拔的需要，人们受教育后都不想再留在农村和改变农村了，都希望到大城市中去，那些学习成绩好的学生通过升学途径离开了，那些学习成绩不怎么好的学生也希望自己通过打工的途径走出农村这个狭小的天地（高耀明，2002）。“人向高处走”也是人之常情，可以说极少有人喜欢安于贫穷。

为什么传统教育是无效果的呢？究其根本原因，就在于教育是脱离生活的，是与社会发展需要相脱节的，是不实用的，因为所学知识不能解决生产生活中的具体实际问题，除服务于升学之途外，其他作用并不显著。

看来解决农村问题首先要解决教育问题，如果不能解决教育问题，就不能从根本上改变农村的落后面貌。要解决农村教育问题，就需要建立新的教育体系，实现教育与生活结合（庞守兴，2003）。这种新教育体系的载体只能依靠建设学习型社区来实现，在这里，学习型社区就是学习型的农村，它也是一种新型的社会主义新农村建设的模式。

二、学习型农村建设的基本经验

学习型农村该如何进行建设呢？已经取得了哪些比较成功的经验呢？有哪些具体做法可以推广呢？特别是教育在其中处于什么地位以及教育又是如何进行具体组织的呢？

在研究中我们发现，我国一些地区在学习型农村建设中已经积累了一定的经验，如江苏华西村（陈乃林，2001）、河南南街村（高哲，等，1998）、山西前元庄村等在探索中取得了一定的成功经验（张永民，等，2003；胡国枢，2003），成为国内学习型农村建设的典型案例。概括起来，其主要经验有以下几方面（王洪才，2008a）[264-288]。

（1）农村社会建设首先必须有一个组织过硬的领导集体，没有这个领导集体，学习型农村建设就没有带头人，就无法具体组织和实施。而这个领导集体的核心首先在于有一个有远见、有抱负、具有一定知识文化的领导人。因为他的组织作用的发挥，才形成了一个领导集体，才形成在全村建设中的带动作用。

（2）农村社会建设要以产业发展为先导，激发广大农民的参与热情。农民的文化知识水平有限，空洞说教没有什么作用，只有收到实惠才能对农民起到真正的激发作用。所以农民关心最急迫的是经济问题，是物质生活水平提高的问题，这个问题不解决，就不能从根本上解决农民的参与积极性问题。发展与农村条件相适宜的产业是唯一可选择的出路。因为在产业发展上不可能照搬，必须与具体的条件相适宜，这样才能最大限度地利用当地条件的便利，也容易把农民的积极性调动起来。

（3）农村社会建设必须有上级部门的有力扶植。可以说，单凭农村自己摸索，其作用是非常有限的，即使农村出现了有远见的领导人，也必须有上级部门的扶持和指导。落后农村地区，一般交通和信息的获得都非常困难，上级部门毕竟处于相对比较发达的地区，在信息资源上比较广，也拥有更多的市场渠道，而且能够调配一定的技术资源和资金资源进行支持。实际上，最关键的一级领导是县级领导部门。因为乡镇一级的地方组织由于具体事务性工作太多，很难对农村发展问题进行长远的深层次考虑，而且乡镇所处的地理位置相对闭塞，信息资源缺乏，难以发挥有效的领导作用。如果让他们发挥具体的组织者作用尚可，但要发挥领导作用就很困难了。更上一级的机构也不适合，因为其脱离农村实际，容易变成瞎指挥。

（4）改造教育系统，大力发展职业技术教育。进行教育系统改造，使农村教育服务于农村社会经济发展的需要。现在农村教育系统基本是实行垂直式领导，即一切教育计划事项仍然主要集中在中央教育机关。尽管管理重心已经下移，但这主要体现在责任方面，如征集教育经费的责任下放到省市，县级机关变成最主要的责任单位。这样导致了经济发展水平决定了教育发展状况，其结果实际上扩大了地区差异，教育在其中没有减轻地区之间的不平衡，反而强化了地区差异。必须指出，在义务教育阶段，全国各地，无论城市还是农村，办学条件不应该有悬殊的差别，否则就会导致地区间不平衡，导致人的发展起点不公平。然而各种政策的实施似乎都在加大地区不平衡的状况，而没有出现改进这种状况的迹象。目前的学校教育仅仅围绕固定的教材教本转动，没有进一步开发教材，使之变成与农村生活实际相结合的教材。而学校的条件太差，也不可能为农村居民提供学习方面的服务与指导。所以，教育系统已经到了必须与社会经济生活统筹的地步了，否则仍然是一个割裂的教育制度。

在教育系统改造中，要确立职业技术教育发展优先的方针，使职业技术教育成为每个农民非常容易获得的教育，正如美国的社区学院向居民提供的教育一样，通过职业技术教育使受教育者获得最有效、最直接、最有用的教育，使所学知识直接能够解决农村生活中遇到的现实问题。在农村地区可以推行双重心的发展路线，即在基础教育阶段实行以普通教育为主，在成人教育部分实行以职业技术教育为主。中国农民在经过改革开放30年洗礼后开始崇尚科学，认识到这是改善自我生存状况的最根本的也是最直接的道路。所以农村教育应该与实用性的技术教育紧密结合起来，应该由有农村教育实践经验的教师和技术专家合作来编写适合的教材，而不是由专家关起门编写什么统一教材。当然也应该选择具有理论结合实际能力的教师任教，而不是仅仅满足于学历单一方面的要求。

（5）完善农村医疗保险制度和最低生活保障制度及养老制度。这一点是农村社区社会经济稳定的核心。医疗制度改革的目的应该是使人看得起病并方便看病，如果医疗改革使医疗变得越来越贵族化，则这个改革无论如何都要失败的。

（6）普遍建立以图书室为中心的农村社区文化活动中心。建设文化活动中心，不仅能够成为农民文化娱乐休闲的场所，而且能够为农民进行学习交流提供便利，特别是有助于形成一个良好的学习氛围，有助于抵制农村中不良习气的蔓延。

农村学习型社区建设的不利之处在于：农村的文化基础设施非常差，缺乏人才，缺乏资金，特别是缺乏有效领导；缺乏基本的医疗卫生保健条件，就医难情况还普遍存在；农村生产力水平普遍较低，不能提供基本的生活保障，老而无养的情况还很严重；在分散耕作制度下，人的集体概念非常淡薄，自私自利的小农意识比较强。由于缺乏现代的医疗保险和养老保险制度，人们仍然寄希望于传统的养老办法即养儿防老，这也是农村计划生育工作难以开展的根源。可以说，在农村，由于人们抵御风险能力非常差，一遇到天灾人祸就会变得心力交瘁。如果不解决这些实际生存问题就难以建设真正的学习型社区。

当然，农村在建设学习型社区中也有一定的有利条件，如：人们生活在一个小社区，日常接触比较多，有自然亲近的乡土情谊；农民们思维方式比较质朴，不尚空谈，当学习能够与生活的改善紧密结合起来时，他们很乐意接受；他们迫切希望改变环境和处境，苦于没有门路，苦于文化知识基础缺乏；迫切希望自己的子女不要重复自己的可怜的命运，对教育寄予热望等。所以只要教育能够紧密地结合生活实际，农民的学习积极性很容易高涨起来。

结束语

本课题研究是以我国高等教育的发展进入大众化阶段为出发点的，目的是为了探讨高等教育大众化与终身教育体系建设的关系。这个设计的最初立足点是：进入高等教育大众化阶段后，终身教育体系必然要向上延伸，换言之，高等教育也将是终身化的，为此也将改变传统的一次性的高等教育模式。这个思想的提出俨然是一场革命。因为在人们的观念中，一次性的高等教育机会尚不能保证，何以谈终身化？面对这个质疑，我们在认真地考察了终身教育的含义后认为，我们必须抛弃传统的“平均主义”的教育机会观，承认高等教育机会具有差异性的现实，而高等教育终身化是根据需要和可能两个条件进行的，而不像义务教育那样是一种均等分配，这正是高等教育的特殊性所在。如果不分需要和可能而进行统一或平等分配，那样的高等教育只能是单一化的，也永远不可能达到终身化的程度，当然也绝不是理想的高等教育发展目标。相反，如果我们确立了高等教育终身化的目标，那么终身教育体系的建设才可能是完善的、彻底的，也才可能是接近理想状态的。

在本命题中，还有一个基本含义，就是认为在高等教育进入大众化状态之后，高等教育的发展方式将发生根本性变革，它将打破传统的一元性的高等教育体系，转而成为多样性的高等教育体系。在这里，高等教育具有多种目标，从而能够满足人们的多种需要。换言之，一元化的高等教育体系是无法满足人们对高等教育的需要，如果坚持传统的单一的高等教育体系也将是低效率的，是失败的。这个命题正是特罗在“高等教育发展的三段论”所揭示的。但这里所要否定的是特罗三段论的机械划分，即把15%作为高等教育大众化的标志，把50%作为高等教育普及化的标志。我们认为，在高等教育大众化阶段到来之后随之而来的并不一定是普及化阶段，很可能是一个新阶段，这就是日本学者称之为“后大众化”阶段。对于这一观点，特罗本人已经承认，而且他后来的理论修正工作就已经表明他原初的设计是直线式的，没有考虑高等教育本身发展的复杂性，特别是没有考虑到高等教育的文化属性问题。而这个修正对我国高等教育发展的意义重大，遗憾的是国内很少有人注意到这一事实。笔者坚决地主张，中国高等教育的发展绝不能沿用特罗的传统理论，而需要参照其修正后的理论，尽管这个修正工作只是对学习化时代到来的承认，而这个修正对我国高等教育发展的启发意义巨大。这预示着我们在制定高等教育发展规划的过程中，必须参照时代发展的要求，而不能拘于一般的理论教条。遗憾的是国内许多地方政府为了实现政绩的目标，多以特罗的传统理论作为本地制定高等教育发展规划的依据，如此将会把我国高等教育导向一个不切实际的去处。

当我们明确地承认高等教育不能局限于一次性的模式后，那么我们在设计高等教育体系时将在思想观念上发生一次根本性的变革。那时我们将把重心放在提高终身学习的能力上，而不是放在高等教育规模的简单扩大上。那样我们将更加注重高等教育的内涵，注重高等教育的个性化的品质，而不再是仅仅提供一次入学机会。这将引导人们不再把对学历符号的追求当作目的，而把自身内在潜能的发挥作为目的，这样的高等教育的发展才可能是健康的。所以我们在先期的研究中，确证“高等教育后大众化”是一个普遍的事实，虽然我们只选择了美国、英国和日本作为案例。因为这三个国家都非常具有典型性，美国当然是高等教育最发达国家的代表，英国则是欧洲高等教育的代表，日本则是东亚模式的代表，三个国家的事例都说明，高等教育在进入大众化阶段后则开始了多样化发展，成人高等教育开始快速发展，并逐渐成为高等教育入学率增长的主流。这也说明，高等教育发展的重心完全没有必要集中在传统的高等教育模式上，也应当关注具有工作经验的成人对高等教育的需求。为此需要打通传统的成人高等教育与普通高等教育的划分，使他们的区分只是形式上的，而不是实质性的，从而去掉“成人高等教育是低质量的高等教育”的污名。一旦这个魔咒被打破，人们将改变千军万马涌向“独木桥”的局面，就会缓解高等教育供应的紧张局面，使高等教育能够进行长期规划发展，向高质量方向改进，使高等教育更具有人性化特色，更加符合个性化发展的要求。这是本研究者的一个夙愿。

在先期的研究中，通过典型调查，证实我们关于成人高等教育存在问题的猜测，确认当前成人高等教育的根本问题是特色缺失的问题，确认成人高等教育只是在形式上模仿普通高等教育，而没有注重成人对高等教育的真正需求的问题；确认成人高等教育应该向职业化方向转轨。

在先期的研究中，通过典型调查，也验证了我们关于高等职业教育存在问题的判断，确认高等职业教育存在的根本问题是办学专业设计和教学模式与地方社会经济发展需要相脱离。我们在总结成功高职的办学经验时发现，那些成功的高职院校都是与地方社会经济发展需要结合得紧密的学校。许多高职不成功就在于缺乏地方政府和社会各界的有力支持，就在于他们在办学时不能结合地方社会经济发展的需要。因此我们提出了社区化是高职教育改革发展的基本方向。换言之，能否有效地与地方社会经济发展需要结合是高职成功与否的关键。

在先期的研究中，我们发现，普通高等教育在发展中同样存在缺乏特色的问题，同样存在与地方社会经济发展需要结合不紧密的问题，当然最终表现为办学质量不高的问题，特别是表现在大学生的创造性能力欠缺方面。我们认为，普通高等教育存在的根本问题是办学体制问题，是大学缺乏独立性的问题。因此最根本的办法是建立现代大学制度，改变现在的行政色彩越来越浓的管理体制，实现教授对学术的治理。但这是一个长期的问题，并非本课题研究的重点。而本课题研究的重点是终身教育是什么，终身教育体系应该如何建设。

之所以把终身教育是什么的问题提出来，是因为人们对终身教育的认识存在着很大的误区，如许多人至今仍然认为终身教育是一种理想，是遥不可及的。相反，也有人认为终身教育已经成为了现实。这两种认识都是对终身教育内涵的误解，都对终身教育发展产生了不利的影响。在研究中我们发现，人们对终身教育的认识还存在一个普遍的误区是：认为终身教育体系建设的完善与否关键就取决于物质条件的充分与否，而没有意识到终身教育体系建设能否成功的关键是取决于人们学习的积极性，取决于学习者的主体性能否发挥！如果忽视了这一基本事实，就把终身教育看得简单化了，就还原成物质决定论了。我们认为，出现这样的错误认识并非偶然，因为目前人们的主导需求还处于物质中心主义阶段，人们接受教育很大程度上是为了物质上的利益，从而忽视了精神需要是人们更高层次的需要，忽视了教育的根本职能在于提高人们的精神境界，使人们认识到真正的幸福，从而把潜藏在自身的创造性的潜能开发出来转化社会创造的动力。不能理解这一根本目的，那么教育发展就只能理解成规模的扩张，终身教育发展就是提供充足的教育机会。本研究认为，终身教育要想成功就必须打破物质决定论的魔咒，实现人向其精神本质的回归。这也是终身教育的根本使命。

那么终身教育体系的建设就应该遵循终身教育的基本原理进行，必须从解决现实的障碍入手，从人们的生活急迫所需着眼，并把学习型社会建设作为归宿。只有进行这样的一个系统设计，才能保障终身教育体系建立在稳固的基石上。终身教育体系建设如何实现突破呢？我们说要从学习型社区建设方面进行，而且大学应该作为学习型社区建设的突破点率先实现转化，原因就在于大学社区最为成熟，与学习型社区的距离最近。

在这一基本框架下，我们从素质教育难以推行的现实出发，分析影响人们终身学习意愿形成的诸种因素。在这里，我们达成了知识与美的联结，认为这是解决应试教育顽症的一把钥匙。我们认为传统教育体系设计的根本缺失在于它是精英主义的，它认为学习者自然都是精英，学习的自觉性和主动性自然很高，把教育者也设想为天然的精英。我们认为这是传统教育的迷信。打破这个迷信的秘方就是将教育向生活回归，回归教育的真相。在这里，我们提出要打破传统的教育灌输论，认为教育的真正使命是解放心灵，解放个性，实现个性全面的自由的发展。这是我们对生活教育本质的揭示，也是本书的立论基点，即生活教育论。那么进一步思考的就是终身教育的本质问题。我们提出，终身教育就是沿着生命发展历程所提供的教育，这个教育是为了协助人们解决生活所提出的问题而设计，而不是要把人塑造为一种假象的人。使人成为他自己才是教育的目的。我们根据人必然经历的 24 个关口设计了六种教育类型，即启蒙教育、学校教育、成人教育、职业教育、家庭教育和继续教育。之后，我们探讨了终身教育的基本原理，告诉人们如何来把握“学习者为中心”这一基本原理，并根据这一原理的提示探讨了终身教育的特性和终身教育的构成，进而设计了终身教育的评价原则。最后部分是落到终身教育的实践操作方面，这就是学习型社会如何建设的问题。我们认为，脱离社会环境的建设而谈终身教育体系建设是没有意义的，终身教育体系的建设过程始终是与环境建设处于一个有机的互动状态中。在这里，我们首先探讨学习型组织和学习型社区的概念及它们与学习型社会的关系，之后分几个重点进行探讨学习型社区的建设，首先是大学社区的建设，其次是中小学如何建设成学习型社区，最后是谈农村社区如何变成学习型社区。很显然，这里的探讨都是勾勒式的，而不是提出具体的实践方案。我们认为，提出非常具体的实践操作方案是后人需要做的进一步工作。

总体而言，本研究分为前后两个组成部分，前一部分是重点探讨“后大众化”态势对我国高等教育发展的启示，探讨了成人高等教育发展的意义和高等职业教育发展的方向。后一部分重点探讨终身教育的意味和终身教育体系如何建设。可以说，前一部分的研究是清扫马厩的工作，后一部分是理论建设工作，是努力寻找终身教育体系建设的理论支点。我们认为，把建设终身教育体系还原到教育活动的原点上——心灵解放与重塑上，就使教育回归了教育的本质，从而为终身教育找到了可靠的理论支点。提出生活教育论就是使教育还原到生活，从而为教育发展，当然也是为终身教育发展找到了可靠的动力机制。提出“以学习者为中心”原理，把握了终身教育体系建设的要点，从而也找到了终身教育体系建设成功的保证。提出以学习型社会的建设作为归宿，就使教育发展与社会发展实现了有机统一，实现了解决“学术教育与职业教育冲突”、“学术教育与生活教育冲突”和“教育主体与教育课题对立”的矛盾，这样就完成了本研究预定的任务，从而使本课题的成果成为一个独立的逻辑系统。

毋庸讳言，本研究的各种论点还很难构成一个非常严密的逻辑系统。如心灵解放和重塑观点应该置于哪一种哲学门派之下呢？是唯物的还是唯心的？显然都不是。我们只好说是教育哲学的独特视角了。关于生活教育论，虽然这已经不是什么新概念了，但要把它作为解决中国教育问题的钥匙还存在不少困难。我们认为，教育的唯一的可靠根基只能是生活，教育发展的动力也只能是服务于生活，如果不能服务于生活需要的教育注定是苍白无力的。所以，这里的生活教育论是赋予特定的社会内涵和特定的文化内涵的，是对中国传统的“学而优而仕”教育传统的反动，也是对我国从西方引进的科学主义的教育传统的批判，当然更重要的是对升学主义教育传统的批判。但生活教育与心灵解放之间如何建立可靠的逻辑联结，这仍然是一个困惑的问题。本研究并没有完整地解决这一难题。这是本研究的一大遗憾。

在关于生活教育论观点的阐释中，本研究显然受到了存在主义哲学的影响，如比较多地揭示了人生的被动的、不由自主的方面，揭示了人生的“被抛”的命运，以此来说明生活的实质和个人在世界上的地位，这一点可能与传统的正宗的观点有所出入，也与中国传统的文化习惯之间有龃龉之处。本研究并没有试图弥补这一裂痕，而是把它展示出来，希望后来者能够帮助阐释这个难题。因而力有不足也是本研究留下的一个遗憾之处。

在对生命历程的描述中提出了人生要面对24个关口的考验，这种提法都是从经验出发的，缺乏严格的理论的支持，这也是本研究能否成功的最大冒险处。人们可能要问：为什么只提出24个，而不是25个或22个，难道真的不能增加或缩减吗？确实是，如果改变看问题的角度，可能会提出不同的划分方式来。但本研究旨在说明人生将遇到的实质性的考验，并无心关注究竟这些考验有多少，考验之间有什么本质不同，或如何将它们组成更严密的系统。换言之，本研究不把考察这些问题作为自己的研究任务，重点在于为人们提供思考教育问题的视角，真正使教育为人的生活服务，而不单纯是为了某种脱离生活的书本知识。当然，如果能够将这24个问题归结到严密的逻辑系统来，那将是一大快事。但这一工作所费时日太多，还不能成为当下研究的任务。我们把这一问题留给了将来进行考察，也是本研究的遗憾之处。

关于终身教育体系构建部分，我们只提出了“三原理”，而为什么不是“四原理”或“二原理”，或为什么“三原理”不是平行的，而是有主次的呢？这些疑问都是对本研究课题很好的追问，本研究虽然对中心原理进行了很好的回答，但仍然无法做到尽善尽美。特别是对两个辅助原理的阐释仍然有许多不满意之处。但就笔者当下的功力而言，已经尽了最大努力了。所以只能寄希望于后来者来完善这些问题的回答了。

最后是关于学习型社会建设部分。笔者自觉这部分的漏洞甚多，要弥补起来也十分困难。如中小学的理想目标是建成学习型组织还是建成学习型社区呢？笔者认为在现实的基础上要彻底回答这个问题是十分困难的，只能在此提出一个悬案供大家进行思考。在农村建设学习型社区问题也是颇费思量的，因为同为学习型社区，如何来把握农村建设学习型社区的特点呢？现实的经验积累和已有的理论储备都不足以解答这个问题，所以这也是一个悬案。而关于大学率先建设成学习型社区方面也遇到许多客观现实问题，对于这一问题，笔者提出了一个不了了之的解决办法，即从建设现代大学制度方面突破。恐怕这一回答方式也很难令人满意，因为这涉及对中国大学发展问题的根本性思考，要想使这个思考达到人人满意的程度几乎是不可能的。而一个课题本身又不能将所有的问题尽数覆盖完毕，因为这是太过宏大的设想，是注定不能完成的，也超越了后现代的时限。所以我们只好将此期望搁下，留待以后有心人来细细阐述。

可以看出，这个总体上比较完备的研究成果仍然难逃“百缀衣”的命运，尚有许多部分需要进一步完善。所幸，本研究已经开了头，后来者必然会跟上，相信后来者能够超越我们，相信我们的事业一定能够成功。

仅此数语，作为笔者的告慰之词，愿得到各位专家的批评指正。

附录一　专题研究简介

专题一：高等教育后大众化与我国成人学生入学政策变革①

一、研究缘起

“高等教育后大众化”（Post-massification）是日本学者有本章在观察日本高等教育大众化现象时发现的现象：高等教育发展并非按照马丁·特罗所预定的路线发展，而是出现了一个东亚发展模式，特别是出现了高等教育入学人数达到一定阶段后不再增长。这说明马丁·特罗所预见的高等教育大众化模式不具有普遍性，在一定意义上已经过时了。

后大众化现象的典型特征就是非传统学生不断增多，甚至超过了传统学生。而且这些非传统学生不限于一次入学，而是多次入学，这标志着高等教育开始走向终身化。这一现象在许多国家都已经得到证验，特罗本人也关注到这一现象，为此他把普及化阶段改成了普遍参与阶段。这些都说明，在高等教育进入大众化阶段之后，迫切要求完善终身学习体系，完善终身教育制度，而不是把主要精力放在适龄人口的入学率的提高上。此意

① 本专题报告详见：曾艳清．2008．高等教育后大众化与我国成人学生入学制度改革趋向研究［D］．厦门大学硕士论文．

味着高等教育的发展轨迹将发生重大变化，必将对高等教育发展政策的制定产生重大的影响。为此，研究高等教育后大众化现象将对我国高等教育政策的制定起到借鉴的作用。

本论文研究的重点包括两个主要问题：一是对高等教育后大众化的必然性分析；二是对发达国家适应高等教育后大众化的发展的制度和政策分析，探讨我国高等教育入学制度改革的方向。作者主要通过三部分内容来展开研究：第一，后大众化对高等教育政策选择的意味；第二，以美、英、日三国为案例，分析高等教育后大众化趋势及招生制度改革的启示；第三，从经济、政治、文化、人口、教育本身等角度分析我国高等教育后大众化趋势的必然性及我国如何来适应高等教育后大众化的发展趋势。

二、后大众化理论提出对高等教育政策的意义

有本章对日本 20 世纪 90 年代的高等教育发展轨迹进行追踪研究发现：在日本社会，成人返校学习的行为越来越普遍，很多人不止一次地进入高校进修课程，非传统成人学生已成为大学校园内一道独特的风景。而这些是特罗所没有预见到的，这意味着高等教育并非沿着精英阶段——大众化阶段——普及化阶段的发展，而是在大众化之后出现了后大众化和向终身学习转变的迹象。有本章把这种成人学生越来越多地进入高校学习并且逐渐成为高等教育规模增长的主导因素的现象冠之为“高等教育后大众化”①。由此，后大众化是指高等教育适龄人口入学率达到一定水平后就不再继续增长，转而非传统学生即成人学生成为增长的重点。后大众化意味着一种发展观的变化，从此人们从高等教育“符号标签”中解脱，开始根据自己的需要选择进入高等教育的时机，这是真正处于个体需要而不是外在压力。

后大众化理论的提出，可以在一定程度上淡化人们对高等教育规模的过分关注，因为后大众化理论揭示量的扩充并非衡量高等教育发展水平的唯一指标，投身终身教育才是高等教育体系建构的目标，这可以在一定程度上抑制人们在高等教育发展观指导下的急功近利行为。由此可以看出，

① 王洪才．2004．大众高等教育论［M］．广州：广东教育出版社，102.

后大众化理论的提出将带来高等教育发展观的转变，高等教育将向终身化方向发展。而且人们对高等教育的关注也将从重“文凭获得”转移的外部价值转向重人的内在素质提高上，特别是终身学习能力的提高上。

三、高等教育后大众化的必然性——以美、英、日三国为例

从一定意义上说，有本章的后大众化理论主要是在总结日本高等教育大众化发展经验的基础上建构而成的，那么，这就提出了一个疑问：后大众化现象是否具有普遍性呢？这并非一个不证自明的命题，如果对此不加证明，我们建构终身教育体系就缺乏科学的基础。为了验证后大众化理论的适应性，本研究选择发达国家的高等教育大众化经验作为案例进行研究，因为他们都已经经过了大众化阶段，通过他们的发展经历考察以证实究竟他们是沿着大众化——普及化的道路前进的呢，还是沿着大众化——后大众化——终身化方向前进的。

本研究首先选择了美国高等教育后大众化及成人入学制度变革为案例。因为美国拥有世界上最发达的高等教育体系，美国高等教育的发展方向在相当程度上能够代表世界高等教育的发展趋势。在对数据收集分析和整理后，本研究把美国高等教育向后大众化演变的基本过程分为三个阶段：①《军人权利法案》标志着后大众化的开始；②教育民主化浪潮加强了高等教育后大众化趋势；③终身教育思潮推动下后大众化基本成型。在后大众化时代，美国非传统成人学生给高等教育带来新变化。由于非传统学生具有多元的社会角色、多样的入学动机、中等偏上的经济地位、高中以上的受教育背景、以社区学院为主要入学机构等特点，他们的加入给高等教育带来了一系列新变化：①高等教育开始突破了年龄界限覆盖到各年龄人群，中老年学生成为大学校园的一大景观；②高等教育开始“市场化”，学生成为消费者、顾客，只要付费就可以拥有受教育机会；③高等教育更加实用化。对于非传统学生而言，其接受教育的目的不仅是取得学分和学位，更主要的是提升能力或者享受教育带来的闲暇；④促进高等教育走向职业化。与传统学生有明显的学术取向相比，非传统学生则具有明

显的职业倾向，为此他们要求高等教育向职业培训转变；⑤高等教育形式更加趋于多样化。非传统学生多以业余制为主，因为他们除接受教育以外，还必须承担社会的或家庭的责任，选择业余的学习方式比较适合于他们。因此在学习年限和获得学位所用的时间就更长。这些新的变化首当其冲地对高校传统的招生制度带来挑战，所以作者从政府不断立法以保障成人入学权利、社区学院变革、四年制大学招生制度的转变这三个角度来分析美国后大众化形势下成人入学制度的变革。

其次，本研究选择了英国高等教育后大众化及成人入学制度改革为案例。英国高等教育大众化过程较其他发达国家相对迟缓，直到进入20世纪90年代后，高等教育大众化进展步伐突然加快，英国高等教育制度发生了重大变革，并废除作为英国高等教育制度一大特色的双轨制，“精英”观念逐渐淡化。在适龄人口的高等教育入学率提高的同时，非传统的成人学生入学增长也很快，也出现了后大众化趋势。英国高等教育向后大众化演变的基本过程与其他发达国家相比较，相对迟缓，大众化进程一波三折，在60年代大扩充后，70年代便进入调整变革阶段，直到80年代末才达到15%，迈入大众化发展阶段。在1988年英国高等教育改革后，高等教育发展政策发生了重大变化，高等教育毛入学率开始迅速增长，1992年，英国高等教育又进一步改革，这次改革的最大特点是宣布双轨制走向终结，多科技术学院可以升格为大学，从而取得了与传统大学平等的地位，拥有了更多办学自主权。双轨制的废除也标志着后大众化的发轫。随后英国政府于1997年又出台了题为《学习社会中的高等教育》咨询报告，又称《迪尔英报告》，表明后大众化现象在英国越来越普遍。笔者通过数据统计分析得出，英国非传统成人学生与他国相比，年龄普遍偏低，大多分布在21—30岁初；同时，英国学者的研究表明，非传统成人学生一般来自中下收入阶层，高收入阶层的入学比例很少。对英国成人入学制度的多元化变革的研究，笔者是从开放大学入手的。开放大学实行“先来先入学”的完全开放的入学政策招收成人学生，“新”大学也出台了许多适合社会成人入学的招生政策，成人学生可以通过修读入门课程、基础学位或者凭借职业资格证书NVQs、VCEs等多种非传统途径入学。同时，政府为社会成人的学习、工作、生活等方面提供了更多法律保障，2006年英国政府新出台了《年龄歧视法》，更好地保障了成人的学习生活权利。

最后，本研究选择的是日本高等教育后大众化及成人入学制度变迁为案例。日本已经进入高等教育后大众化时代，20 世纪 90 年代，日本高等教育发展出现了大转折，传统青年人口数量的下降，给高等教育带来生源危机。为了解决学龄人口下降的危机，日本高等教育进行诸多改革，出台多个计划和政策，将教育对象扩大到社会成人，改变传统的只对适龄学生开放的做法。同时在终身教育理念和政策的指引下，日本非传统成人学生入学的现象逐渐频繁和普遍。日本高等教育向后大众化转变的过程萌芽于战后60 年代的教育大扩张，由于此时学生结构与成分开始发生转变，成人学生逐渐被关注，后大众化迹象慢慢呈现出来；1992 年开始的教育扩充使得高等教育结构多样化，这便是后大众化的特征，第三次教育改革推动了后大众化现象的兴起；进入 21 世纪，随着终身教育时代的到来，加上政府政策和计划的促进作用，日本非传统学生增多已成必然趋势，后大众化时代已经来临。笔者通过介绍日本非传统成人学生以老龄学生为主、入学动机以改善生活发展自我为首、主要入学机构是短期大学和专修学校的基本特点来解释日本成人入学制度的变迁，主要有：政府以终身学习为原则制定成人教育发展计划、高校成人入学制度进行多种改革。

美、英、日三国的高等教育发展存在相似之处，但在共同的现象背后，由于各国的动机、政策导向和教育发展水平的不同，使得各国高等教育在后大众化相似背景下存在很多差异，但三国高等教育最后的发展结果是一样的，都不约而同地走上了共同的发展道路，其中蕴涵了不可回避的规律与必然。

高等教育后大众化是在终身教育大环境下孕育而生的，它是终身教育时代的产物。教育的最高顶点是成人教育。提倡终身学习，必定要有非传统的社会成人的参与，后大众化正是成人积极参与高等教育的最好体现。因此，这里有一种递进的关系，社会的发展进步决定终身教育必然出现，终身教育时代决定了成人必然会更大规模、更多次数地参与各类教育（包含高等教育），大量成人进入高等教育便意味着后大众化的实现。所以，后大众化是终身教育时代社会发展的必然结果，尽管最先出现在发达国家，但随着社会的进一步发展，必然会逐渐波及其他发展中、甚至欠发达国家。

因此，高等教育后大众化是时代和社会进步的必然产物，它不是一种偶然现象，而是社会发展的客观规律作用下的必然结果。这种结果不过是最先发生在发达国家，因为这些国家的经济水平、社会发展程度和人口结构转型等因素已经为后大众化的到来创造了成熟的条件。对于发展中国家、甚至欠发达国家而言，在条件和机遇成熟后，高等教育后大众化同样会出现，因为终身教育时代和人口发展演变规律是任何国家和社会都不可避免的，这些规律背后的后大众化结果同样是必然发生、不可避免的。

四、我国高等教育后大众化趋势及成人入学制度改革取向

国外这些实践经验为我国高等教育发展提供了宝贵的借鉴资源，中国拥有庞大而潜在的非传统学生市场，但我国高等教育却还没有充分开发利用好这些潜在的市场需求。而要使非传统的潜在市场变成现实，社会经济发展水平必须发展到一定程度，国家的政治、经济、文化、人口以及教育自身等各方面都需要充分发展。非传统学生市场一旦打开，我国的高等教育后大众化便为期不远了。在我国经济、政治、文化、人口及成人教育本身等几大因素共同作用下，高等教育后大众化的出现与发展是必然的。当非传统学生市场形成一定规模后，他们会逐渐对高等教育提出新的、非传统的要求，如改变入学门槛、延长学制、加强公共监督、高等教育市场化、服务和私有化等呼声更强烈，这些情形正在已经实现后大众化的西方国家内发生，将来我国也要面对这种变化。而这些变化必然会带来成人入学制度的改革。所以笔者在论文中提出成人入学制度的改革方向和具体对策的思考。

总之，在研究得出了两点基本结论：一是高等教育后大众化对我国高等教育体系建设具有十分重大的意义；二是成人招生制度的变革对社会发展与进步、高等教育自身发展与进步具有重大意义，是时代发展的必然选择。

一方面，高等教育后大众化促进我国高等教育体系的完善。后大众化

发展趋势迫使高等教育不得不重新思考自身的职能，后大众化把非传统成人学生带入人们的视野，扩大了高等教育的服务对象，改变了传统的从学校到社会的单向人才培养模式，实现了学校到社会、社会到学校的双向沟通与培养。由此可见，高等教育后大众化可以丰富高等教育的内涵，扩大高等教育职能，增强高等教育对社会的作用与贡献。

另一方面，后大众化背景下成人招生考试制度的改革是社会进步的必然要求。当成人学生入学问题被提到议事日程，其改革得到全社会的关注与探讨，说明社会在向更加发达水平前进，同时也说明了社会的公正与平等是人类永恒追求的目标。为了让更多的社会成年人拥有更大的完善和发展自身的机会，高等教育必需创造条件，改革入学制度，为成年学生打开求知的方便之门，这是终身教育时代社会发展对高等教育提出的全新要求。成人招生制度的改革本身便是社会进步的一大表现，对社会发展具有极大促进作用。

专题二：成人高等教育职业性特色之研究[①]

一、研究的出发点

成人高等教育一般是指对符合规定标准的在职的成年人实施的属于高等教育水平的教育。成人高等教育是我国高等教育的重要组成部分，对于我国构建终身教育体系、迈向学习型社会、建设社会主义和谐社会有着极为重要的意义。然而，我国成人高等教育在经历了20世纪90年代的辉煌之后，逐步走向衰弱，正面临重重危机。本研究认为，职业性特色缺失是造成成人高等教育严峻现状的深层原因。

成人高等教育职业性是指成人高等教育在培养过程中侧重所学知识的实用性和应用性，注重学生职业能力的形成，以培养技术、技能型人才为目标。具体而言，成人高等教育职业性表现为以下特色：以培养应用型人才为目标；根据市场和学生需求灵活设置专业；加重实践课程所占比例；

① 本专题报告详见：赵新. 2008. 成人高等教育职业性特色之研究［D］. 厦门大学硕士论文.

突出教学内容的实用性、针对性、可操作性；课堂教学和实地教学结合；以“双师型”教师为主；以实际操作和应用能力的考核为主等。这些特色实质上也可作为衡量是否是职业性办学的具体标准。

要达到上述标准，办出成人高等教育的职业性特色，就必须在教学的各主要环节贯彻职业性原则，即以培养职业应用型人才为根本任务；围绕“应用”构建课程、教学、教材和考核的内容体系；重视并加强实践教学；加强“双师型”师资队伍的建设与管理；通过学校与社会用人部门结合、师生与实际劳动者结合、理论与实践结合等途径进行人才培养；最终使学生在获得学历文凭的同时能学得一技之长，成为基础理论知识适度、技术应用能力强、综合素质较高的应用型人才。

本研究使用以上标准来检验我国成人高教的现实状况，以验证本研究的基本假设，即成人高等教育的根本问题在于职业性特色严重缺失。

二、调查对象和调查方法

本文主要围绕着成人高教的职业性特色这一主题，着重以厦门五所不同类型高校的成教办学为例，通过对厦门大学、集美大学、厦门理工学院、厦门城市职业学院和厦门海洋职业学院五所院校的成人高教部门做实证调查，了解其教学实施中职业性特色的实现状况，并在此基础上有针对性地提出对策和建议。

选取该五所院校是基于如下两个理由：首先，公立普通高校是我国目前成人高教的主要承担者。我国目前的成人高教尤其是成人高等学历教育仍主要是由公立学校承担，截止到2007年5月，全国只有上海工商学院和广东新华教育学院两所民办成人高校。全国的独立成人高校数量呈逐年递减趋势，从1998年的962所减少到2007年的415所；2007年，独立成人高校招收的成人本、专科学生仅占全国成人本、专科招生总数的12.2%，而同年普通高校招收的成人本专科学生则占总数的87.8%。其次，本研究选取的五所学校可涵盖学术性研究型大学、高职高专学校和处于两者之间的中间类型学校等几种不同的高校类型，所选院校具有相当意义的代表性。

本研究主要通过问卷调查和访谈等方式实施调查。笔者通过直接调查和委托成教部门管理者间接调查的方式，2007 年 5—6 月先后到调查学校对夜大学生随机发放问卷。其中厦门大学、厦门理工学院、厦门海洋职业技术学院由笔者亲自去班里发放，保证了较高的回收率和有效率。发放 280 份，回收有效问卷 248 份，回收率约达 88.6%。集美大学和城市职业技术学院是委托老师发放，回收率分别为 76% 和 98.9%。7 月 9—21 日，对城市职业学院的函授生发放问卷 80 份，回收有效问卷 75 份，回收率为 93.8%。

三、调查重点与调查发现

本研究所使用的问卷和访谈内容主要围绕以下几个方面进行：①成人学生的基本情况及需求状况；②成人学生选择成教的原因、需求满足度及期待；③成人高教教学实施的具体情况。其中第三方面，即成人高教教学实施的具体情况是本研究调查的重点，主要从较微观的角度，着重考察了成教教学实施过程中的专业设置、课程、教学、实践、教师、考核等主要环节的具体情况。

调查发现，在专业设置方面主要存在以下问题：①重复设置现象严重，缺乏学校特色和职业针对性；②重文轻理现象突出，存在名不副实和随意性强及市场意识淡薄等现象。

在课程方面主要存在的问题是：①课程目标与培养计划存在“两张皮”现象；②课程结构比例失调，实践技能课严重不足；③课程内容严重缺乏应用性、实用性、针对性和时代性等问题。

在教学方面主要存在的问题有：①实践教学极缺；②教学形式单一；③教学方法保守；④忽视学生职业需求特点和职业经验等问题。

在实训教学方面则存在实训教学机会少、实训教学条件差等问题。

在教材方面存在的问题主要有：①职业性强的专用教材严重匮乏；②教材质量差，内容烦琐、陈旧，实用性差。

在教师方面存在的问题主要体现在：①教师能力结构不全面；②“双师型”教师绝无仅有和师资队伍不稳定，水平和素质参差不齐。

在考核方面存在的主要问题有：①考核形式僵化、职业技能无从考查；②考试内容死板、机械，体现职业特色的题目罕见。

四、调查研究的主要结论

通过以上各方面的调查，本研究得出以下结论。

（1）成人学生的职业性需求强烈，迫切希望通过接受教育提高职业技能、获得相应文凭、满足职业发展。不同类型、不同层次和不同院校的成人学生在求学动机上表现出高度的一致性，均把实现“学历＋技能”的目标作为其选择成教最主要的原因，单纯以混文凭为目的的学生比例很小。学生都强烈期待成教办学以实用性、针对性、应用性强的职业教育为中心，办出职业性特色。

（2）成人高教依旧以照搬“学科理论型”人才培养模式为主，成教实施中职业性特色严重缺失。专业设置及教学体系中的课程、教学、实训、教材、教师、考核等各主要环节的具体落实情况都表明，成教办学理论性过强，针对性、实用性、应用性和可操作性严重欠缺，没有按照职业性原则组织教学，“职业应用型”人才培养目标的实现几乎成为一纸空文。

（3）各类型高校提供的教育及教学条件均难以满足成人职业性发展需求，但程度上存在差异。理论研究型高校尤其不能满足成人技能提高方面的需求，因此在承担成人学历教育、办出学历教育的职业性特色方面不具有优势。应用型本科和高职院校未能充分发挥母体学校的办学优势和特色，成教办学的职业性特色体现的也不够明显。

总之，成人高教实施中各主要环节的调研结果都表明：职业性特色严重缺失，职业性的各项要求无从落实。这与社会和成人学生的需求相矛盾，与“培养职业应用型人才”的科学目标背道而驰，已成为制约我国成人高教良性发展的瓶颈。为此，本研究认为，应从国家、学校和学生等不同层面入手，加以改革和完善，凸显成人高等教育职业性特色，以促进我国成人高等教育更好、更快地发展。

专题三：高职院校社区化路径研究①

高职教育在社会经济发展中的地位日益凸显，但在现实中却受到办学特色缺失的困扰，本研究为了探索“高职教育该如何发展”这个问题，借鉴了美国社区学院的经验，对我国高职办学状况进行案例调查，并运用第三部门理论，提出了社区化是高职院校办出特色的有效途径的命题。在此基础上提出了社区化的三种模式，即政府主导模式、市场主导模式和社区主导模式，并对其利弊特点进行了分析，从而为高职院校改革提出了一种改革建议。

一、高职院校社区化的必然性及三种模式

本研究首先通过厦门市 12 所高职院校② 2007 年的招生计划和专业设置等相关资料的整理和分析，证实了我国高职院校专业设置中普遍存在的趋同化现象，反映出我国高职院校办学无个性特色、存在着脱离本地经济结构办学的事实。

美国社区学院的办学经验值得我们借鉴。概括而言，美国社区学院经验就在于服务社区、依靠社区。一方面，从服务于本社区居民的就业、转学和文化补习需要而设置课程；另一方面，依靠社区获得师资和经费等。总之，以社区为中心是美国社区学院的根本特征，是其永葆生命力的重要原因。它在招生、就业、专业设置、直接服务等方面着眼于本社区，同时在师资、实训基地、经费等方面依靠社区，以贡献求发展的经验值得我们借鉴。

我国高职院校社区化也具有其必然性。关于“社区”范围，本研究是以东部省份县的 GDP 平均规模为中介变量，计算得出了东、中和西部社区

---

① 本专题报告详见：刘志忠. 2008. 高职院校社区化路径研究［D］. 厦门大学硕士论文.

② 厦门市 12 所高职院校包括：厦门城市职业学院、厦门国际会展职业学院、厦门东海职业技术学院、厦门南洋职业学院、厦门兴才职业学院、厦门远东涉外职业技术学院、厦门华天涉外职业技术学院、厦门华厦职业学院、厦门科技职业学院、厦门演艺职业学院、厦门软件职业技术学院、厦门海洋职业技术学院。

界限分别是集聚人口 58.7 万人、126 万人、145 万人，从而社区人口范围大致在 50 万—150 万人之间。高职院校社区化是指高职院校以所在社区为中心办学，服务本社区、依靠本社区，从而形成办学特色的发展过程。预计这一社区化过程将有利于扭转传统办学观念，进而促进高职教育的良性发展，也有利于高职院校建立“双师型”教师队伍和建立实习实训基地，以提升其职业性特色，还有利于高职院校形成个性特色以其竞争力，最终将有利于促进社区和谐发展。当然高职院校必须正视经济发展不平衡的现实，还需要以高职院校管理权的下移作为条件。

二、高职院校社区化的案例分析

本研究选择了公私两个高职院校作为典型案例进行研究，分析其社区化途径。一是顺德职业技术学院（公办），另一是厦门华厦职业学院（民办）。

顺德职业技术学院。顺德职业技术学院在服务社区和依靠社区两方面取得了成功，经费方面获得了社区的大力支持，而专业设置、招生、就业、实习实训基地建设都符合地区发展要求，其成功的根本经验在于学院发展纳入社区发展规划。但同时社区化过程中还存在一些问题。第一，管理体制有待进一步理顺。第二，师资的培养、转岗问题突出。第三，立足地方办学的内涵还未深入人心。该学院的解决问题的思路是：第一，加强与各级政府的协商，谋求办学自主权。第二，在总结人事分配制度改革经验的基础上，全面推进学院内部管理体制的改革。第三，以人事分配制度改革为契机，重视培养青年教师和引进兼职教师。第四，以校园文化为依托，树立乡土服务意识。

厦门华厦职业学院。厦门华厦学院也在服务社区、依靠社区两方面取得了相当的成功，但主要是通过市场机制实现的。华厦学院在社区化过程中还面临一些问题，如：第一，在民办高职院校的认识中，自身发展是第一位的，而为社区服务并不是目的而是手段。当自身发展与为社区服务存在矛盾时，它将会义无反顾地选择自身发展。第二，高水平师资缺乏。第三，低素质生源居多。第四，与企业合作困难重重。面对社区化所出现的办学条件的问题，华厦学院总体的思路是以“软件”弥补“硬件”，具体而言：第一，大力改革，创新内部管理体制。主要包括：校聘教师及各类专业职务制度的完善；年段工作委员会制度的完善；教学部正副主任的选举制度的完善；“定编、定岗、定责、定薪”与聘任制度的完善；年度预算决算管理制度的完善；学生勤工助学制度的完善。第二，着力建设师资队伍。师资的水平直接影响着教学质量和直接服务经济社会的能力。为此，华厦学院拟采取“设立重要岗位，设立创新基金”等措施，大力引进和培养拔尖人才和“领军”人才，并确实拓宽和企业联系的渠道，增加实践能力强的兼职教师数量。第三，提高办学水平，增大招生吸引力，控制办学规模，稳步提升生源素质，从着重于人才培养数量转变到注重人才培养的质量，提升为厦门经济社会服务的层次。

三、社区主导办学模式特点及其探索

社区主导的高职院校意味着高职院校由社区举办、管理，目的在于追求社区利益的最大化。在管理体制方面，社区主导的高职院校通过协商谈判的机制进行共同管理，具体可以实行管理委员会（董事会）的院长负责制；就高职院校与政府关系而言，政府仅仅是社区主导的高职院校管理主体中的一个主体，当然，政府目前还应是社区主导的高职院校管理主体中的一个重要的主体；在投资体制方面，社区主导的高职院校是由社区投资举办的，它的经费是在社区内多方筹集的，其来源可以是来自政府、社区企业、以及基金会、慈善机构和个人慈善捐款等。社区主导的高职院校具备这样的特点：灵敏性强，即增强市场针对性对市场和社区需求有高度灵敏性；收费低廉，即尽量降低办学成本，从而消除了学生在社会经济地位方面的入学障碍；以社区为中心，即各项工作都以当地社区为中心，在专业设置上，社区主导的高职院校紧紧围绕社区需求，开设种类繁多的课程，以适应不同层次、不同类型的需求。

受美国社区学院的启发，在重组上海石化总厂职工大学的基础上，1994 年 11 月 11 日，中国第一所社区学院——“上海金山社区学院”挂牌成立。在短短几年的办学过程中，既取得了一定的成绩也暴露出不少问题。目前我国社区学院无疑是对社区主导的办学模式的一种实践尝试，但由于目前我国公民社会发育还不成熟，因此它离真正意义上的“社区学院”可能还有一段距离。此外，由于我国社区学院大多是由于成人高校难以维持而直接改制过来的，并且其数量还很少，因此在以社区为中心的办学过程中，它可能会遇到比高职院校走社区化道路更大的阻力。

四、结论

通过对高职院校社区化的三种模式即政府主导、市场主导和社区主导的分析，发现它们各有其优势和弊端，具体而言，政府主导模式的优点是保证了高职院校最低限度的办学经费，其公益性较强，缺点是由于按照政府的运作方式办学，其办学自主权不同程度地受到影响。市场主导模式的优点是依靠学费办学，机制灵活，容易适应社区需求，缺点是公益性不是第一位的。社区主导模式则是对前两种模式的超越，具有较强的公益性和自治性，其优点是居民的参与性强，但它的发展有待于公民社会的成熟。就目前而言，促进三种模式共同发展、多元并举是一种可靠选择。就长远发展而言，随着公民社会的发育成熟，社区主导模式将会是高职院校社区化的最终选择。

专题四：普通高校成人高等教育地方化策略研究①

一、研究缘起与目的

成人高等教育是我国高等教育的重要组成部分，在国民经济和社会发展过程中起着非常重要的作用。然而，随着我国高等教育大众化进程的逐步深入，成人高等教育却陷入了举步维艰、日渐萎缩的境地，发展形势严峻。本研究认为，造成成人高教当前生源不足、质量下降、认可度不高等困境的原因是多方面的，其中成教办学中地方特色缺失严重是导致危机的深层原因。有特色才有优势，才有竞争力，彰显特色的教育质量才是过硬的、有吸引力的。成人高等教育只有立足于地方，才能获得有力持久的发

① 本专题报告详见：邓红英．2009．普通高校成人高等教育地方化策略研究［D］．厦门大学硕士论文．

展支持。因此，我国成人高等教育在地方化过程中存在哪些问题，如何促进成人高等教育地方化就成了人们关注的重点，这也是本研究的目的与重点之所在。

成人高等教育地方化是指成人高等教育立足于地方、服务于地方，“成”、“地”协调，特色鲜明的发展模式，它主要包括定位准确、责任明晰、绩效鲜明三方面内容。本研究认为，成人高等教育地方化应该有一定的标准，主要包括：招生专业的设置应结合地方经济发展和当地的人才需求；课程设置应符合当地经济建设的人才需要；教材的选择应符合成人高等教育教学和学生的实际需要；聘任的教师应有一定的理论水平和较强的实践能力，能够结合地方经济进行案例分析，师生经验互享；教学形式应当实现课堂教学与实践教学有机结合，突出实践教学；对学生的考核应该能够书面考试与动手操作考核相结合，考试的内容主要以结合社会经验，解决实际问题为主。

二、研究设计与实施

根据研究目的，本研究主要采用问卷调查、访谈等方法围绕成人招生专业的设置、专业教学计划的制订和实施以及各课程的实施情况等内容进行。通过对成教在读学生进行抽样问卷调查、对学校相关管理人员进行访谈及对学校相关资料进行搜集、整理、归纳分析，重点了解成人高教在办学过程中结合地方社会经济发展需要的状况。

本研究选取了四所院校进行调研，它们分别代表四种高校类型。这四所高校是厦门大学、福州大学、集美大学和厦门理工学院，它们分别代表研究型大学（“985”高校）、研究教学型大学（“211”高校）、教学研究型大学（地方重点高校）、教学型大学（应用性本科）。目的在于了解不同类型高校的成人教育发展上的不同，特别是在地方化方面的差异。

考虑到不同学习形式的学生面授时间不同，工学矛盾不同，学习效果不同，对学习要求也不同等特点，因此在样本选择上以函授和夜大两种学生为调查对象。本研究以三年级学生作为样本对象，因为三年级学生对成人高等教育有较为全面的认识。

本研究最终确定以厦门大学、福州大学、集美大学和厦门理工学院四所普通高校成教单位（成教院、继教院、成教部）的三年级本、专科夜大和函授生为主要问卷调查对象；并对少数已毕业的和在读的成教生、学校相关管理人员及任课教师实施访谈。

本研究通过直接调查和委托成教部门管理者间接调查的方式，在2008年7—9月先后到调查对象学校对函授生和夜大学生随机发放问卷200份，回收有效问卷193份，回收率达96.5%。四所学校共发放440份，回收有效问卷412份，回收率达93.6%。

本研究所使用的问卷和访谈内容主要围绕以下两个方面进行：一是成人学生选择成教的原因、需求满足度及期待；另一方面是成人高教教学实施的具体情况，主要包括专业设置、课程、教学、教材、教师以及考核等方面。

三、调查结果与发现

从院校情况来看，不同院校学生对成人高等教育地方化的要求之间存在差异，成人高等教育的教学效果与各高校的学生素质有很大关系，作为重点大学的厦门大学要求最高，学生素质也最高。“211”大学福州大学仅次于厦门大学，地方重点高校集美大学要求也较高，学生素质也较高，地方一般高校厦门理工学院的学生相对较低，学生素质也相对较低。同时不同高校对成人高等教育工作的重视程度和管理也不尽相同。这将大大影响成人高等教育的地方化和教学效果。

调查结果显示，目前我国成人高等教育办学难以满足学生需求，在符合当地需要的专业技术提高方面的满足程度尤其低。被调查者认为自己最欠缺的是符合当地需要的专业技术，仅有9.5%的学生以“可选择当地急需的专业进行学习，提高就业竞争力”为原因选择成人高等教育，而高达69.2%的学生认为，所受教育不能满足求学需求。成人高等教育特别是一般高校和地方高校的成人高等教育在为成人提供可选择当地急需或学校的特色、优势专业技术进行学习方面存在较大不足。

调查结果进一步显示：大多数学生认为所受教育不能够结合实际需要，实用性差，对自己的现实工作没有什么帮助，强烈期待成教能够立足于地方和本校，走特色发展道路。

在调查中发现，不同类型、不同层次和不同院校的成人学生在求学动机上表现出高度的一致性，均把实现“学历+优势技能”的目标作为其选择成教最主要的原因，单纯以混文凭为目的的学生比例较小。学生都强烈期待成教办学能立足于地方和本校，走特色发展道路，增强社会对成人高等教育的认可，使成人高等教育从教育的边缘向教育的中心靠拢。

在调查中也发现，目前普通高校的成人高等教育的专业设置还不能做到准确定位，不能结合自身区位比较优势，不能高效率地为地方社会服务。教学体系中的课程、教学、实践、教材、教师、考核等各主要环节的具体落实情况都表明，成教办学理论性过强，内容陈旧、重复，针对性、实用性差，应用性和可操作性严重欠缺，离为地方社会培养一批“素质高、业务强、用得上”的骨干力量目标相差甚远。

四、研究结论与建议

通过对以上各方面调查结果的分析，本研究得出以下基本结论。

（1）成人学生的职业需求强烈，迫切希望选择当地急需的专业或学校的特色、优势专业进行学习，通过接受教育，获得相应文凭和优势技能，提高就业竞争力、满足职业发展需要。

（2）成人高教“普教化”和“全国一面”现象严重，依旧照搬普通高等教育以“学科理论型”人才培养模式培养学生，不能满足成人学生的教育需求。成人高教在实施过程中在立足于地方，切实与地方经济、科技发展紧密结合方面存在较大不足，地方特色和高校特色严重缺失。

针对我国成人高等教育地方化特色严重缺失的问题，我们建议有关部门和个体应转变观念，强化改革，在专业、课程、教材、教师、教学及考核方法等方面体现成人高等教育地方化的要求，以促进成人高等教育和所处区域社会实现良性的互动和发展。

附录二　阶段性研究成果发表情况

1. 王洪才. 2010. 成人高教发展：独立、依附与转型［J］. 教育发展研究，(13－14).

2. 王洪才，曾艳清. 2010. 高等教育后大众化与我国高等教育战略选择［J］. 华中师范大学学报（社会科学版），(3). 高等学校文科学报文摘转载，(4).

3. 王洪才，曾艳清，2010. 美国高等教育后大众化及其启示［J］. 教育与现代化，(4).

4. 王洪才，曾艳清. 2010. 英国高等教育后大众化及其经验［J］. 教育发展研究，(1).

5. 王洪才. 2010. 关于教师讲故事的方法论思考［J］. 教育学报，(1). 人大复印资料·教育学，(7) 全文转载.

6. 王洪才. 2009. 中国高等教育学创立、再造与转向［J］. 厦门大学学报（哲学社会科学版），(4).

7. 王洪才. 2008. 人种学：教育研究的一种根本方法［J］. 厦门大学学报（哲学社会科学版），(3). 新华文摘，(15) 全文转载.

8. 王洪才. 2008. 研究生教育处在十字路口——以高等教育学科研究生教育为例［J］. 清华大学教育研究，(5).

9. 王洪才，高馨. 2008. 论创新人才的素质特征与高校办学定位［J］. 现代大学教育，(5).

10. 王洪才，张静. 2008. 中国高等教育30年改革历程回顾［J］. 复旦教育论坛，(2).

11. 王洪才. 2008. 论大学内部治理模式与中位原则［J］. 江苏高教，(1).

12. 王洪才. 2007. 现象学教育学：颠覆、回复与整合［J］. 比较教育研究，(8).

13. 王洪才. 2007/2008/2009. 大学排行榜：现状·困惑·展望［J］. 复旦教育论坛，(6). /新华文摘，(5) 全文转载. / Chinese Education and Society，(1) 全文转载.

14. 王洪才. 2007. 院校研究：困境、出路与突围［J］. 清华大学教育研究，(4). 人大复印资料·高等教育，(9) 全文转载.

15. 王洪才. 2007. 多校区管理：问题与出路——兼论我国大学内部管理体制改革［J］. 现代大学教育，(4).

16. 王洪才. 2007. 论教育研究的方法论特征［J］. 厦门大学学报（哲学社会科学版），(1). 人大复印资料·教育学，(5) 全文转载.

17. 王洪才. 2006/2007. 教育研究的基本方法论［J］. 北京师范大学学报（社会科学版），(6) /人大复印资料·教育学，(1) 全文转载.

参考文献

一、译著类

［美］汉娜·阿伦特. 1999. 人的条件［M］. 竺乾威，等，译. 上海：上海人民出版社.

［美］丹尼尔·贝尔. 1987. 后工业社会的来临［M］. 王宏周，等，译. 北京：新华出版社.

［美］丹尼尔·贝尔. 2001. 意识形态的终结［M］. 张国清，译. 南京：江苏人民出版社.

［美］德里克·博克. 2001. 走出象牙塔——现代大学的社会责任［M］. 徐小洲，陈军，译. 杭州：浙江教育出版社.

［英］卡尔·波普尔. 1996. 通过知识获得解放［M］. 范景中，李本正，译. 北京：中国美术学院出版社.

［英］卡尔·波普尔. 1986. 猜想与反驳［M］. 傅季重，等，译. 上海：上海译文出版社.

［日］持田荣一. 1987. 终身教育大全. 龚同，等，译. 北京：中国妇女出版社.

［美］约翰·杜威. 2001. 民本主义与教育［M］. 王承绪，译. 北京：商务印书馆.

［美］约翰·杜威. 2005. 学校与社会·明日之学校［M］. 赵祥麟，等，译. 北京：人民教育出版社.

［法］米歇尔·福柯. 1998. 知识考古学［M］. 谢强，马月，译. 北京：生活·

读书·新知三联书店.

[美] 弗兰克·G.戈布尔. 1987. 第三思潮：马斯洛心理学 [M]. 吕明，陈红雯，译. 上海：上海译文出版社.

[德] 哈贝马斯. 1990. 认识与兴趣 [M]. 郭官义，李黎，译. 上海：学林出版社.

[德] 哈贝马斯. 1989. 交往与社会进化 [M]. 张博树，译. 重庆：重庆出版社.

[美] 塞缪尔·亨廷顿. 2002. 文明的冲突与社会秩序的重建 [M]. 周琪，译. 北京：新华出版社.

[德] 埃德蒙德·胡塞尔. 1988. 欧洲科学危机和超验现象学 [M]. 张庆熊，译. 上海：上海译文出版社.

[英] 约翰·怀特，等. 1997. 再论教育的目的 [M]. 李永宏，等，译. 北京：教育科学出版社.

[德] 加达默尔. 1999. 真理与方法（上、下）[M]. 洪汉鼎，译. 上海：上海译文出版社.

[美] 伯顿·R.克拉克. 1994. 高等教育系统 [M]. 王承绪，等，译. 杭州：杭州大学出版社.

[美] 唐纳德·肯尼迪. 2002. 学术责任 [M]. 阎凤桥，等，译. 北京：新华出版社.

[法] 皮埃尔·勒鲁. 1991. 论平等 [M]. 王允道，译. 北京：商务印书馆.

[美] 约翰·罗尔斯. 1988. 正义论 [M]. 何怀宏，等，译. 北京：中国社会科学出版社.

联合国教科文组织国际发展委员会. 1996. 学会生存——教育世界的今天和明天 [R]. 北京：教育科学出版社.

联合国教科文组织国际21世纪教育委员会. 1996. 教育——财富蕴藏其中 [R]. 联合国教科文组织总部中文科，译. 北京：教育科学出版社.

[美] A. H.马斯洛. 1987. 存在心理学探索 [M]. 李文，译. 昆明：云南人民出版社.

[美] A. H.马斯洛，等. 1987. 人的潜能和价值 [M]. 北京：华夏出版社.

[美] 赫·马尔库塞. 1988. 单面人 [M]. 左晓思，等，译. 长沙：湖南人民出版社.

[英] A. J. J.米尔恩. 1995. 人的权利与人的多样性 [M]. 夏勇，张志铭，译. 北京：中国大百科全书出版社.

［美］罗伯特·金·默顿. 1990. 论理论社会学［M］. 何凡兴，等，译. 北京：华夏出版社.

［美］彼得·圣吉. 1998. 第五项修炼——学习型组织的艺术与实务［M］. 郭进隆，译. 上海：上海三联书店.

［英］C. P.斯诺. 1993. 两种文化［M］. 纪树立，译. 北京：生活·读书·新知三联书店.

［美］阿尔温·托夫勒. 1991. 权力的转移［M］. 刘江，等，译. 北京：中共中央党校出版社，1991.

［德］马克斯·韦伯. 1999. 学术与政治［M］. 冯克利，译. 北京：生活·读书·新知三联书店.

［德］马克斯·韦伯. 1999. 社会科学方法论［M］. 韩水法，莫茜，译. 北京：中央编译出版社.

［美］爱德华·希尔斯. 2007. 学术的秩序［M］. 李家永，译. 北京：商务印书馆.

［日］小林文人，末本诚，吴遵民. 2003. 当代社区教育新视野——社区教育理论与实践的国际比较［M］. 上海：上海教育出版社.

［美］罗素·雅各比. 2002. 最后的知识分子［M］. 洪洁，译. 南京：江苏人民出版社.

二、著作类

陈桂生. 1997. "教育学视界"辨析［M］. 上海：华东师范大学出版社.

陈乃林. 2001. 小康后苏南农村教育研究［M］. 南京：东南大学出版社.

邓伟志，等. 1989. 学派初探［M］. 重庆：重庆出版社.

邓正来.［英］J. C.亚历山大. 1999. 国家与市民社会［C］. 北京：中央编译出版社.

高耀明. 2002. 高等教育通向农村研究［M］. 哈尔滨：黑龙江人民出版社.

高哲，等. 1998. 南街之路. 社会主义的实践与探索［M］. 北京：中共中央党校出版社.

高志敏. 2005. 终身教育、终身学习与学习化社会［M］. 上海：华东师范大学出版社.

何传启. 2003. 东方复兴：现代化的三条道路［M］. 北京：商务印书馆.

郝克明. 2006. 跨进学习社会［M］. 北京：高等教育出版社.

胡梦鲸. 1997. 终身教育典范的发展实践 [M]. 台北: 师大书苑有限股份公司.

黄富顺. 2003. 比较终身教育 [M]. 台北: 五南图书出版公司.

庞守兴. 2003. 困惑与超越: 新中国农村教育忧思录 [M]. 桂林: 广西师范大学出版社.

苏国勋. 1988. 理性化及其限制——韦伯思想引论 [M]. 上海: 上海人民出版社.

陶行知. 1981. 陶行知文集. 南京: 江苏人民出版社.

滕大春. 1980. 今日美国教育 [M]. 北京: 人民教育出版社.

吴康宁. 1998. 教育社会学 [M]. 北京: 人民教育出版社.

吴遵民. 1999. 现代国际终身教育论 [M]. 上海: 上海教育出版社.

王洪才. 2000. 步出误区——素质教育理论与创造性实践 [M]. 北京: 开明出版社.

王洪才. 2004. 大众高等教育论 [M]. 广州: 广东教育出版社.

王洪才. 2008. 终身教育体系的建构 [M]. 厦门: 厦门大学出版社.

王天一, 等. 1993. 外国教育史 (上册) [M]. 北京: 北京师范大学出版社.

许纪霖. 2003. 从特殊走向普遍——专业化时代的公共知识分子如何可能 [M] //许纪霖. 公共性与公共知识分子. 南京: 江苏人民出版社.

周蕴石. 1989. 终生教育 [M]. 哈尔滨: 黑龙江教育出版社.

周原. 2004. 农民! 农民! [M]. 广州: 花城出版社.

三、报刊论文类

崔国富. 2005. 学习型社会建设与教育的使命 [D]. 东北师范大学博士论文.

陈乃林. 2000. 关于构建我国终身教育体系的思考 [J]. 苏州大学学报 (哲社版), (1): 120-122.

陈乃林, 孙孔懿. 1999. 学习型组织及其发展 [J]. 教育发展研究, (5): 30-33.

陈乃林. 1999. 关于终身教育若干问题的思考 [J]. 江苏高教, (4): 3-12.

高志敏. 2001. 关于终身教育与学习化社会的理念的探讨 [J]. 教育研究, (3): 52-58.

顾明远. 2003. 对教育定义的思考 [J]. 北京大学教育评论, (1): 5-9.

郝克明. 2003. 建设学习型社会与基础教育创新 [J]. 教育研究, (8): 36-41.

胡国枢. 2003. 前元庄农村教育综合改革前前后后 [J]. 中国职业技术教育, (23): 22-23.

黄富顺. 2001. 大学在学习社会所面临的挑战与因应［J］. 开放教育研究，(1)：5-9.

厉以贤. 2000. 学习社会的理念和建设［J］. 高等教育研究，(5)：21-25.

闵维方. 2004. 高等院校与终身教育［J］. 中国大学教学，(2)：9-10.

潘懋元，谢作栩. 2001. 试论从精英到大众高等教育的过渡阶段［J］. 高等教育研究，(3)：1-6.

吴遵民. 2004. 终身学习概念产生的历史条件及其发展过程［J］. 教育评论，(1)：48-52.

王洪才. 2008. 论大学治理模式与中位原则［J］. 江苏高教，(1)：5-8.

王洪才. 2007. 论现代大学制度的雏形［J］. 中国高等教育，(13/14)：33-35.

王洪才. 2004. 学习型社会与教育转变［J］. 教育研究，(1)：38-42.

王洪才. 1998. 论可持续发展战略与大学价值反思［J］. 江苏高教，(1)：20-23.

叶澜. 2003. 教育创新呼唤"具体个人"意识［J］. 中国社会科学，(1)：91-93.

张楚廷. 2005. 谁走出象牙塔［J］. 大学教育科学，(2)：93-96.

殷翔文. 1998. 社区学院——美国高等教育最具活力的一个办学层次［J］. 江苏高教，(4)：72-76.

袁贵仁. 2000. 建立现代大学制度，推进高教改革和发展［J］. 中国高等教育，(3)：21-23.

朱启臻，等. 1998. 农科教结合是贫困农村发展的必由之路［J］. 教育与职业，(2)：9-11.

张永民，冯云生，沈白榆. 2003. 探索农村教育与当地经济社会发展相结合之路——关于山西省柳林县前元庄实验学校的调查报告［N］. 人民日报，09-18（11）.

四、外文类

BARNETT R. 1997. The idea of higher education［M］. London：Open University Press & SRHE.

BARNETT R. et al. 1997. The end of knowledge in higher education［M］. London：Cassell.

BELL D. 1974. The coming of post-industrial society：a venture in social forecasting［M］. London：Heinemann.

BUCHBINDER H. 1993. The market oriented university and changing role of knowledge. Higher Education, 26（3）：331-347.

CLARK B. 1983. The higher education system: academic organization in cross-national perspective [M]. Berkeley: University of California Press.

DILL D D. et al. (eds.) 1995. Emerging pattern of social demand and university reform: through a glass darkly [M]. Oxford, Pergamon: IAU Press.

FARNHARM D. (ed.) 1999. Managing acadmic staff in changing university system [M]. London: SRHE & Open University Press.

GARDNER H. 1993. Frames of Mind: The Theory of Multiple Intelligences [M]. New York: Basic Books Inc. Publishers.

KERR C. 1963. The Uses of the University [M]. Cambridge, MA: Harvard University press.

KERR C. 1994. Higher education cannot escape history: issues for the twenty-first century [M]. Albany: State University of New York Press.

LUCAS C J. 1994. Ameican higher education: a history [M]. New York: St. Martin's Griffin.

RISEMEN D. 1980. On higher education: the academic enterprise in an era of rising student consumerism [M]. San Francisco: Jossy-Bass.

SCOTT P. 1984. The crisis of the university [M]. London: Croom Helm.

SCOTT P. 1993. The idea of the university in the 21st century [J], British Journal of Education Studies [J]. 41 (1): 4-25.

SCOTT P. 1995. The meaning of mass higher education [M]. London: SRHE & Open University Press.

SCOTT P. 1997. The changing role of the university in the production of new knowledge [J]. Tertiary Education and Management, 3 (1): 5-14.

SMITH A. et al. 1997. The postmodern university? contested visions of higher education in society [M]. London: Open University & Press SRHE.

TROW M. 1973. Problem in the transition from elite to mass higher education [M]. Berkeley, CA: Carnegie Commission on Higher Education.

TROW M. 1994. Mangerialism and the academic profession: the case of England [J]. Higher Education Policy, 7 (2): 11-18.

WADE W. et al. (eds.) 1994. Flexible learning in higher education [M]. London: Kogan Page.

后记

每当课题研究即将结束之际，我的心里总充满了无限惆怅。这种惆怅来自一种不了缘。我感觉，知识探求之路漫漫无尽期，总没有一个圆满的时候。许多时候，结束恰意味着开始。世界上的事体大都如此。知识探索是一个痛苦的历程，它要经历无数次的颠覆和重构，每一次颠覆都是一次心灵的冲击和洗礼。也许世界上根本就不存在一个完全成熟的方案，一切都在建构中。面对一个少有人真正涉足的领域，要想设计一个万全方案是不可能的。科学探讨就是一个建构的事业，是不可能预成的，预成论只能是一种神话。每一个研究成果，都是研究者在历经千般艰辛后的一种回顾，这当然是在事后，不可能是在事先。由此，我深深地怀疑目前科研机制的可靠性，也怀疑它能够产生多少有价值的成果，因为在预成论指导下的科研过程实际上只是一个立项过程，这种机制是不大可能出产高水平创造性成果的。当然有些原因是体制性的，并非一下子能够改变的，但我仍希望自己在其中能够有更大的创造。

本研究在进行中经过了外部评审专家的点拨，又经过自己的深刻反省，最终决定在一个新框架下进行。当然这个新框架也是一个逐渐建构的过程。建构这个新框架的过程也是一个将问题还原的过程，即首先要追问终身教育究竟是为什么的！这个追问过程是心灵备受煎熬的过程，也是心灵最终获得解放的过程，同时又是心灵重塑的过程，从而我突然领悟到终身教育的实质，其实也是教育活动的本质。如此，我的研究新框架就出炉了。这个新框架就确立了终身教育体系建设的坐标，它从分析终身教育的现实境遇出发，直指终身教育的本质，依据人的发展需要，探索终身教育原理，求解终身教育归宿，如此就构成了一个新逻辑系统。

面对这个新逻辑系统，我亦喜亦忧。我所喜者此乃一新大陆，所忧者乃是不知它能否被接纳。在经过反复推论后，我开始专注于证据求索，我突然发现，终身教育理想其实就代表了知识的本质，也代表了人的根本命运，这种命运并不因制度不同而隔绝。我发现全部哲学史其实就是一部终身教育史，因为它告诉了我们人类必须不断求索知识，这个求索不可能停歇，必然伴随终身，无论是否有意识。但不同的人在不同时间所探索的对象是不同的，他们共同构成了人类求索的命运。而真正的终身教育也必须沿着不同的生活史展开，这一展开正是一种个性化生存状态。人类越进步，则越来越鼓励这种探索，从而人类知识的探索越来越丰富，越来越接近它的本质。

在获得这种认识之前我曾经历过几次大的挫折，并曾一度迷失了方向。一直到赴美前夕，自己始终都没有彻底摆脱困惑。而转机则来自在美国访学的体验。在美国的体验立即使我的认识上升到一个新的高度，我发现许多原先的担忧都是多余的，因为原先是拘于传统教育的立场来思考终身教育问题，而传统教育是一种不开放的教育。而美国的教育才真正体现了开放的本质，这样才真正找到了终身教育的坐标。

为此，我特别感谢在美国整整的半年经历。可以说，在去美国之前的半年多时间里，课题进入了进退维谷状态中。之前的积累工作几乎完全被废弃，而新的思路和跳跃一直没有出现，这是一种极度苦闷和彷徨的季节。而到美国之后，似乎一切烦扰都消失了，于是头脑中一种新景象出现了。原来苦苦思索的中国教育症结放在美国背景下一切都可以得到释解。这意味着，只有从新思路出发，才能真正解决中国的终身教育建设问题。由此我开始尝试构建新的终身教育轮廓，顺着这个路径分析，我发现了问题的本质，也发现了真正自我，从而发现了终身教育构建的原点。我知道，我已经接近终身教育问题的本质。

我相信，这是新环境给我创造了一个机遇，是客观环境使我有了一次置身度外的机会，从而使我可以摆脱烦琐事情的折磨，能够对事物进行全方位的观察。对美国教育的切身感受触发了我的灵机，从而使我能够对终身教育问题的思考得以系统和透彻。这种感受真可谓可遇而不可求。可以说，新框架的基本轮廓就是在美国期间建构的，回来后一年多时间都是在完善它、充实它、发展它。今天我把它拿出来听凭大家的检验评阅。

回顾我的研究轨迹，我发现最初我把研究的重心确定在求解高等教育大众化与终身教育体系建构之间的关系并没有错。因为我认为，我国只有在高等教育大众化达到相当程度，终身教育体系建设才可能变成现实，不然人们只能停留在对一次性教育机会的争夺上，那么人们也只能停留在对教育符号的迷信上，是不可能接近教育活动本质的，即为人的发展和解放服务的。国内绝大多数人对高等教育的理解是错误的，还陷于对高等教育符号的迷信中，这些都源于对特罗“三段论”的误解。而终身教育体系建设必须突破传统高等教育大众化的误区，直达教育活动的本质。原课题设计的出发点就是要告诉人们一个事实：国外高等教育大众化也不是如特罗三段论所预定那样发展的，我国高等教育大众化发展切不可按图索骥。通过研究发现，高等教育大众化后导向终身教育已不再是一种假设，它已经变成了发达国家的事实。这就使我的研究出现了一次超越，即我不必再把过多的笔墨放在建设终身教育体系的可能性上了，而应要把研究重心放在必然性上。探讨必然性就是要探讨终身教育运行的基本原理，发现其基本规定性，从而找到人们通向终身教育的基本路径，进而反思我国教育体制的缺失，最终找到建设我国终身教育体系的实践方略。显然，这一探索就不可能回避对现实的教育运行过程的批判，不能不首先确立一些理想的规则，当然对这些规则需要进行详尽的理性阐释，这是从事终身教育体系研究必须进行的工作。舍此并无其他路径。

所以，在最终，我把研究的重心确定在终身教育运行的基本原理探索上。因为我觉得，对于终身教育的重要性几乎无人否认，但人们就是缺乏建设它的动力。如果这个问题不解决，终身教育体系建设就是空中楼阁。通过研究，我发现，问题的根本就在于现实的教育脱离生活！如果这个问题不解决，为终身教育体系建设所做的一切工作都是无用的。所以最后我确认，目前在终身教育体系建设中最大的难题在于学术教育、职业教育、生活教育相互脱节，学习者兴趣与学习目标之间是对立的，教育自身要求与教育外部要求是对立的，那么解决矛盾就变成了教育发展的当务之急，这也是终身教育体系建设的当务之急。

在前期研究中我们已经发现，在高等教育步入大众化阶段后，高等教育的性质就已经发生了变化，高等教育变得多样了，高等教育将向终身化方向发展。这给我们的提示是：只有高等教育达到大众化阶段后，终身教育体系建设才可能变成现实的，否则教育只能是一种特权，人们对教育的需求就只能停留在符号化阶段，就不可能真正服务人的个性发展的目标。所以，高等教育大众化的实现，是终身教育体系建设的一个拐点，即从此整个教育发展都将开始从形式化转向实质化，将越来越照顾个性发展的要求，这也是终身教育发展的内在要求。

在本研究中我们明确地提出：终身教育体系建设要走生活教育路线，即它要回答生活的需要，回答个性发展的需要。在此基础上，我们提出了终身教育体系建设的三原理，并在实践操作上提出大学要率先成为学习型社区，而且中小学首先要成为学习型组织，进而成为学习型社区的变革方向。这些都是本文的理论创新部分。

在本研究中，我的几位研究生作出了很大贡献，他们帮助我进行了大量的资料收集和实证调查，我也把这次课题研究作为他们科研训练的一次机会。其中曾艳清同学帮助我收集了英、美、日三国高等教育进入后大众化阶段的发展状况，她还在借鉴的基础上提出了改革我国成人高校入学制度的建议。赵新同学对我国成人高校的办学状况进行了调查，揭示了成人高校在办学中存在着严重的脱离实际的情况。刘志忠同学对高职院校面向社区服务的办学状况进行了调查研究，并在借鉴美国社区学院基础上提出了高职院校社区化的三条路径。邓红英同学针对普通高校的成人教育学院的办学状况进行了实地调查，论证了成人教育地方化的主张。这些调查研究是本课题的现实研究和实证研究部分，从而为本课题的理论建构提供了较为充足的事实依据。他们分别就各自专题撰写成硕士学位论文并顺利地通过了论文答辩，本书附录部分的专题报告摘要由我的两名博士生邹海燕和徐魁鸿负责撰写，在此基础上我又作了进一步的修正和补充。

与此同时，我组织的另一个研究小组开展了卓有成效的研究①，为本课题研究打下了坚实的基础，其中张继明同学对全面建设小康社会中的教育发展指标进行了研究，并从质和量两个方面提出了教育发展指标；冯晓玲同学对终身教育体系建设与教育体制改革关系进行了研究，并提出了我国教育体制改革设想；付佼同学对美国、日本、韩国、瑞典、澳大利亚等国终身教育经验进行梳理，并提出了我国终身教育体系建设的建议；余瑞玲同学则对高等学校如何适应终身学习时代要求进行了研究，并把反思性学习作为提高大学生终身学习能力的策略作为大学教学改革的策略；段斌同学对学习型城市进行了研究，并从综合现代化理论角度提出了城市社区终身教育体系建设的建议；苏英顺同学从“三农”问题入手探讨农村建设学习型社区的特殊性和急迫性，通过案例分析和建构评价指标体系，提出了促进学习型农村建设的具体建议。所有这些研究使终身教育研究紧密地结合中国社会经济发展要求的实际。

本书则是本课题研究的主报告，重点在于系统地分析终身教育体系建设的全过程：从分析终身教育体系建设的现实障碍出发，探讨终身教育理想与现实的结合点；建构生活教育理论，把心灵的解放与重塑作为生活教育理论的支点；从生命历程出发，探讨生活教育的实践方式，建构新的终身教育体系；探讨终身教育运行的基本原理，指导终身教育体系的现实建构；以学习型社区建设作为终身教育体系建设的归宿，探讨终身教育体系的实践内涵。

在课题研究过程中，本人作为课题负责人得到了潘懋元先生、邬大光教授、刘海峰教授、谢作栩教授、史秋衡教授、别敦荣教授、陆根书教

① 参见：王洪才. 终身教育体系的建构——全面小康社会的呼唤与回应. 厦门：厦门大学出版社，2008.

授、米红教授等专门的指导和帮助，他们的意见和智慧已经融化在课题的具体操作过程中，在此对他们的帮助表示衷心的感谢。

这样，终身教育体系建设的探索已经超越了原来的设计，即不只是为了适应高等教育大众化后的高等教育发展需要，而是为了适应学习型社会建设的需要；不是简单地针对终身教育概念的探讨，而是针对教育哲学的探讨。终身教育原理的探讨就确立了一种新的教育哲学：以心灵解放为起点的哲学，目的是达到心灵的重塑，当然这个塑造者不是外部，而是已经被解放了的心灵的主体——自我！这是一种适应新时代要求的个性哲学。这代表了教育发展的未来和教育哲学的取向，当然也是终身教育的发展方向。

作者初记于2009年中秋节
再记于2010年元宵节
厦门龙虎南里

责任编辑　刘明堂
版式设计　孙欢欢
责任校对　曲凤玲
责任印制　曲凤玲

图书在版编目（CIP）数据

心灵的解放与重塑：个性哲学的终身教育论/王洪才著. —北京：教育科学出版社，2011. 2
ISBN 978 -7 -5041 -5521 -4

Ⅰ. ①心…　Ⅱ. ①王…　Ⅲ. ①终生教育—研究　Ⅳ. ①G72

中国版本图书馆 CIP 数据核字（2010）第 261739 号

出版发行	教育科学出版社		
社　　址	北京·朝阳区安慧北里安园甲 9 号	市场部电话	010 -64989009
邮　　编	100101	编辑部电话	010 -64989419
传　　真	010 -64891796	网　　址	http://www. esph. com. cn

经　　销	各地新华书店		
制　　作	北京金奥都图文制作中心		
印　　刷	保定市中画美凯印刷有限公司		
开　　本	169 毫米×239 毫米　16 开	版　　次	2011 年 2 月第 1 版
印　　张	20. 5	印　　次	2011 年 2 月第 1 次印刷
字　　数	305 千	定　　价	41. 80 元